AMERIKA
★ Das Kochbuch ★

AMERIKA
★ *Das Kochbuch* ★
Das Beste von Alaska bis Florida

CAROLINE BRETHERTON
ELENA ROSEMOND-HOERR

DK London
Cheflektorat Dawn Henderson
Lektorat Bob Bridle
Redaktionsleitung Peggy Vance
Redaktionsassistenz Elizabeth Clinton
Art Director Peter Luff
Bildredaktion Christine Keilty, Lucy Parissi
Herstellung Tony Phipps, Oliver Jeffreys
Umschlaggestaltung Nicola Powling, Rosie Levine
Fotos Stuart West, Elena Rosemond-Hoerr

DK Delhi
Cheflektorat Alicia Ingty
Lektorat Dorothy Kikon
Redaktion Arani Sinha
Redaktionsassistenz Aditi Batra
Bildredaktion Navidita Thapa, Balwant Singh, Simran Kaur, Pooja Verma
DTP-Design Rajesh Singh Adhikari, Rajdeep Singh Rawat
Herstellung Pankaj Sharma, Sunil Sharma

Für die deutsche Ausgabe:
Programmleitung Monika Schlitzer
Projektbetreuung Sarah Fischer
Herstellungsleitung Dorothee Whittaker
Herstellungskoordination Katharina Dürmeier
Herstellung und Covergestaltung Inga Reinke

Titel der englischen Originalausgabe:
The American Cookbook

© Dorling Kindersley Limited, London, 2014
Ein Unternehmen der Penguin Random House Group
Alle Rechte vorbehalten

© der deutschsprachigen Ausgabe
by Dorling Kindersley Verlag GmbH, München, 2015
Alle deutschsprachigen Rechte vorbehalten
4. Auflage, 2016

Jegliche – auch auszugsweise – Verwertung, Wiedergabe, Vervielfältigung oder Speicherung, ob elektronisch, mechanisch, durch Fotokopie oder Aufzeichnung bedarf der vorherigen schriftlichen Genehmigung durch den Verlag.

Übersetzung Brigitte Rüßmann, Wolfgang Beuchelt (Scriptorium Köln)
Lektorat Katja Treu

ISBN 978-3-8310-2739-2

Printed and bound in China

Besuchen Sie uns im Internet
www.dorlingkindersley.de

Hinweis
Die Informationen und Ratschläge in diesem Buch sind von den Autoren und vom Verlag sorgfältig erwogen und geprüft, dennoch kann eine Garantie nicht übernommen werden. Eine Haftung der Autoren bzw. des Verlags und seiner Beauftragten für Personen-, Sach- und Vermögensschäden ist ausgeschlossen.

INHALT

Einleitung	6
VORSPEISEN, SUPPEN & SALATE	**8**
So schmeckt der Nordosten	40
FRÜHSTÜCK & LEICHTE SNACKS	**52**
So schmeckt der Südosten	72
HAUPTGERICHTE & BEILAGEN	**92**
So schmeckt der Südwesten	116
So schmeckt der Mittlere Westen	154
DESSERTS	**170**
KUCHEN, SÜSSES & EINGEMACHTES	**200**
So schmeckt der pazifische Nordwesten	216
Register	250
Dank & Bildnachweis	256

EINLEITUNG

Sehr häufig trifft man auf das Vorurteil, die amerikanische Küche bestehe hauptsächlich aus Frittiertem und Gebackenem. Als ich vor gut einem Jahr in die Vereinigten Staaten zog, bot sich mir ein völlig anderes Bild, denn Amerikas Küche ist so abwechslungsreich und interessant wie seine Bewohner.

Die riesige Nation hat unterschiedlichste Kochtraditionen. Sie lassen sich meist ganz einfach auf die Menschen zurückführen, die sich in einer Region ansiedelten. Im Mittleren Westen, wo sich viele Einwanderer aus Mittel- und Osteuropa niedergelassen haben, findet man zahlreiche Gerichte, die in Ohio ebenso üblich sind wie etwa in Deutschland. In Louisiana im Süden zeigt sich ebenso deutlich der Einfluss der französischen Siedler. Die Großstädte sind hingegen Schmelztiegel der unterschiedlichsten Nationen und ihrer jeweiligen Kochtraditionen. So entstanden etwa in New York und Los Angeles zwei der interessantesten Fusion-Küchen der Welt.

Durch seine riesigen Ausmaße kann Amerika Lebensmittel jeglicher Art – von Fisch über Gemüse und Getreide bis zu Nutztieren – in hoher Qualität produzieren. Vom wilden Lachs aus Alaskas eisigen Flüssen bis hin zur süßsauren, gelben Echten Limette aus dem subtropischen Florida herrscht reiche Vielfalt.

In diesem Buch möchten wir Ihnen die Rezeptklassiker vorstellen, denen man in amerikanischen Haushalten landauf, landab begegnet, aber auch aufzeigen, wie sich die Speisen an die farbenfrohe, vielschichtige und sich ständig ändernde Landschaft des modernen Amerika angepasst haben.

Caroline

Caroline Bretherton

VORSPEISEN, SUPPEN & SALATE

PFIRSICH-SALSA MIT TORTILLACHIPS

Diese farbenfrohe Salsa schmeckt zum Dippen ebenso lecker wie als Begleiter zu gegrilltem Fisch.

★ **FÜR** 4 Personen
★ **VORBEREITUNG** 20 Min. plus Kühlzeit
★ **ZUBEREITUNG** 15 Min.

Zutaten
2 große Pfirsiche, nicht zu reif, halbiert und entsteint
1 EL Olivenöl
2 reife Tomaten, enthäutet, entkernt und fein gehackt
1 große Frühlingszwiebel, geputzt und fein gehackt
½ Jalapeño oder andere milde, grüne Chilischote, entkernt und fein gehackt
2 EL fein gehacktes Koriandergrün
2 EL fein gehackte Minze
1 EL natives Olivenöl extra
1 EL Limettensaft
1 TL scharfe Chilisauce
Salz und frisch gemahlener schwarzer Pfeffer

Für die Tortillachips
4 Maistortillas
1 EL Olivenöl oder etwas Olivenölspray
4 TL Gewürzmischung wie Old Bay Seasoning, Cajun-Gewürzmischung oder geräuchertes Paprikapulver

1 Eine Grillpfanne oder den Grill auf höchster Stufe erhitzen. Die Pfirsichhälften in dem Öl von jeder Seite 2–3 Minuten grillen, bis sie geschwärzt sind und weich werden. Abkühlen lassen, schälen und fein würfeln.

2 Die Pfirsichwürfel in eine mittelgroße Schüssel geben, die restlichen Salsa-Zutaten hinzugeben und nach Geschmack würzen. Mindestens 1 Stunde im Kühlschrank ziehen lassen, damit sich das Aroma entwickelt.

3 Den Backofen auf 230 °C vorheizen. Die Maistortillas von beiden Seiten mit etwas Öl bestreichen oder einsprühen und mit je 1 TL Gewürzmischung bestreuen. Die Tortillas stapeln und in 6 gleich große Dreiecke schneiden. Die Dreiecke auf einem mit Backpapier ausgelegten Blech verteilen. Sie sollten sich nicht berühren oder überlappen.

4 Die Tortillas 5 Minuten im Ofen backen, aber nach 3 Minuten kontrollieren, da sie leicht verbrennen. Sie sollten braun und am Rand knusprig, in der Mitte aber noch weich sein. Aus dem Ofen nehmen und zum Abkühlen auf ein Kuchengitter geben. Die Pfirsich-Salsa (vorher auf Zimmertemperatur bringen) mit den Tortillachips servieren.

TIPP Es sind inzwischen verschiedene Fette und Öle in Sprayform erhältlich, von denen leider einige künstlich sind. Es gibt aber auch Sprühflaschen mit oder für Olivenöl. Sie eignen sich hervorragend zum Benetzen der Tortillas.

VORSPEISEN, SUPPEN & SALATE ★ 11

GROBE GUACAMOLE MIT FETA

Die bekannte Avocadocreme in einer etwas reichhaltigeren Variante, die perfekt zu gegrilltem Lamm oder Rindfleisch passt.

★ **FÜR** 4 Personen
★ **VORBEREITUNG** 10 Min.
★ **ZUBEREITUNG** 15 Min.

Zutaten
1 Maiskolben
1 EL Olivenöl
2 reife Avocados in Scheiben (siehe Anleitung unten)
12 Kirschtomaten, halbiert
2 große Frühlingszwiebeln, geputzt und fein gehackt
2 EL gehacktes Koriandergrün
Saft von 1 Limette
1 TL scharfe Chilisauce
Salz und frisch gemahlener schwarzer Pfeffer
60 g Feta

1 Den Maiskolben mit Öl bestreichen und unter dem vorgeheizten Backofengrill unter gelegentlichem Wenden 5–10 Minuten grillen, bis er leicht geschwärzt ist. Alternativ in der Grillpfanne bei starker Hitze oder direkt in der Gasflamme oder auf dem Grill braten. Abkühlen lassen.

2 Den handwarmen Maiskolben aufrecht auf ein Schneidebrett stellen und die Maiskörner mit einem scharfen Messer abschaben (Anleitung s. S. 152).

3 Mais, Avocado und Tomaten in eine große Schüssel geben. Frühlingszwiebel und Koriandergrün dazugeben, je 1 EL zum Garnieren aufheben. Mit Limettensaft und Chilisauce gründlich durchheben und mit Salz und Pfeffer würzen.

4 Die Guacamole in eine große Servierschüssel füllen und den Feta darüberkrümeln. Mit Frühlingszwiebel und Koriandergrün bestreuen und servieren.

AVOCADOS ENTSTEINEN UND SCHÄLEN

1 Die Avocado mit einem scharfen Messer längs halbieren. Dabei um den Stein herum schneiden und die Hälften durch Drehen trennen.

2 Mit einem großen Messer so auf den Stein schlagen, dass es darin stecken bleibt. Dann den Stein mit dem Messer herausheben.

3 Die Avocadohälften nochmals halbieren. Die Schale mit dem Obstmesser abschälen. Die Viertel für dieses Rezept in 1 cm dicke Scheiben schneiden.

VORSPEISEN-KLASSIKER

CHICKENWINGS NACH BUFFALO-ART

Aus Buffalo im Staat New York stammen diese süß-scharfen Hähnchenflügel, die mit einem kräftigen Blauschimmelkäse-Dressing serviert werden.

★ **FÜR** 6 Personen
★ **VORBEREITUNG** 20–30 Min. plus Ruhezeit
★ **ZUBEREITUNG** 40–50 Min.

Zutaten
130 g Mehl
150 g Semmelbrösel
1 TL Paprikapulver
½ TL Cayennepfeffer
½ TL Salz
500 g Buttermilch (gekauft oder selbst gemacht, siehe Tipp rechts)
24 Hähnchenflügel (am Knochen)
1 l Erdnuss- oder Sonnenblumenöl zum Braten
250 ml scharfe Chilisauce
2 Knoblauchzehen, gehackt
2 EL Honig
120 g Butter

Für das Dressing
50 g Mayonnaise
100 g saure Sahne
100 g Buttermilch
110 g Blauschimmelkäse, zerkrümelt
3 EL Apfelessig

1 Mehl, Semmelbrösel, Paprikapulver, Cayennepfeffer und Salz in einer großen Schüssel vermengen. Die Buttermilch in eine zweite Schüssel geben. Die Hähnchenflügel in die Buttermilch und dann in die Mehlmischung tauchen, sodass sie rundum bedeckt sind. Mindestens 1 Stunde im Kühlschrank ruhen lassen.

2 Das Öl in einem tiefen Topf oder der Fritteuse auf 190 °C erhitzen (Anleitung s. S 144).

3 In der Zwischenzeit Chilisauce, Knoblauch, Honig und Butter in einen Topf geben und bei schwacher Hitze erwärmen, bis die Butter zerlassen ist, dann 5 Minuten köcheln.

4 Wenn das Öl heiß ist, die Hähnchenflügel in Portionen zu vier bis fünf Stücken jeweils 8–10 Minuten goldbraun frittieren. Die frittierten Flügel mit dem Schaumlöffel aus dem Öl heben. Anschließend gründlich in der Saucenmischung wenden, sodass sie rundum glasiert sind, dann auf einem Kuchengitter abkühlen lassen.

5 Für das Blauschimmelkäse-Dressing Mayonnaise, saure Sahne, Buttermilch, Blauschimmelkäse und Essig im Mixer oder mit dem Handrührgerät glatt rühren. In einer kleinen Servierschüssel zu den Chickenwings reichen.

TIPP Wenn keine Buttermilch zur Hand ist, lässt sie sich aus 1 EL Zitronensaft oder Essig und 250 ml fettarmer Milch leicht selbst herstellen. Die Milch mit dem Zitronensaft oder Essig verrühren und 10 Minuten stehen lassen.

ODER SO ...

HONIG & CHIPOTLE

140 g flüssigen **Honig**, 2 EL **scharfe Chilisauce** und 1 TL **Paste aus geräucherten Chilischoten** (Chipotle) mischen.

RANCH-DRESSING-DIP

50 g **Mayonnaise**, 100 g **Buttermilch**, 100 g **saure Sahne**, je ½ TL **Zwiebelpulver**, frisch gemahlenen schwarzen **Pfeffer**, **Knoblauchpulver**, getrockneten **Thymian** und 1 EL frisch gehackte **Petersilie** zu einem glatten Dip verrühren.

AUS DEM OFEN

75 g zerstoßene **Süßkartoffelchips** in die Mehlmischung geben und im auf 200 °C vorgeheizten Backofen auf einem mit Backpapier ausgelegten Ofenrost 40 Minuten backen und dabei alle 10 Minuten mit der Sauce glasieren.

VORSPEISEN, SUPPEN & SALATE

POTATO SKINS MIT RÄUCHERSPECK

Dieser knusprige Kartoffelsnack bringt Schwung in jede Super-Bowl-Party – und garantiert auch in jeden Fußballabend!

- ★ **ERGIBT** 12 Stück
- ★ **VORBEREITUNG** 20 Min.
- ★ **ZUBEREITUNG** 80 Min.

Zutaten
- 6 festkochende Kartoffeln, etwa 7 cm lang, abgebürstet und gewaschen
- 1 EL Erdnuss- oder Sonnenblumenöl, plus Öl zum Bestreichen
- 3 Scheiben geräucherter durchwachsener Speck oder Bacon
- 3 EL saure Sahne
- 1 TL geräuchertes Paprikapulver oder gemahlene Ancho-Chilischote
- Salz und frisch gemahlener schwarzer Pfeffer
- 60 g rötlicher Hartkäse, z. B. Red Leicester, gerieben
- 2 Frühlingszwiebeln, geputzt und fein gehackt
- saure Sahne zum Servieren
- gehackter Schnittlauch zum Servieren

1 Den Backofen auf 200 °C vorheizen. Die Kartoffeln in eine Schüssel geben und mit 1 EL Öl beträufeln. Die Kartoffeln rundum mit dem Öl einreiben, mit der Gabel mehrfach einstechen und auf ein Backblech legen. Unter einmaligem Wenden 45 Minuten backen, bis sie goldbraun und gar sind. Zum Abkühlen beiseitestellen.

2 In der Zwischenzeit den Speck auf ein Backblech geben und 10 Minuten im Ofen knusprig backen, dabei einmal wenden. Auf Küchenpapier abtropfen und abkühlen lassen, dann sehr fein würfeln.

3 Die Backofentemperatur auf 230 °C erhöhen. Die handwarm abgekühlten Kartoffeln horizontal halbieren und das Innere auslöffeln. Nur ein wenig davon in der Schale lassen, sodass die Schale stabil ist. Die Kartoffelschalen rundum mit etwas Öl bestreichen und mit der Schale nach oben auf ein Backblech legen. 10 Minuten in den Backofen geben, wenden und weitere 5 Minuten backen, dann herausnehmen.

4 Währenddessen das Innere der Kartoffeln in eine Schüssel geben, mit saurer Sahne und Paprikapulver zu Püree zerdrücken und mit Salz und Pfeffer würzen.

5 Ein wenig geriebenen Käse beiseitestellen und den Rest mit dem gewürfelten Speck und der gehackten Frühlingszwiebel unter das Kartoffelpüree heben. Gründlich vermengen. Die gebackenen Kartoffelschalen mit dem Püree füllen, dabei in der Mitte leicht anhäufen.

6 Die gefüllten Kartoffelschalen mit dem restlichen Käse bestreuen und 10 Minuten im Backofen überbacken, bis sie goldbraun und innen wieder heiß sind. 1 TL saure Sahne daraufgeben und mit Frühlingszwiebel und Schnittlauch bestreut servieren.

TIPP Die Potato Skins können bis zu 3 Tage im Voraus zubereitet werden – z. B. wenn der Ofen gerade sowieso benutzt wird. Bis zum Verzehr im Kühlschrank aufbewahren.

Frühlingszwiebeln geben würzigen Füllungen Biss und garen schnell.

WÜRZIGE HÄHNCHEN-NACHOS MIT JALAPEÑOS

Die zarten Hähnchenstücke sind eine gesündere Alternative zum traditionell verwendeten Schweinefleisch.

★ **FÜR** 4 Personen
★ **VORBEREITUNG** 30 Min.
★ **ZUBEREITUNG** 25–30 Min.

Zutaten
175 g Hähnchenbrustfilet
Salz und frisch gemahlener schwarzer Pfeffer
1 Prise Chiliflocken
220 g Tortillachips
1 Dose (400 g) schwarze Bohnen, abgetropft

Für den Pico de Gallo
2 reife Tomaten, entkernt und gewürfelt
1 rote Zwiebel, gehackt
1 Handvoll gehacktes Koriandergrün, plus Koriandergrün zum Garnieren
Saft von 1 Limette

Für die Quick Pickles
1 rote Zwiebel, in dünne Ringe geschnitten
1 Jalapeño oder andere milde grüne Chilischote, in 5 mm dünne Ringe geschnitten
250 ml Apfelessig
1 TL Meersalz

Für die Käsesoße
125 ml Sahne
220 g junger Jack-Käse oder Mozzarella, gerieben
Olivenöl
1 Zwiebel, gehackt
2 Knoblauchzehen, zerdrückt
1 Jalapeño, fein gehackt

1 Für den Pico de Gallo Tomaten, Zwiebel und Koriandergrün mit dem Limettensaft vermengen und mit Salz und Pfeffer würzen.

2 Für die Quick Pickles Zwiebel und Jalapeño mit Essig und Meersalz in einen säurebeständigen Topf (nicht aus Gusseisen oder Aluminium) geben und abdecken. Bei schwacher Hitze 5 Minuten köcheln lassen, bis die Jalapeño dunkelgrün und die Zwiebel glasig ist. Vom Herd nehmen und beiseitestellen.

3 Für die Käsesoße Sahne und Käse in einer kleinen, feuerfesten Schüssel über einem Topf mit siedendem Wasser erhitzen, die Schüssel darf dabei keinen Kontakt mit dem Wasser haben. 10 Minuten köcheln lassen und mehrmals umrühren, bis der Käse geschmolzen ist.

4 In der Zwischenzeit das Öl bei mittlerer Hitze in einem kleinen Topf erhitzen und Zwiebel und Knoblauch darin anschwitzen. Die Jalapeño hinzugeben. Sobald sie leicht angedünstet und die Zwiebel glasig ist, die Sahne-Käse-Mischung einrühren. Die Temperatur reduzieren und gelegentlich umrühren.

5 Das Hähnchenbrustfilet mit Salz, Pfeffer und Chiliflocken bestreuen und in der Grillpfanne von jeder Seite 5–6 Minuten braten. Leicht abkühlen lassen, dann mit zwei Gabeln zerpflücken.

6 Die Hälfte der Tortillachips auf einen großen Servierteller geben, mit der Hälfte der Käsesoße übergießen und die schwarzen Bohnen darauf verteilen. Eine weitere Schicht Chips und die restliche Käsesoße darübergeben. Mit Hähnchenfleisch, Pico de Gallo und Quick Pickles belegen und mit Koriandergrün garnieren.

TIPP Wenn die Zeit knapp ist, sind eine fertig gekaufte Salsa und dünn geschnittene rote Zwiebel eine gute Alternative zu Pico de Gallo und den Quick Pickles.

TEXAS CAVIAR AUF TROPISCHE ART

Ein erfrischendes Gericht, das sich gut als Dip für Tortillachips oder als Beilage zu gegrilltem Fleisch oder Fisch eignet.

★ **FÜR** 4–6 Personen
★ **VORBEREITUNG** 15 Min. plus Ruhezeit

Zutaten

1 Jalapeño oder andere milde grüne Chilischote, entkernt und fein gehackt
1 Mango, geschält und gewürfelt
½ frische Ananas oder 200 g Ananas aus der Dose, gewürfelt
2 Knoblauchzehen, zerdrückt
je 1 rote und grüne Paprikaschote, entkernt und grob gehackt
1 rote Zwiebel, grob gehackt
1 Tomate, gewürfelt
350 g Maiskörner aus der Dose, abgetropft
400 g Augenbohnen aus der Dose, abgetropft
Saft von 4 Limetten
Salz und frisch gemahlener schwarzer Pfeffer
Tortillachips zum Servieren

1 Jalapeño, Mango, Ananas, Knoblauch, Paprika, Zwiebel und Tomate in einer großen Schüssel vermengen, dann Mais und Augenbohnen unterheben.

2 Den Limettensaft einrühren und mit Salz und Pfeffer würzen. Mindestens 1 Stunde im Kühlschrank ziehen lassen.

3 Gekühlt oder auf Zimmertemperatur als Dip zu Tortillachips servieren.

WAS STECKT DAHINTER?

»Texas Caviar« ist ein kalter Salat aus Augenbohnen, der mit einer Vinaigrette und verschiedenen gehackten Gemüsesorten und Kräutern zubereitet wird. Augenbohnen vertragen Hitze gut und werden in Texas häufig angebaut. Hier machte Helen Corbett, Köchin und Kochbuchautorin, die für die Verwendung frischer Zutaten warb, das Gericht in den 1950er-Jahren weithin bekannt.

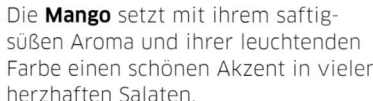

Die **Mango** setzt mit ihrem saftig-süßen Aroma und ihrer leuchtenden Farbe einen schönen Akzent in vielen herzhaften Salaten.

DEVILED DUCK EGGS MIT RÄUCHERLACHS

Diese russischen Eier mit Zitrone, Dill und Lachs ergeben eine feine Vorspeise, eignen sich aber auch hervorragend fürs Picknick oder als Sandwichfüllung.

★ **ERGIBT** 8 halbierte Eier
★ **VORBEREITUNG** 15 Min. plus Abkühlzeit
★ **ZUBEREITUNG** 15 Min.

Zutaten
4 Enteneier
1 gehäufter EL saure Sahne
1 EL gehackter Dill, plus ein paar Stängel zum Garnieren
1 EL gehackter Schnittlauch
abgeriebene Schale von ½ Bio-Zitrone
1 TL Zitronensaft
Salz und frisch gemahlener schwarzer Pfeffer
30 g Räucherlachs, fein gewürfelt

1 Die Eier in einen mittelgroßen Topf geben und mit kaltem Wasser bedecken. Zum Kochen bringen, die Temperatur reduzieren und 15 Minuten in siedendem Wasser hart kochen. Herausheben, unter kaltem Wasser abschrecken und zum Abkühlen beiseitestellen.

2 Die abgekühlten Eier schälen, der Länge nach halbieren, die Eigelbe vorsichtig mit einem Teelöffel herausheben und in eine kleine Schüssel geben. Die ausgehöhlten Eihälften möglichst nicht beschädigen, in Frischhaltefolie einschlagen und kalt stellen.

3 Die Eigelbe mit der Rückseite einer Gabel gründlich zerdrücken. Die übrigen Zutaten bis auf den Lachs hinzugeben und mit dem Eigelb vermengen, bis eine homogene Masse entstanden ist. Mit Salz und Pfeffer würzen.

4 Die Masse mithilfe eines Teelöffels vorsichtig in die leeren Mulden der Eihälften füllen. Alternativ die Füllung in einen Spritzbeutel geben und auf die Eihälften spritzen. Mit Lachswürfeln bestreuen und mit Dill garniert servieren.

Enteneier schmecken angenehm kräftig und haben ein hübsches, dunkelgelbes Eigelb.

VORSPEISEN, SUPPEN & SALATE ★ 19

PIGS IN BLANKETS MIT PARMESAN

Diese amerikanischen »Würstchen im Schlafrock« sind ein beliebter Klassiker, für den sich viele Wurstsorten eignen.

- ★ **ERGIBT** 12 Stück
- ★ **VORBEREITUNG** 30 Min. plus Kühlzeit
- ★ **ZUBEREITUNG** 25–30 Min.

Zutaten

150 g Mehl, plus etwas mehr zum Bestäuben
½ TL Paprikapulver
½ TL Salz
frisch gemahlener schwarzer Pfeffer
120 g kalte Butter
20 g Parmesan, frisch gerieben
3–4 EL Eiswasser
12 Chipolatas (oder andere scharf gewürzte Schweinsbratwürste)
1 EL Dijon-Senf
1 Ei, verquirlt, zum Bestreichen
Dip aus Ketchup und scharfer Chilisauce oder aus Crème fraîche und Senf zum Servieren

1 Das Mehl mit Paprikapulver, Salz und reichlich Pfeffer in eine große Schüssel sieben. Die kalte Butter grob in die Mehlmischung reiben (die Butter zuvor kurz mit Mehl bestäuben, damit sie nicht an der Reibe kleben bleibt). Den Parmesan hinzugeben und gründlich vermengen, sodass die Butter gleichmäßig im Mehl verteilt ist.

2 Eine Mulde in die Mitte der Mehlmischung drücken und das Eiswasser hineingeben. Zu einem groben Teig verkneten, in Frischhaltefolie einschlagen und mindestens 30 Minuten kalt stellen.

3 Den Backofen auf 200 °C vorheizen. Den Teig auf einer leicht bemehlten Fläche zu einem 30 × 25 cm großen Rechteck ausrollen. Das Rechteck in 12 Streifen von 2 × 30 cm Größe schneiden. Werden es weniger Streifen, die Teigreste wieder verkneten, erneut ausrollen und zuschneiden, bis die Anzahl stimmt.

4 Die Würstchen rundum mit etwas Dijon-Senf bestreichen und jeweils spiralförmig mit einem Teigstreifen umwickeln. Die Teigränder dabei leicht überlappen lassen und andrücken, damit die Teighülle dicht ist. Die Wurstenden können herausstehen. Die fertig eingewickelten Würste auf ein Backblech legen, mit etwas verquirltem Ei bestreichen und in 25–30 Minuten goldbraun backen.

5 Die Würstchen 5 Minuten auf einem Rost abkühlen lassen und heiß servieren. Sie schmecken aber auch lauwarm oder zimmerwarm gut. Ein wenig Ketchup mit scharfer Chilisauce oder Crème fraîche mit Senf verrühren und als Dip dazu reichen.

VORSPEISEN-KLASSIKER

GARNELEN MIT ZITRONEN-AIOLI

Panko – grobe japanische Semmelbrösel – verleiht diesen Garnelen ihren knusprigen Biss. Mit Semmelbröseln klappt es aber auch sehr gut.

★ **FÜR** 4 Personen
★ **VORBEREITUNG** 10 Min.
★ **ZUBEREITUNG** 12–16 Min.

Zutaten
500 ml Erdnuss- oder Sonnenblumenöl
1 Ei
130 g Mehl
1 TL Paprikapulver
½ TL Cayennepfeffer
½ TL Salz
75 g Panko oder Semmelbrösel
24 Riesengarnelen, ausgelöst

Für die Zitronen-Aioli
110 g Mayonnaise
Saft von ½ Zitrone
3 Frühlingszwiebeln, gehackt
2 Knoblauchzehen, zerdrückt
Salz und frisch gemahlener schwarzer Pfeffer

1 Das Öl in einem großen Topf oder der Fritteuse auf 190 °C erhitzen (Anleitung s. S. 144).

2 Das Ei in einer Schüssel mit 1 EL Wasser verquirlen. In einer zweiten Schüssel Mehl, Paprikapulver, Cayennepfeffer, Salz und Panko bzw. Semmelbrösel vermengen.

3 Die Garnelen in das Ei tauchen und anschließend in der Mehlmischung wenden, sodass sie rundum paniert sind. In Portionen zu 3–4 Garnelen in 6 Minuten goldbraun frittieren.

4 Für die Aioli die Mayonnaise in einer kleinen Schüssel mit Zitronensaft, Frühlingszwiebel und Knoblauch verrühren und mit Salz und Pfeffer würzen. Zu den Garnelen servieren.

TIPP Den Topf oder die Fritteuse beim Frittieren nicht überladen, da die Garnelen sonst nicht richtig bräunen.

Garnelen sind in unterschiedlichen Größen und Sorten erhältlich. Sie sollten nach Garnelen aus Wildfang Ausschau halten.

ODER SO …

HOT & SPICY SAUCE
110 g **Mayonnaise** mit 2 EL **scharfer Chilisauce**, 1 EL **Sojasauce** und 1 TL **roter Chilipaste** verrühren. Die Garnelen in der Sauce wenden und mit Cocktailspießen servieren.

ASIA-DIP
2 EL flüssigen **Honig** mit 2 EL **Sojasauce** und ½ EL **gemahlenem Ingwer** zu einem asiatisch angehauchten Dip verrühren.

GEBACKENE VARIANTE
Für eine leichtere Variante 75 g geriebenen **Parmesan** in die Paniermehlmischung geben und die panierten Garnelen im Backofen bei 230 °C unter einmaligem Wenden in 5–7 Minuten rundum goldbraun backen.

VORSPEISEN, SUPPEN & SALATE

CRAB CAKES

Für diese beliebten Krabbenküchlein aus Maryland werden traditionell frische Krabben aus der Chesapeake Bay verwendet.

- ★ **ERGIBT** 4 Stück
- ★ **VORBEREITUNG** 15 Min.
- ★ **ZUBEREITUNG** 6–10 Min.

Zutaten
300 g gekochtes helles und dunkles Krebsfleisch (zum Auslösen von Krebsfleisch siehe Anleitung S. 24)
1 Ei
100 g zerkrümelte Cracker oder Semmelbrösel
Saft von 1 Zitrone, plus Zitronensaft zum Servieren
abgeriebene Schale von 2 Bio-Zitronen
Salz und frisch gemahlener schwarzer Pfeffer
1 Schalotte, fein gehackt
2 Knoblauchzehen, zerdrückt
Erdnuss- oder Sonnenblumenöl zum Frittieren

Für die Aioli
220 g Mayonnaise
Saft von 1 Zitrone
1 Bund Frühlingszwiebeln, fein gehackt
1 Knoblauchzehe, zerdrückt

1 Das Krebsfleisch unter kaltem Wasser abspülen und alle Schalenreste entfernen. Gut abtropfen. Das Fleisch in einer Schüssel mit Ei, Cracker- oder Semmelbröseln, Zitronensaft und -schale glatt rühren und mit Salz und Pfeffer würzen. Schalotte und Knoblauch zugeben und alles gründlich vermengen.

2 Ein Viertel der Mischung zu einem Küchlein mit 7,5 cm Durchmesser formen und auf einen Teller legen. Dann die restlichen drei Küchlein formen.

3 Das Öl in einer hohen Pfanne angießen, bis es mindestens 2,5 cm über dem Boden steht, und auf 190 °C erhitzen. Die Küchlein auf jeder Seite 3–5 Minuten goldbraun braten.

4 In der Zwischenzeit die Aioli zubereiten. Die Mayonnaise mit Zitronensaft, Frühlingszwiebel und Knoblauch in einer Schüssel vermengen und mit Salz und Pfeffer würzen. Die Crab Cakes heiß mit einem Spritzer Zitronensaft und der Aioli servieren.

TIPP Für eine leicht scharfe Variante in Schritt 1 eine fein gehackte Jalapeño oder andere milde grüne Chilischote hinzugeben.

Zitrone, frisch gepresst, verleiht Fisch und Meeresfrüchten eine feine Säure.

NEW ENGLAND CRAB DIP

Mit Joghurt aufgelockerte Mayonnaise, frische Kräuter und Zitrone geben diesem Krabbendip seinen leichten, frischen Geschmack.

★ **FÜR** 6 Personen
★ **VORBEREITUNG** 5 Min.

Zutaten

450 g helles Krebsfleisch, gekocht oder aus der Dose (abgetropft)
4 EL griechischer Joghurt
2 EL Mayonnaise
1 EL fein gehackter Dill
1 EL fein gehackter Schnittlauch
fein abgeriebene Schale von ½ Bio-Zitrone
1 Msp. Cayennepfeffer
Salz und frisch gemahlener schwarzer Pfeffer
Salzcracker oder selbst gemachte Bruschetta zum Servieren

1 Bei Zubereitung mit frischem Krebs das gekochte Krebsfleisch auslösen (siehe Anleitung unten). Das Krebsfleisch in eine Schüssel geben und mit der Gabel zerdrücken, sodass keine größeren Stücke mehr vorhanden sind.

2 Joghurt und Mayonnaise in einer Schüssel gut verrühren, dann unter das Krebsfleisch heben.

3 Dill, Schnittlauch, Zitronenschale und Cayennepfeffer hinzugeben und gründlich vermengen. Mit Salz und Pfeffer würzen. Den Krabbendip mit Crackern oder selbst gemachten Bruschetta (siehe Artischocken-Spinat-Dip, S. 26) servieren.

GEKOCHTES KREBSFLEISCH AUSLÖSEN

1 Scheren und Beine durch Drehen abtrennen. Die Schwanzplatte ebenso ablösen. Den Rückenpanzer aufbrechen und den Rumpf ablösen. Kiemen und Magensack wegwerfen.

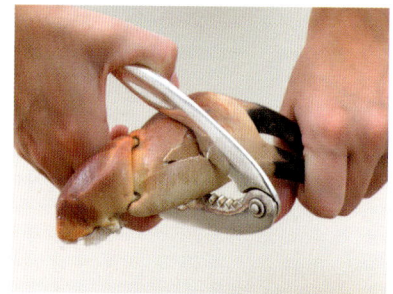

2 Den Rumpf vierteln und das weiße Fleisch mit der Gabel auslösen. Scheren und Beine mit einem Nussknacker nahe der engsten Stelle knacken und das Fleisch herausholen.

3 Das weiße Fleisch aus dem Rückenpanzer löffeln. Das braune Fleisch ebenfalls auslösen und anderweitig verwenden. Schalenstücke oder Membranreste entfernen.

VORSPEISEN, SUPPEN & SALATE ★ 25

WÜRZIGE MAISPUFFER MIT SALSA

Wird für diese leckeren Maispuffer zarter, junger Mais verwendet, kann man sofort loslegen, denn er muss nicht vorgekocht werden.

★ **FÜR** 4 Personen
★ **VORBEREITUNG** 20 Min.
★ **ZUBEREITUNG** 10 Min.

Zutaten
2 Maiskolben (etwa 250 g Maiskörner)
100 g Mehl
2 TL Backpulver
2 große Eier
4 EL Milch
1 TL geräuchertes Paprikapulver oder gemahlene Ancho-Chilischote
2 Frühlingszwiebeln, fein gehackt, grüne und weiße Teile getrennt
4 EL gehacktes Koriandergrün
1 rote Chilischote, entkernt und fein gehackt (nach Belieben)
Salz und frisch gemahlener schwarzer Pfeffer
2 EL Erdnuss- oder Sonnenblumenöl
2 reife Tomaten, enthäutet und grob gehackt
2 EL natives Olivenöl extra
1 Spritzer Tabasco oder Chilisauce

1 Die Maiskolben senkrecht auf ein Schneidebrett stellen und mit einem scharfen Messer die Körner abschaben (Anleitung s. S. 152).

2 Mehl und Backpulver in eine Schüssel sieben. Eier und Milch verquirlen, nach und nach zum Mehl geben und zu einem dicken Teig verrühren. Maiskörner, Paprikapulver, weiße Frühlingszwiebel, 2 EL Koriandergrün und Chilischote, falls verwendet, in den Teig einrühren und mit Salz und Pfeffer würzen.

3 Das Öl in einer großen Pfanne erhitzen und den Teig löffelweise hineingeben. Die Küchlein mit dem Löffelrücken leicht flach drücken und von jeder Seite 2–3 Minuten braten, bis sie aufgegangen und goldbraun sind. Portionsweise Küchlein braten, bis der Teig aufgebraucht ist. Falls nötig, weiteres Öl hinzugeben.

4 Für die Salsa Tomaten, restliches Koriandergrün und grüne Teile der Frühlingszwiebeln mit Olivenöl und Tabasco oder Chilisauce im Mixer kurz pürieren, sodass noch Stücke vorhanden sind. Abschmecken und zu den heißen Maispuffern servieren.

VORSPEISEN-KLASSIKER

ARTISCHOCKEN-SPINAT-DIP

Dieser cremige Dip schmeckt warm hervorragend zu selbst gemachten Bruschetta oder auch einfach zu Baguette.

★ **FÜR** 4–6 Personen
★ **VORBEREITUNG** 15 Min.
★ **ZUBEREITUNG** 30 Min. plus Abkühlzeit

Zutaten
1 Baguette vom Vortag, in dünne Scheiben geschnitten
1 EL Olivenöl, plus Öl zum Bestreichen
25 g Butter
2 Knoblauchzehen, zerdrückt
175 g junger Spinat
175 g Artischockenherzen in Öl, abgetropft
200 g Doppelrahm-frischkäse
50 g Parmesan, fein gerieben
100 g saure Sahne
1 EL Mehl
150 g Greyerzer Käse, gerieben
frisch gemahlener schwarzer Pfeffer

1 Den Backofen auf 180 °C vorheizen. Die Baguettescheiben auf ein oder zwei Backblechen auslegen und von beiden Seiten mit ein wenig Öl bestreichen. Auf der obersten Schiene von jeder Seite 5 Minuten backen, bis sie goldbraun und knusprig sind. Zum Abkühlen beiseitestellen.

2 Die Butter in einem großen Topf bei mittlerer Hitze im Öl zerlassen und den Knoblauch darin 2 Minuten goldbraun anbraten. Den Spinat hineingeben und unter gelegentlichem Rühren in 2–3 Minuten zusammenfallen lassen. In ein Sieb geben und mit einem Löffel die überschüssige Flüssigkeit ausdrücken. Abkühlen lassen, dann grob hacken.

3 Die Artischockenherzen unter kaltem Wasser abwaschen und trocken tupfen, dann grob hacken und beiseitestellen. Frischkäse, Parmesan, saure Sahne, Mehl und 100 g des Greyerzers im Mixer glatt pürieren.

4 Spinat und Artischockenherzen in die Käsemischung geben, mit Pfeffer würzen und kurz auf Intervallschaltung vermengen, sodass noch kleine Gemüsestücke sichtbar sind.

5 Die Masse auf einzelne Ramequinförmchen verteilen oder in eine 20 cm große Auflaufform geben. Mit dem restlichen Greyerzer bestreuen und auf der obersten Schiene im Backofen 25–30 Minuten backen, bis die Masse oben leicht gebräunt ist und der Käse am Rand Blasen wirft. Etwa 10 Minuten abkühlen lassen, dann mit dem Baguette servieren.

Artischockenherzen, ob aus der Dose oder frisch, verleihen diesem Dip eine opulente Note.

ODER SO ...

ORIENTALISCHER DIP
Je ½ TL gemahlener **Kreuzkümmel** und **Koriander** im Frischkäse geben dem Dip eine orientalische Note. Dazu mit Olivenöl bestrichene, mit **Sesamsamen** bestreute, im Ofen knusprig gebackene Tortillas reichen.

GRÜNKOHL
Der Spinat lässt sich auch durch **sautierten Grünkohl** ersetzen. Er ist etwas kräftiger im Geschmack, benötigt zum Garen aber 1–2 Minuten länger.

JOGHURTDIP
Für eine frischere Variante ersetzt man Greyerzer und saure Sahne durch **griechischen Joghurt** und rührt den Dip nur an, ohne ihn zu überbacken.

PIKANTER PAPRIKA-KÄSE-DIP

Dieser vielseitige Dip schmeckt glatt püriert gut zu Salzcrackern oder Kartoffelchips oder grob püriert als Sandwichbelag.

★ **FÜR** 6 Personen
★ **VORBEREITUNG** 10 Min. plus Kühlzeit

Zutaten

250 g kräftiger Cheddar, gerieben
4 EL saure Sahne
4 EL Mayonnaise
4 EL fein gewürfelte gegrillte rote Paprikaschote (Konserve)
2 große Frühlingszwiebeln, geputzt und fein gehackt
1 TL geräuchertes Paprikapulver
1 TL Cayennepfeffer
Salz und frisch gemahlener schwarzer Pfeffer
Salzcracker oder selbst gemachte Bruschetta zum Servieren

1 Alle Zutaten in einen Mixer geben und mit der Intervallschaltung zu einer groben, noch stückigen Masse verarbeiten.

2 Die Masse in einen luftdicht schließenden Behälter geben und mindestens 1 Stunde im Kühlschrank ziehen lassen.

3 Den Dip zu Salzcrackern oder selbst gemachten Bruschetta (siehe Artischocken-Spinat-Dip, S. 26) servieren.

TIPP Dieser leckere Dip eignet sich mit knusprig gebratenem Speck kombiniert auch wunderbar als alternativer Belag für ein Gegrilltes Käsesandwich (s. S. 90).

DAZU PASST

CHICKENWINGS NACH BUFFALO-ART
SIEHE SEITE 12

KÄSE-STANGEN
SIEHE SEITE 230

VORSPEISEN, **SUPPEN** & SALATE ★ 29

ASIATISCHE HÜHNER-SUPPE MIT REISNUDELN

Mit selbst gemachter Hühnerbrühe werden aus einem einfachen Brathähnchen zwei köstliche Mahlzeiten.

- ★ **FÜR** 4 Personen
- ★ **VORBEREITUNG** 20 Min.
- ★ **ZUBEREITUNG** 25 Min.

Zutaten
- 2 EL Olivenöl
- 2 Stängel Zitronengras, geputzt
- 1 Bund Frühlingszwiebeln, geputzt und grob gehackt
- 2 rote Chilischoten, entkernt und halbiert
- 1 daumengroßes Stück Ingwer (ca. 5 cm), in Scheiben geschnitten
- 1 kleines Bund Koriandergrün, Blätter und Stängel getrennt
- 1,2 l heiße Hühnerbrühe
- 200 g gekochtes Hähnchen oder Suppenhuhn, in Fasern zerpflückt
- 150 g Reissuppennudeln, z. B. Reis-Vermicelli
- Salz und frisch gemahlener schwarzer Pfeffer

1 Das Öl in einem großen Topf erhitzen. Die Zitronengrasstängel mit dem Nudelholz etwas anquetschen. Zitronengras, Frühlingszwiebel, Chilischote, Ingwerscheiben und die Korianderstängel in den Topf geben und bei mittlerer Hitze 2 Minuten anbraten, um die Aromen freizusetzen.

2 Die Hühnerbrühe hinzugeben und zum Kochen bringen. Dann auf kleinerer Flamme rund 20 Minuten köcheln lassen, bis das Gemüse gar ist. Den Topf vom Herd nehmen und die Brühe abseihen, um das Gemüse zu entfernen. Den Topf ausspülen, die Brühe wieder hineingeben und erneut erhitzen.

3 Hähnchenfleisch und Nudeln hinzugeben und weiter kochen lassen, bis die Nudeln gar sind (Packungsanweisung befolgen). Die Brühe abschmecken. Die Korianderblätter grob hacken, die heiße Suppe damit bestreuen und sofort servieren.

TIPP Haben Sie noch Hühnerbrühe übrig, verdoppeln Sie die Mengen und folgen Sie dem Rezept bis zu Schritt 3. Geben Sie das Hähnchenfleisch hinzu, aber lassen Sie die Nudeln weg und frieren Sie die Brühe portionsweise ein. Nach Bedarf können Sie sie dann auftauen, aufkochen, Nudeln hineingeben und gar kochen.

WAS STECKT DAHINTER?

Hühnersuppe mit Nudeln ist eine wärmende, wohltuende Suppe, für die normalerweise ein ganzes Huhn über längere Zeit gegart wird. Versionen dieser Suppe finden sich in vielen Küchen der Welt. Die jüdische Küche an der amerikanischen Ostküste erhebt aber noch einen besonderen Anspruch: Hühnersuppe gilt hier als fast schon mythisches (wenn auch unbewiesenes) Heilmittel gegen Erkältung und andere Leiden.

VORSPEISEN, **SUPPEN** & SALATE

HÜHNERSUPPE MIT TORTILLAS

Diese delikate Suppe vereint die kräftigen Aromen des amerikanischen Südwestens in sich und sättigt wie eine Hauptmahlzeit.

★ **FÜR** 6 Personen
★ **VORBEREITUNG** 20 Min.
★ **ZUBEREITUNG** 45 Min.

Zutaten
3 EL Olivenöl
2 Knoblauchzehen, zerdrückt
1 Jalapeño oder andere milde grüne Chilischote, fein gehackt
1 rote Zwiebel, gehackt
je 1 rote und grüne Paprikaschote, entkernt und in größere Stücke geschnitten
350 g Maiskörner aus der Dose, abgetropft
1 Dose (400 g) schwarze Bohnen, abgetropft
3 EL feine Polenta oder Maismehl
2 Dosen (à 400 g) stückige Tomaten
Salz und frisch gemahlener schwarzer Pfeffer
2 TL Paste aus geräucherten Chilischoten (Chipotle)
1,25 l heiße Hühnerbrühe
2 Hähnchenbrustfilets (insgesamt 350 g)

Zum Garnieren
3 Tortillas, in 1 cm breite Streifen geschnitten
Saft von 1 Limette
1 Handvoll gehacktes Koriandergrün
120 g Cheddar, gerieben

1 1 EL Öl bei mittlerer Hitze in einem großen Topf erhitzen. Knoblauch, Jalapeño und Zwiebel hinzugeben und bei mittlerer Hitze 3–4 Minuten anbraten. Paprika, Mais, Bohnen und Polenta hinzugeben und unter gelegentlichem Rühren 2–3 Minuten schmoren.

2 Tomaten mit Saft, etwas Salz und 1 TL Chilipaste einrühren und die Brühe zugießen. Auf schwache Hitze schalten und die Suppe 35 Minuten köcheln lassen.

3 In der Zwischenzeit die Hähnchenbrustfilets auf beiden Seiten pfeffern und salzen und rundum mit der Chilipaste einreiben. 1 EL Öl in einer Pfanne erhitzen und das Fleisch auf jeder Seite 8–10 Minuten braten, dann in 1 cm breite Streifen schneiden und in die Suppe geben.

4 Das restliche Öl bei schwacher bis mittlerer Hitze in einer Pfanne erhitzen und die Tortillastreifen darin 2–3 Minuten goldbraun und knusprig anbraten. Die Suppe heiß mit einem Spritzer Limettensaft und mit Koriandergrün, geriebenem Käse und Tortillastreifen garniert servieren.

Chipotle-Chilischoten, geräucherte Jalapeños, sind in der mexikanischen Küche beliebt.

MINESTRONE MIT CHORIZO

Die klassische italienische Minestrone erhält durch die spanische Chorizowurst eine pikant-peppige Note.

- ★ **FÜR** 8–10 Personen
- ★ **VORBEREITUNG** 20 Min.
- ★ **ZUBEREITUNG** 2 Std.

Zutaten

1 EL Olivenöl
3 Knoblauchzehen, zerdrückt
250 g rote Zwiebeln, gehackt
225 g grüne Paprikaschoten, entkernt und gewürfelt
250 g Staudensellerie, gewürfelt
200 g Möhren, in Scheiben geschnitten
225 g Zucchini, ungeschält in größere Stücke geschnitten
2 Dosen (à 400 g) stückige Tomaten
1 Dose (400 g) Kichererbsen
750 ml heiße Hühnerbrühe
225 g Kirschtomaten
Salz und frisch gemahlener schwarzer Pfeffer
600 g Chorizo
100 g Parmesanrinde
60 g Grünkohl, Strunk entfernt und gehackt
225 g getrocknete Orecchiette (Öhrchennudeln)
175 g Champignons, in Scheiben geschnitten

1 Das Öl in einem großen Suppentopf bei mittlerer Temperatur erhitzen und den Knoblauch zugeben. Zwiebel, Paprikaschote, Sellerie, Möhre und Zucchini hinzufügen und 5 Minuten anbraten. Dann die Dosentomaten mitsamt ihrem Saft, Kichererbsen, Hühnerbrühe und Kirschtomaten hinzufügen, salzen und pfeffern und zum Kochen bringen.

2 Von der Chorizo die Pelle abziehen und das Wurstbrät in eine Bratpfanne krümeln. 5–7 Minuten anbraten, bis es leicht gebräunt ist. Das beim Braten ausgetretene Öl in der Pfanne lassen und die Chorizo zusammen mit der Parmesanrinde in die Suppe geben. Gut umrühren, die Hitze reduzieren und die Minestrone ohne Deckel 1¾ Stunden köcheln lassen.

3 Den Grünkohl und die Orecchiette einrühren und weitere 15–20 Minuten garen, bis die Pasta weich ist.

4 Inzwischen die Champignons in der Pfanne mit dem Chorizo-Öl 3–5 Minuten bei mittlerer Hitze anbraten. Mit Salz und Pfeffer abschmecken. Die Minestrone heiß servieren und mit den Champignonscheiben garnieren.

Möhren stecken voller Vitamine und machen sich als Einlage in fast jeder Suppe und jedem Eintopf gut.

TOMATENCREMESUPPE MIT MAIS UND PAPRIKA

Eine delikate Suppe, bei der sich köstliche Sommergemüse zu einer cremig-herzhaften Mahlzeit verbinden.

- ★ **FÜR** 8 Personen
- ★ **VORBEREITUNG** 20 Min.
- ★ **ZUBEREITUNG** 1½ Std.

Zutaten
3 EL Olivenöl
2 Knoblauchzehen, zerdrückt
1 Zwiebel, gehackt
Salz und frisch gemahlener schwarzer Pfeffer
175 g Tomatenmark
2 Dosen (à 400 g) stückige Tomaten
1 rote Paprikaschote, entkernt und gewürfelt
350 g Maiskörner aus der Dose, abgetropft
250 g Crème double oder Crème fraîche
ofenfrisches Brot oder Gegrilltes Käsesandwich (s. S. 90) zum Servieren

1 1 EL Olivenöl in einem großen Suppentopf bei mittlerer Hitze erhitzen, Knoblauch und Zwiebel anbraten und mit Salz und Pfeffer würzen. Tomatenmark hinzugeben und 2–3 Minuten rühren.

2 500 ml Wasser, Dosentomaten und Salz zugeben. Zugedeckt 45 Minuten köcheln lassen.

3 Die Paprikawürfel in einer Pfanne im restlichen Öl wenden und bei mittlerer Hitze 2–3 Minuten anbraten.

4 Die Tomaten im Topf mit dem Pürierstab pürieren. Dann Maiskörner und Paprikawürfel hinzugeben, ein paar jeweils zum Garnieren zurückbehalten. Die Crème fraîche oder Crème double einrühren. Ohne Deckel weitere 30–45 Minuten köcheln lassen. Heiß, mit Mais und Paprika garniert und mit ofenfrischem Brot oder Käsesandwich servieren.

TIPP Im Spätsommer die Maiskörner aus der Dose durch frische Maiskörner vom Kolben ersetzen.

NEW ENGLAND CLAM CHOWDER

Venusmuscheln waren einst in Neuengland eine günstige Proteinquelle und Inspiration für diese berühmte Suppe.

- ★ **FÜR** 4 Personen
- ★ **VORBEREITUNG** 15 Min.
- ★ **ZUBEREITUNG** 45 Min.

Zutaten

350 g durchwachsener Speck, gewürfelt
3 Knoblauchzehen, zerdrückt
1 große Zwiebel, gehackt
1 Stange Staudensellerie, in Scheibchen geschnitten
3 EL Mehl
500 g festkochende Kartoffeln, geschält und in Stücke geschnitten
1 l heiße Hühnerbrühe
600 g Venusmuscheln (aus der Dose oder tiefgekühlt)
250 g Sahne
Saft von 1 Zitrone
Salz und frisch gemahlener schwarzer Pfeffer
glatte Petersilie zum Garnieren
Brot zum Servieren

1 Den Speck in einem großen Topf 3–5 Minuten auslassen. Knoblauch, Zwiebel, Sellerie hinzugeben, mit dem Mehl bestäuben und anbraten, bis die Zwiebel glasig ist.

2 Kartoffeln, Brühe, Venusmuscheln und Sahne hinzugeben und 25–30 Minuten köcheln lassen, bis die Kartoffeln gar sind.

3 Den Zitronensaft einrühren und mit Salz und Pfeffer würzen. Mit gehackter Petersilie bestreuen und heiß mit Brot servieren.

Venusmuscheln sollten wie alle Muscheln behandelt werden: Nach dem Kochen ungeöffnete Muscheln immer wegwerfen.

ODER SO ...

CORN CHOWDER

Für eine vegetarische Version **Gemüsebrühe** statt Hühnerbrühe und 200 g **halbierte, kleine Champignons** statt Speck verwenden. Die Venusmuscheln durch 350 g **Maiskörner** aus der Dose ersetzen.

MEERESFRÜCHTE

225 g **Venusmuscheln**, 450 g **Hummerschwänze** und 12 gekochte **Riesengarnelen** in den letzten 10 Minuten der Kochzeit zugeben; den Topfdeckel dazu aufsetzen und einen Spalt geöffnet lassen.

FETTARME MILCH

Für eine leichtere Variante kann die Sahne durch **teilentrahmte Milch** oder **Reismilch** ersetzt werden. Mit dem Pürierstab wird die Suppe sämig.

ERBSENSUPPE MIT SPECK UND CROÛTONS

Frische Croûtons und knuspriger Räucherspeck geben dieser wärmenden Suppe einen herzhaften Biss.

- ★ **FÜR** 6–8 Personen
- ★ **VORBEREITUNG** 5 Min.
- ★ **ZUBEREITUNG** 70 Min.

Zutaten

10 Scheiben geräucherter Frühstücksspeck
1 Zwiebel, grob gehackt
2 Knoblauchzehen, grob gehackt
2 Möhren, in grobe Stücke geschnitten
2 mehligkochende Kartoffeln, geschält und geviertelt
3 Stangen Staudensellerie, gewürfelt
1 EL gehackte Rosmarinnadeln
1 EL gehackter frischer Thymian
1 EL gehackter frischer Oregano
450 g Schälerbsen
2 l heiße Hühnerbrühe
Salz und frisch gemahlener schwarzer Pfeffer

Für die Croûtons

2 EL Olivenöl
2 Knoblauchzehen, zerdrückt
2–3 Scheiben Weißbrot vom Vortag, in Würfel geschnitten

1 Den Frühstücksspeck in einem großen Topf bei mittlerer Hitze bräunen. 1–2 Scheiben zum Garnieren herausnehmen und beiseitestellen.

2 Zwiebel und Knoblauch zum Speck in den Topf geben, dann Möhren, Kartoffeln, Sellerie und Kräuter einrühren. Bei milder Hitze anschwitzen, bis die Zwiebel glasig ist, dann Erbsen und Brühe hinzufügen. Zudecken und bei milder Hitze 45 Minuten bis 1 Stunde garen, bis die Erbsen weich sind.

3 Die Suppe mit dem Pürierstab oder portionsweise im Standmixer glatt pürieren. Mit Salz und Pfeffer würzen.

4 Für die Croûtons das Öl in einer kleinen Pfanne auf mittlerer Flamme erhitzen. Knoblauch und Brotwürfel hinzugeben und unter Schwenken goldbraun braten. Den beiseitegestellten Frühstücksspeck in kleine Stücke brechen und zusammen mit den Croûtons vor dem Servieren auf die Suppe streuen.

SCHWARZE-BOHNEN-SUPPE MIT CHIPOTLE

Schwarze Bohnen sind hervorragende Protein- und Ballaststofflieferanten und machen aus dieser Suppe eine vollwertige und angenehm sättigende Mahlzeit.

★ **FÜR** 4 Personen
★ **VORBEREITUNG** 15 Min.
★ **ZUBEREITUNG** 2–3 Std.

Zutaten
250 g durchwachsener Speck, gewürfelt
3 Knoblauchzehen, gehackt
1 Zwiebel, gehackt
2 Dosen (à 400 g) schwarze Bohnen
175 g Kirschtomaten, halbiert
1 EL gemahlener Kreuzkümmel
½ TL Paste aus geräucherten Chilischoten (Chipotle)
700 ml heiße Hühnerbrühe
Salz und frisch gemahlener schwarzer Pfeffer

Für die Garnitur
2 Scheiben geräucherter Frühstücksspeck
4 EL saure Sahne
1 Avocado, halbiert und quer in Scheiben geschnitten (Anleitung s. S. 11)
1 Bund Koriandergrün, grob gehackt

1 Speckwürfel, Knoblauch und Zwiebel in einem Topf unter häufigem Rühren bei mittlerer Hitze anbraten, bis der Speck kross wird und die Zwiebel glasig ist.

2 Bohnen, Tomaten, Kreuzkümmel und Chilipaste einrühren und Hühnerbrühe angießen. Salzen, pfeffern und aufkochen. Die Temperatur reduzieren und ohne Deckel 2–3 Stunden köcheln lassen, bis die Suppe eingedickt und auf die Hälfte reduziert ist.

3 Den Frühstücksspeck in einer Pfanne ohne Fett knusprig braten. Vom Herd nehmen und abkühlen lassen, dann die Speckstreifen in kleine Stücke brechen.

4 Die Suppe heiß mit einem Schlag saurer Sahne, dem Speck, den Avocadoscheiben und ein wenig Koriandergrün garniert servieren.

CAESAR SALAD MIT LACHS

Bei dieser vereinfachten Version des Salatklassikers wird das rohe Ei, das im Original ins Dressing kommt, durch Mayonnaise ersetzt.

★ **FÜR** 4 Personen
★ **VORBEREITUNG** 20 Min.
★ **ZUBEREITUNG** 20 Min.

Zutaten
2 Lachsfilets à 150 g
1 EL Olivenöl
Salz und frisch gemahlener schwarzer Pfeffer
Erdnuss- oder Sonnenblumenöl zum Braten
3 gehäufte EL Kapern, abgespült
1 großer Romanasalat, Blätter klein gezupft
2 Avocados, halbiert und quer in Scheiben geschnitten (Anleitung s. S. 11)

Für das Dressing
100 ml natives Olivenöl extra
1 EL Dijon-Senf
3 EL Mayonnaise
4 Sardellenfilets, klein geschnitten
½ TL Worcestersauce
1 Knoblauchzehe, zerdrückt
2 EL fein geriebener Parmesan
1 Prise Zucker

1 Die Grillpfanne bei starker Hitze erhitzen oder den Backofengrill vorheizen. Den Lachs mit Olivenöl einreiben, kräftig mit Salz und Pfeffer würzen und in der Pfanne oder unter dem Grill von jeder Seite 3–4 Minuten braten. Auf die Seite stellen und abkühlen lassen, dann mit den Händen in große Stücke zerpflücken.

2 Das Öl 1 cm hoch in einen kleinen Topf füllen und erhitzen. In der Zwischenzeit die Kapern auf Küchenpapier gut trocknen. Sobald das Öl heiß ist, die Kapern (vorsichtig, damit es nicht spritzt) im Öl anbraten, bis sie aufblähen und knusprig sind. Die Kapern mit dem Schaumlöffel aus der Pfanne heben und auf Küchenpapier abtropfen und abkühlen lassen.

3 Alle Zutaten für das Dressing in den Mixer geben oder mit dem Pürierstab glatt pürieren, bis ein dickflüssiges, cremiges Dressing entsteht. Mit Pfeffer würzen.

4 Die Salatblätter in eine große Schüssel geben und mit dem Dressing durchheben. Dann die Avocadoscheiben vorsichtig unterheben, die Lachsstücke darauf anrichten und den Salat mit den frittierten Kapern bestreut servieren.

Avocados enthalten viele einfach ungesättigte Fettsäuren, die ein wichtiger Bestandteil einer gesunden Ernährung sind.

So schmeckt der NORDOSTEN

An der Küche dieser Ecke der USA lässt sich ablesen, dass hier die frühen Siedler aus Großbritannien und anderen europäischen Ländern anlandeten, aber auch, wie vielseitig und fruchtbar das Land hier ist.

Trotz strenger Winter und einer zerklüfteten, unwirtlichen Küste ist der Nordosten der USA seit jeher eine Art Schlaraffenland. Über Hunderte von Jahren nutzten die Indianer der Region den süßen Saft des Ahornbaums als Grundnahrungsmittel und kochten ihn zu Sirup ein. Die frühen Siedler übernahmen diese Praxis schnell, außerdem bauten sie auf dem fruchtbaren Boden Bohnen und Kürbis an, wie es die Indianer taten, aber auch Gemüsesorten, die sie aus Europa mitbrachten. Schnell lernten sie, Jagd auf die hier heimischen Wildtruthühner zu machen, und die Fischer strömten an die Küste um Cape Cod mit ihren überaus fischreichen Gewässern. Bis heute sind Neuenglands Küsten, auch wenn die Fischbestände etwas zurückgegangen sind, für köstliche Hummer, Austern und andere Muscheln berühmt.

In New York City haben Immigranten aus aller Welt für ein reiches kulinarisches Angebot gesorgt – von den raffinierten Sandwiches der Jewish Delis bis zu exotischen Genüssen in Chinatown.

SPEISEN UND AROMEN

★ Die Chesapeake Bay in Maryland ist für Meeresfrüchte berühmt – vor allem für **Blaukrabben**. **Crab Cakes** (s.S. 22) sind eine der vielen Spezialitäten.

★ **New England Clam Chowder** (s.S. 34) verbindet die feine **Sahne** der Milchfarmen Vermonts mit den einfach zubereiteten frischen **Venusmuscheln** der Küste.

★ **Boston Baked Beans** (s.S. 146) ist eine Abwandlung eines indianischen Gerichts, die die frühen Siedler erfanden. Traditionell wurden die Bohnen samstags gekocht und über Nacht in einem Steinofen warm gehalten. So konnten die Siedler sie warm genießen, ohne gegen die strikte Sonntagsruhe zu verstoßen.

★ In New England gehört zum **Thanksgiving Dinner** immer auch **Succotash**, ein traditionelles indianisches Gericht aus Mais und Bohnen. Heute gibt es viele moderne Variationen dieses Gerichts (s.S. 145).

Das Reuben-Sandwich mit seinem köstlichen Innenleben ist typisch für die New Yorker Delis.

Der Waldorfsalat, süß, sauer und knackig zugleich, stammt aus New York und ist in der ganzen Welt beliebt.

Maryland Crab Cakes werden traditionell aus den sagenhaft frischen Krabben der Region zubereitet.

Chowder enthält häufig frische Muscheln, schmeckt aber auch mit Muscheln aus der Dose oder Räucherfisch.

In New Yorks Chinatown findet man eine riesige Auswahl an köstlich frischen Meeresfrüchten.

Camden Harbour ist einer von vielen Orten in Maine, die für erstklassige Meeresfrüchte berühmt sind.

Der Amerikanische Hummer, auch Maine-Hummer genannt, ist eine Delikatesse der Ostküste und schmeckt am besten jung.

WALDORFSALAT

Der im New Yorker Luxushotel Waldorf Astoria kreierte Salat erfreut sich seit über hundert Jahren großer Beliebtheit.

★ **FÜR** 4 Personen
★ **VORBEREITUNG** 15 Min.

Zutaten
2 große Äpfel
4 Stangen Staudensellerie, in dünne Scheiben geschnitten
25 kernlose rote Trauben, halbiert
2 EL geröstete und zerstoßene Walnüsse
60 g Mayonnaise
Saft von 1 Zitrone
Salz und frisch gemahlener schwarzer Pfeffer
2 Romanasalatherzen

1 Die Kerngehäuse der Äpfel mit dem Apfelausstecher entfernen. Die Äpfel mit einem scharfen Messer in gleich große Spalten schneiden. Mehrere Spalten übereinanderlegen und quer in gleich große Würfel schneiden.

2 Äpfel, Sellerie, Trauben und Walnüsse in eine Schüssel geben. Mit Mayonnaise und Zitronensaft gründlich durchheben und mit Salz und Pfeffer würzen.

3 Die Salatherzen grob hacken und auf vier Teller verteilen. Die Apel-Sellerie-Mischung auf den Salatbetten anrichten und mit einem Spritzer Zitronensaft servieren.

Rote Äpfel sind mit ihrer kräftigen Farbe und ihrem knackigen Biss eine schöne Ergänzung zu jedem Salat.

ODER SO ...

BIRNEN, BROMBEEREN & PEKANNÜSSE

Kombinieren Sie 2 **Birnen**, 350 g **Brombeeren** und 30 g geröstete **Pekannüsse**.

JOGHURT

Für eine leichtere Variante des Salats kann man die Mayonnaise durch die gleiche Menge **griechischen Joghurt** ersetzen.

RÄUCHERSPECK

Knuspriger **Frühstücksspeck** gibt dem Waldorfsalat eine knusprige und rauchige Note. 8 Scheiben **geräucherten Bacon** in der Pfanne ohne Fett knusprig braten. Abkühlen lassen, klein brechen und unter den Salat heben.

COBB SALAD MIT HÄHNCHENBRUST

Dieser Hauptspeisensalat wird mit Blue-Cheese-Dressing serviert – ein schöner, herzhafter Kontrast.

- ★ **FÜR** 4 Personen
- ★ **VORBEREITUNG** 20 Min. plus Einweichzeit
- ★ **ZUBEREITUNG** 20 Min.

Zutaten
2 Hähnchenbrustfilets
1 TL Cayennepfeffer
Salz
250 ml Vollmilch
8 Scheiben geräucherter Frühstücksspeck
75 g Mehl
75 g Semmelbrösel
1 EL Paste aus geräucherten Chilischoten (Chipotle)
1 l Erdnuss- oder Sonnenblumenöl zum Frittieren
1 Bund junger Spinat oder Rucola
300 g Kirschtomaten, halbiert
1 Avocado, halbiert und quer in Scheiben geschnitten (Anleitung s. S. 11)
4 Eier, hart gekocht und grob gehackt

Für das Dressing
60 g Mayonnaise
100 g saure Sahne
100 g Buttermilch (gekauft oder selbst gemacht, s. S. 12)
110 g Blauschimmelkäse, zerkrümelt
2 EL Apfelessig

1 Das Hähnchenfleisch mit Cayennepfeffer und 1 TL Salz in eine Schale legen, mit der Milch übergießen und 2 Stunden im Kühlschrank marinieren.

2 Den Speck in einer Pfanne ohne Fett bei mittlerer Hitze knusprig braten. Vom Herd nehmen und abkühlen lassen.

3 Mehl und Semmelbrösel mit der Chilipaste und 1–2 TL Salz vermischen. Die Hähnchenbrustfilets aus der Milch nehmen, die Milch wegschütten und das Fleisch gründlich in der Panade wenden.

4 Das Öl in einen großen Topf oder eine Fritteuse geben und auf 190 °C erhitzen (Anleitung s. S. 144). Die Filets in 5–7 Minuten goldbraun frittieren. Mit dem Schaumlöffel herausheben und auf einem Rost leicht abkühlen lassen.

5 Den Spinat gleichmäßig in einer großen Salatschüssel verteilen. Die Tomaten in einer Reihe auf den Spinat setzen. Daneben eine Reihe Avocado, anschließend eine Reihe Ei anrichten. Das Fleisch in mundgerechte Stücke schneiden und auf dem Salat anrichten. Den Bacon in kleine Stücke brechen und darüberstreuen.

6 Für das Dressing alle Zutaten zu einer glatten Sauce verrühren. Den Salat servieren, solange das Fleisch noch warm ist. Dressing separat dazu reichen. Reste des Dressings lassen sich in einem luftdichten Behälter bis zu 3 Tage im Kühlschrank aufbewahren.

WAS STECKT DAHINTER?

Der Cobb Salad wurde, so vermutet man heute, Anfang des 20. Jahrhunderts im Restaurant The Brown Derby in Hollywood erfunden und nach dessen Besitzer Bob Cobb benannt. Wer genau den Salat kreierte und wann, ist nicht geklärt. Dass er aber mit seinen Streifen aus frischen, farbenfrohen Zutaten ein absoluter Hollywoodklassiker ist, steht außer Frage.

EIERSALAT MIT SELLERIE, KAPERN UND DILL

Eine köstliche Abwechslung zum üblichen Ei mit Mayonnaise und auf Vollkorntoast als Sandwich eine schöne leichte Mahlzeit.

- ★ **FÜR** 2–3 Personen
- ★ **VORBEREITUNG** 10 Min. plus Abkühlzeit
- ★ **ZUBEREITUNG** 10 Min.

Zutaten

6 Eier
6 EL Mayonnaise
1 EL Zitronensaft
1 Stange Staudensellerie, fein gehackt
1 gehäufter EL fein gehackter Dill
1 gehäufter EL Dijon-Senf
1 große Frühlingszwiebel, fein gehackt
1 gehäufter EL Kapern, abgespült und grob gehackt
1 Prise Salz und frisch gemahlener schwarzer Pfeffer
1 Prise geräuchertes Paprikapulver zum Servieren

1 Einen Topf Wasser zum Kochen bringen, die Eier mit einem großen Löffel hineingeben und 8 Minuten kochen. Mit dem Schaumlöffel herausnehmen, unter kaltem Wasser abschrecken und abkühlen lassen, dann schälen.

2 Die übrigen Zutaten bis auf das Paprikapulver in einer großen Schüssel gründlich vermengen.

3 Die gekochten Eier fein hacken und vorsichtig unter die Mayonnaisemischung heben, damit das Eigelb nicht glatt gerührt wird. Mit Paprikapulver bestreut servieren.

TIPP Dieser Eiersalat ist ein guter Proteinlieferant und eignet sich auch als leichter, leckerer Belag für das Pausenbrot der Kinder.

Geräuchertes Paprikapulver, in Spanien als Pimentón bekannt, hat ein wunderbar rauchiges Aroma.

MAIS-AVOCADO-SALAT MIT GARNELEN

Dieser Salat, der als Hauptgericht gegessen wird, steckt voller Farben und Aromen. Variieren lässt er sich mit jungem Spinat und fein geriebenem Kohlrabi.

- ★ **FÜR** 2 Personen
- ★ **VORBEREITUNG** 15 Min. plus Marinierzeit
- ★ **ZUBEREITUNG** 20 Min. plus Abkühlzeit

Zutaten

1 großer Maiskolben
1 EL Öl
200 g rohe Garnelen, geschält, Darm entfernt
5 EL fein gehacktes Koriandergrün
Saft von 1 Limette
3 EL natives Olivenöl extra
2 EL Kürbiskerne
1 EL süße Thai-Chilisauce
Salz und frisch gemahlener schwarzer Pfeffer
100 g gemischter Blattsalat
12 Kirschtomaten, halbiert
1 Avocado, halbiert und quer in dickere Scheiben geschnitten (Anleitung s. S. 11)

1 Eine Grillpfanne bei starker Hitze erhitzen. Den Maiskolben mit ein wenig Öl bestreichen und 5–10 Minuten unter ständigem Wenden rundum anbraten, bis die Körner weich sind. Beiseitestellen. Sobald er sich anfassen lässt, die Körner mit einem scharfen Messer vom Kolben abschaben (Anleitung s. S. 152).

2 In der Zwischenzeit die Garnelen in eine kleine Kunststoff- oder Glasschüssel geben und mit je 1 EL Koriandergrün, Limettensaft und Olivenöl gründlich durchheben. 30 Minuten in den Kühlschrank stellen.

3 Eine Bratpfanne auf mittlerer Stufe erhitzen und die Kürbiskerne darin 2–3 Minuten unter häufigem Rühren rösten, bis sie bräunen und in der Pfanne zu springen beginnen. Vom Herd nehmen und beiseitestellen.

4 Für das Dressing die süße Chilisauce mit dem restlichen Koriandergrün, Limettensaft und Olivenöl mischen, salzen, pfeffern und im Mixer oder mit dem Pürierstab zu einem dickflüssigen, kräftig grünen Dressing verquirlen.

5 Die Grillpfanne wieder auf hoher Stufe erhitzen und die marinierten Garnelen auf jeder Seite 1–2 Minuten anbraten, bis sie rundum rosa und stellenweise leicht gebräunt sind. Beiseitestellen.

6 Wenn alles abgekühlt ist, den Blattsalat in eine Schüssel geben und mit dem Dressing durchheben. Kirschtomaten und Mais hinzugeben und erneut mischen. Die Avocadoscheiben und Garnelen darauf anrichten, mit den gerösteten Kürbiskernen bestreuen und servieren.

Maiskolben schmecken frisch am besten – ganz frisch erscheinen die Körner leicht milchig.

SALATDRESSINGS

Dressings, die jeden Salat perfekt ergänzen, von der »Green Goddess« bis zur leichten Eleganz der Himbeer-Walnuss-Vinaigrette.

Green Goddess

★ **ERGIBT** 300 g
★ **ZUBEREITUNG** 10 Min.

3 Sardellenfilets aus dem Glas oder 2 TL Sardellenpaste
2 Knoblauchzehen, zerdrückt
110 g Mayonnaise
110 g saure Sahne
6 EL gehackte Petersilie
3 EL gehackter Estragon
3 EL gehackter Schnittlauch
Saft von 1 Zitrone
Salz und frisch gemahlener schwarzer Pfeffer

Alle Zutaten im Mixer oder mit dem Pürierstab glatt rühren und mit Salz und Pfeffer abschmecken.

Thousand-Island-Dressing

★ **ERGIBT** 300 g
★ **ZUBEREITUNG** 10 Min.

110 g Mayonnaise
2 EL Tomatenketchup
2 EL Chow-Chow-Relish (s. S. 246)
2 TL fein gehackte rote Zwiebel
Salz und frisch gemahlener schwarzer Pfeffer

Alle Zutaten im Mixer oder mit dem Pürierstab glatt rühren und mit Salz und Pfeffer abschmecken.

Ranch-Dressing

★ **ERGIBT** 300 g
★ **ZUBEREITUNG** 10 Min.

50 g Mayonnaise
100 g Buttermilch
100 g saure Sahne
½ TL Zwiebelpulver
½ TL frisch gemahlener schwarzer Pfeffer
½ TL Knoblauchpulver
½ TL getrockneter Thymian
1 EL gehackte Petersilie

Alle Zutaten im Mixer oder mit dem Pürierstab glatt rühren und mit Salz und Pfeffer abschmecken.

Himbeer-Walnuss-Vinaigrette

★ **ERGIBT** 300 g
★ **ZUBEREITUNG** 10 Min.

½ TL süßer Senf
1 TL flüssiger Honig
60 ml Rotweinessig
5–7 Himbeeren
1 Schalotte
120 ml Walnussöl
Salz und frisch gemahlener schwarzer Pfeffer

Den Senf mit Honig, Essig, Himbeeren und der geschälten und grob zerkleinerten Schalotte im Mixer oder mit dem Pürierstab glatt pürieren. Auf hoher Stufe weiterrühren und das Öl in dünnem Strahl einträufeln, bis das Dressing eine lockere, mayonnaiseähnliche Konsistenz hat. Mit Salz und Pfeffer abschmecken.

Catalina-Dressing

★ **ERGIBT** 300 g
★ **ZUBEREITUNG** 10 Min.

1 große Zwiebel, gehackt
3 EL Ketchup
1 EL Zucker
2 EL feiner brauner Zucker
60 ml Rotweinessig
1 TL Worcestersauce
1 TL geräuchertes Paprikapulver oder gemahlene Ancho-Chilischote
120 ml Olivenöl oder anderes Pflanzenöl
Salz und frisch gemahlener schwarzer Pfeffer

Die Zwiebel mit Ketchup, weißem und braunem Zucker, Essig, Worcestersauce und Paprikapulver im Mixer oder mit dem Pürierstab glatt pürieren. Auf hoher Stufe weiterrühren und das Öl in dünnem Strahl einträufeln, bis das Dressing eine lockere, mayonnaiseähnliche Konsistenz hat. Mit Salz und Pfeffer abschmecken.

SALATKLASSIKER

HAUSGEMACHTER KARTOFFELSALAT

Es gibt unzählige Varianten für Kartoffelsalat – diese Version ist ein echter Klassiker aus dem Mittleren Westen.

- ★ **FÜR** 6 Personen
- ★ **VORBEREITUNG** 10 Min.
- ★ **ZUBEREITUNG** 20–25 Min. plus Abkühlzeit

Zutaten
1 kg festkochende Kartoffeln, wie Linda
4 gehäufte EL Mayonnaise
2 TL Dijon-Senf
1 Stange Staudensellerie, fein gehackt
1 Bund Frühlingszwiebeln, nur die weißen und hellgrünen Teile, fein gehackt
1 EL Kapern, abgespült und fein gehackt
1 EL Zitronensaft
Salz und frisch gemahlener schwarzer Pfeffer

1 Die Kartoffeln ungeschält in einem großen Topf mit kochendem Salzwasser 20–25 Minuten garen. Abgießen und zum Abkühlen beiseitestellen. Abgekühlt schälen und in 3 cm große Würfel schneiden.

2 Mayonnaise, Senf, Sellerie, Frühlingszwiebeln, Kapern und Zitronensaft in einer Schüssel vermengen und mit Salz und Pfeffer würzen.

3 Die Kartoffeln in eine große Salatschüssel geben und vorsichtig mit dem Dressing durchheben, damit sie nicht zerbrechen.

Staudensellerie mit seinem frischen, kräftigen Aroma bringt Pep in einen simplen Kartoffelsalat.

ODER SO ...

À LA FRANÇAISE
Eine schöne Variante ist warmer französischer Kartoffelsalat mit **neuen Kartoffeln**. 1 kg noch warme neue Kartoffeln, halbiert, mit 1 Bund fein gehackten **Frühlingszwiebeln** und Vinaigrette durchheben.

SÜSSKARTOFFELN
Eine interessante Variante ist auch ein Süßkartoffelsalat, bei dem die Kartoffeln durch **Süßkartoffeln** ersetzt werden. Diese müssen allerdings nur etwa 10 Minuten kochen und sollten vor dem Verwenden noch nicht ganz gar sein.

EI & THUNFISCH
2 gehackte hart gekochte **Eier** und 1 kleine Dose zerkleinerter **Thunfisch** verwandeln den Beilagensalat in ein echtes Highlight.

FRÜHSTÜCK & LEICHTE SNACKS

WAFFELN MIT AHORN-SIRUP UND BACON

Diese einfach zuzubereitenden, vielseitigen Waffeln mit Maismehl sind zum Frühstück, als Snack für zwischendurch oder als Dessert ideal.

★ **ERGIBT** 6–8 Waffeln
★ **VORBEREITUNG** 5 Min.
★ **ZUBEREITUNG** 20–25 Min.

Zutaten
125 g Mehl
50 g feine Polenta (Maismehl)
1 TL Backpulver
2 EL Zucker
300 ml Milch
75 g Butter, zerlassen
1 TL reiner Vanilleextrakt (Apotheke oder Reformhaus) oder 1 Pck. Vanillezucker
2 große Eier, getrennt
4 Scheiben geräucherter Frühstücksspeck
100 ml Ahornsirup
Marmelade, frisches Obst, Schlagsahne oder Eis zum Servieren (nach Belieben)

1 Mehl, Maismehl, Backpulver und Zucker in eine Schüssel geben. Eine Mulde in die Mitte drücken und Milch, zerlassene Butter, Vanilleextrakt und Eigelbe hineingeben. Nach und nach verrühren.

2 Das Waffeleisen vorheizen. Die Eiweiße steif schlagen und mit einem Metalllöffel vorsichtig unter den Teig ziehen.

3 Den Backofen auf 130 °C vorheizen. Eine kleine Kelle Teig in das Waffeleisen geben und fast bis zum Rand verteilen. Den Deckel schließen und die Waffel goldbraun backen. In einer Lage im Backofen warm stellen.

4 Den Speck in einer Pfanne ohne Fettzugabe knusprig braten und abkühlen lassen, dann in kleine Stücke brechen. Den Ahornsirup in einem kleinen Topf bei schwacher Hitze sanft erhitzen. Den Speck hineingeben und im Sirup durchwärmen, dann über die Waffeln geben. Die Waffeln nach Belieben mit Marmelade, frischem Obst, Schlagsahne oder Eis sofort servieren.

TIPP Waffeln schmecken zwar ganz frisch am besten, können aber auch 24 Stunden im Voraus zubereitet und im Ofen aufgewärmt werden.

Reiner **Ahornsirup** hat eine starke, melasseartige Süße mit einer rauchigen Note.

FRENCH TOAST MIT ERDBEERFÜLLUNG

Diese Variante des French Toast – Arme Ritter auf Amerikanisch – setzt ein Glanzlicht bei jedem Brunch.

★ **ERGIBT** 4 Stück
★ **VORBEREITUNG** 10 Min.
★ **ZUBEREITUNG** 30 Min.

Zutaten
8 Scheiben Hefezopf oder Hefeweißbrot, je 4 cm dick
8 EL Doppelrahmfrischkäse
8–12 Erdbeeren, geputzt und in Scheiben geschnitten
4 Eier
100 g feiner brauner Zucker
125 ml Milch
1 TL reiner Vanilleextrakt (Apotheke oder Reformhaus) oder 1 Pck. Vanillezucker
1 TL gemahlener Zimt
4 EL Butter
Honig zum Servieren

1 Den Backofen auf 190 °C vorheizen. Jede Brotscheibe mit 1 EL Frischkäse bestreichen. Die Erdbeeren gleichmäßig auf 4 der Brotscheiben verteilen und diese mit den übrigen 4 Brotscheiben abdecken.

2 Mit dem Handrührgerät in einer Schüssel Eier, Zucker, Milch, Vanilleextrakt und Zimt verrühren. Die Sandwiches in die Eimischung tauchen, sodass sie komplett überzogen sind.

3 1 EL Butter bei mittlerer Hitze in einer Pfanne zerlassen und die Sandwiches von beiden Seiten je 3–4 Minuten goldbraun braten. Die restliche Butter nach Bedarf nach und nach hineingeben, während die Sandwiches braten. Die French Toasts dann auf ein Backblech legen und 5 Minuten im Backofen backen. Heiß und mit Honig beträufelt servieren.

ERDBEEREN ZUM VERARBEITEN VORBEREITEN

1 Die Erdbeeren zum Putzen auf die Seite legen. Dann mit einem scharfen Messer die Kelchblätter möglichst eng am Blattgrund abschneiden.

2 Eine Erdbeere halbieren, jede Hälfte auf die Schnittfläche legen und in gleich dicke Scheiben schneiden. Mit den restlichen Erdbeeren ebenso verfahren.

BUTTERMILCH-PANCAKES

Sie können für diese klassischen amerikanischen Pfannkuchen auch Vollmilch verwenden, lockerer werden sie aber mit Buttermilch.

★ **ERGIBT** 10 Pfannkuchen
★ **VORBEREITUNG** 5 Min.
★ **ZUBEREITUNG** 20 Min.

Zutaten
300 g Mehl
60 g Zucker
3½ gestrichene TL Backpulver
250 g Buttermilch (gekauft oder selbst gemacht, s. S. 12)
2 Eier
60 g Butter, zerlassen und abgekühlt, plus etwas Butter zum Braten und zum Servieren
3–4 EL Milch (nach Belieben)
Ahornsirup zum Servieren
frische Beeren oder klein geschnittenes Obst zum Servieren

1 Mehl, Zucker und Backpulver in eine große Schüssel geben und mit dem Schneebesen gründlich vermengen. In einer zweiten Schüssel Buttermilch, Eier und zerlassene Butter verquirlen. Eine Mulde in die Mehlmischung drücken und nach und nach mit der Buttermilchmischung zu einem glatten, dickflüssigen Teig verrühren. Ist der Teig zu dick, 3–4 EL Milch einrühren.

2 Einen Stich Butter in einer kleinen beschichteten Pfanne (15 cm Durchmesser) erhitzen, bis die Butter zu schäumen beginnt. So viel Teig in die Pfanne geben, dass der Boden dünn bedeckt ist.

3 Den Pfannkuchen bei mittlerer Hitze backen, bis er am Rand fest wird und Blasen wirft, die nach dem Aufplatzen kleine »Löcher« zurücklassen.

4 Den Pfannkuchen wenden und weitere 1–2 Minuten backen. Sofort servieren oder im Backofen bei niedriger Temperatur warm stellen, bis alle Pfannkuchen gebacken sind. Mit Butter, Ahornsirup und einer Schüssel frischen Beeren oder Obstsalat sind die Pancakes ein wunderbares Sonntagsfrühstück.

ODER SO ...

ZIMT & BANANE
1 TL **gemahlenen Zimt** mit in den Teig geben. Eine halbe **Banane** in dünne Scheiben schneiden und diese auf dem noch flüssigen Teig in der Pfanne verteilen, dann wie im Rezept angegeben backen.

BLAUBEERKOMPOTT
Für die perfekten Blueberry Pancakes Blaubeerkompott zu den Pfannkuchen servieren. Dafür 150 g reife **Blaubeeren** mit 2 EL **Wasser** und 1 EL **Zucker** 5 Minuten kochen, bis sie platzen.

À LA SÜDSTAATEN
150 g des Mehls durch **Maismehl** ersetzen und nur 2 gehäufte TL Backpulver zugeben.

BISCUITS AND GRAVY

Amerikanische Biscuits sind – anders als der Name vermuten lässt – nicht süß. In den Südstaaten isst man sie gern zum Frühstück: mit einer cremig-pikanten Sauce, der Gravy.

- ★ **FÜR** 4 Personen
- ★ **VORBEREITUNG** 15 Min.
- ★ **ZUBEREITUNG** 20 Min.

Zutaten

300 g Mehl, plus Mehl zum Bestäuben
3½ gestrichene TL Backpulver
1 TL geräuchertes Paprikapulver oder gemahlene Ancho-Chilischote
½ TL Salz
85 g Butter, gekühlt
60 g kräftiger Hartkäse, grob gerieben
frisch gemahlener schwarzer Pfeffer
225 g Buttermilch (gekauft oder selbst gemacht s. S. 12)
1 Ei, mit 1 EL kaltem Wasser verquirlt

Für die Gravy

1 EL Erdnuss- oder Sonnenblumenöl zum Braten
rund 250 g pikant gewürztes Brät oder selbst gewürztes Hackfleisch
1 EL Mehl
250 ml Hühnerbrühe
125 g Sahne

1 Den Backofen auf 230 °C vorheizen. Mehl mit Backpulver, Paprikapulver und Salz in eine Rührschüssel sieben, die Butter in Flöckchen dazugeben und mit dem Handrührgerät oder in der Küchenmaschine zu einem krümeligen Teig verarbeiten. Den geriebenen Käse und reichlich Pfeffer hinzufügen und kurz einrühren. Die Buttermilch dazugeben und mit einem Holzlöffel unterrühren, sodass ein weicher, klebriger Teig entsteht.

2 Den Teig auf eine leicht bemehlte Arbeitsfläche geben und zu einem Block formen. Den Block mit den Händen auf 3 cm Dicke drücken oder mit der Teigrolle etwas ausrollen. Mit einem runden Ausstecher (6 cm) Plätzchen ausstechen und auf ein Backblech setzen. Die Teigreste vorsichtig wieder zu einem Teigblock formen, erneut ausrollen und weitere Plätzchen ausstechen, bis der gesamte Teig aufgebraucht ist.

3 Die Biscuits mit etwas verschlagenem Ei bestreichen. Im vorgeheizten Backofen 10–12 Minuten backen, bis sie aufgegangen und goldbraun sind. Aus dem Ofen nehmen und 5 Minuten auf dem Blech lassen, dann auf einem Kuchengitter vollständig abkühlen lassen.

4 Inzwischen die Gravy zubereiten. Das Öl in einer Pfanne erhitzen, Brät oder Hackfleisch hineingeben und unter häufigem Wenden 3–5 Minuten braun und knusprig anbraten. Die Temperatur reduzieren, das Brät mit dem Mehl bestäuben und umrühren. Nach und nach die Brühe unter ständigem Rühren zugießen. Dann die Sahne einrühren und die Hitze weiter reduzieren. 5 Minuten köcheln lassen, bis die Sauce angedickt ist. Die Gravy über die Biscuits geben und servieren.

KNUSPERMÜSLI MIT DÖRROBST-KOMPOTT

Wer sein Knuspermüsli – amerikanisch Granola – selbst macht, spart Geld und kann sich immer über seine Lieblingszutaten freuen.

★ **FÜR** 4–6 Personen
★ **VORBEREITUNG** 10–15 Min.
★ **ZUBEREITUNG** 45 Min. plus Abkühlzeit

Zutaten
125 g feine Haferflocken
50 g gemischte Körner, wie Sonnenblumenkerne, Sesamsamen, Kürbiskerne und Leinsamen
50 g gemischte ungesalzene Nüsse, wie Cashewkerne, Mandeln, Haselnüsse und Walnüsse
1 EL Olivenöl, plus Öl zum Einfetten
2 EL flüssigen Honig
3½ EL Ahornsirup
25 g getrocknete Heidelbeeren
25 g getrocknete Cranberrys
25 g getrocknete Kirschen
15 g Kokosraspel
Joghurt oder Milch zum Servieren

Für das Kompott
100 g getrocknete Äpfel
100 g getrocknete Feigen
100 g getrocknete Pflaumen
1 Zimtstange
½ Vanilleschote, längs halbiert
fein abgeriebene Schale und Saft von 1 Orange
1 EL Demerarazucker

1 Den Backofen auf 150 °C vorheizen. Haferflocken, Körner und Nüsse in eine große Schüssel geben, Öl, Honig und Ahornsirup hinzugeben und gründlich vermengen.

2 Die Mischung in eine große, leicht geölte Auflaufform geben und gleichmäßig verteilen. Im Backofen 15 Minuten backen. Beeren, Kirschen und Kokos vermischen, in die Müslimischung rühren und weitere 15 Minuten backen. Aus dem Ofen nehmen und vollständig auskühlen lassen, dann in kleine Stücke brechen und in einem luftdichten Behälter lagern.

3 Für das Kompott die Trockenfrüchte in eine Rührschüssel geben, Zimt, Vanillestange und Orangenschale und -saft hinzugeben. Mit 200 ml kochendem Wasser übergießen, abdecken und über Nacht quellen lassen.

4 Die eingeweichten Früchte in einen Topf geben, den Zucker und 150 ml kaltes Wasser hinzugeben und aufkochen. Die Temperatur reduzieren und ohne Deckel 15 Minuten köcheln lassen. Vanilleschote und Zimtstange herausnehmen.

5 Das Müsli auf Schalen verteilen, etwas Kompott daraufgeben und mit Joghurt oder Milch servieren.

TIPP Auch andere Trockenobstkombinationen, wie Aprikose, Pfirsich und Dattel oder eine Mischung verschiedener Beeren, schmecken gut. Für ein leckeres Winterkompott 2 fein gehackte Kugeln Ingwer in Sirup und 2 EL des Sirups hineingeben.

FRÜHSTÜCK & LEICHTE SNACKS ★ 61

FRÜHSTÜCKSAUFLAUF NACH SÜDSTAATENART

Ein klassisch amerikanisches Brunchgericht, das in Europa noch wenig bekannt ist – schnell zuzubereiten und einfach köstlich.

- ★ **FÜR** 4–6 Personen
- ★ **VORBEREITUNG** 15 Min. plus Ruhezeit
- ★ **ZUBEREITUNG** 40 Min.

Zutaten
1 EL Olivenöl
200 g dicke Chorizo, Pelle entfernt
Butter zum Einfetten
100 g altbackenes Baguette oder Weißbrot ohne Kruste, in 1 cm große Würfel geschnitten
4 Frühlingszwiebeln, in dünne Ringe geschnitten
1 große reife Tomate, enthäutet, entkernt und gehackt
1 Jalapeño oder andere milde grüne Chilischote, entkernt und fein gehackt
75 g kräftiger Hartkäse, gerieben
6 Eier
100 g Sahne
100 ml Vollmilch
1 TL geräuchertes Paprikapulver oder gemahlene Ancho-Chilischote
Salz und frisch gemahlener schwarzer Pfeffer

1 Das Öl in einer beschichteten Pfanne erhitzen, die Wurst mit dem Pfannenwender in grobe Stücke zerteilen und unter ständigem Wenden braten, bis sie rundum gut gebräunt ist. Die Pfanne vom Herd nehmen.

2 Den Backofen auf 180 °C vorheizen. Eine 25 cm große Auflaufform mit der Butter einfetten. Die Brotwürfel in einer Lage in die Form geben und dann die Wurststücke darüber verteilen. Frühlingszwiebel, Tomatenwürfel und Chilischote daraufgeben und mit dem geriebenen Käse bestreuen.

3 Die Eier in einer Schüssel kurz mit Sahne, Milch und Paprikapulver verquirlen und mit Salz und Pfeffer würzen. Die Eimischung über den Auflauf gießen und ihn dann 15 Minuten ruhen lassen.

4 Den Auflauf im Backofen 30–40 Minuten backen, bis er goldbraun ist und an einem hineingestochenen Holzspieß nichts mehr haften bleibt.

HUEVOS RANCHEROS AUF TORTILLA

Diese farbenfrohe mexikanische Frühstücksspezialität schmeckt eigentlich zu jeder Tageszeit.

★ **FÜR** 4 Personen
★ **VORBEREITUNG** 20 Min.
★ **ZUBEREITUNG** 15–30 Min.

Zutaten

1 Dose (400 g) schwarze Bohnen
1 TL geräuchertes Paprikapulver oder gemahlene Ancho-Chilischote
1 Prise Chiliflocken
Salz und frisch gemahlener schwarzer Pfeffer
Olivenöl zum Braten und Beträufeln
4 große Weizentortillas
225 g Cheddar, gerieben
4 Eier
1 Avocado, halbiert und quer in dicke Scheiben geschnitten (Anleitung s. S. 11)

Für den Pico de Gallo

3 große Tomaten, entkernt und gewürfelt
1 Jalapeño oder andere milde grüne Chilischote, fein gehackt
1 kleine rote Zwiebel, gehackt
2 Knoblauchzehen, zerdrückt
2 EL gehacktes Koriandergrün
Saft von 2 großen Limetten

1 Für den Pico de Gallo Tomate, Jalapeño, Zwiebel, Knoblauch, Koriander und Limettensaft in einer Schüssel vermengen, mit Salz und Pfeffer würzen und beiseitestellen.

2 Die Bohnen in einem mittelgroßen Topf in der Einmachflüssigkeit sanft erhitzen und mit Paprikapulver, Chiliflocken, Salz und Pfeffer würzen.

3 In der Zwischenzeit etwas Öl in einer großen beschichteten Pfanne bei mittlerer Temperatur erhitzen. Sobald es heiß ist, eine Tortilla hineinlegen, etwa ein Viertel des Käses ringförmig daraufstreuen und ein Ei in der Mitte des Rings aufschlagen. Darauf achten, dass das Ei nicht aus dem Käsering läuft.

4 Die Pfanne zudecken und 3–4 Minuten backen, bis das Ei zu stocken beginnt und der Käse schmilzt. Die Tortilla mit dem Pfannenwender samt Ei wenden. Für ein weiches Eigelb weitere 1–2 Minuten garen, 3–4 Minuten für ein festes Eigelb. Mit dem Pfannenwender mit dem Ei nach oben auf einen Teller geben. Käsereste aus der Pfanne entfernen und weitere Tortillas auf diese Weise zubereiten.

5 Die schwarzen Bohnen vom Herd nehmen und abseihen. Die Tortilla mit je einem Schlag schwarze Bohnen und Pico de Gallo und den Avocadoscheiben garniert servieren.

TIPP Am besten lässt sich die Tortilla mit einem breiten Pfannenwender umdrehen, bei dem das Ei wie in einer Mulde liegt. Zügig wenden.

FRÜHSTÜCKSKLASSIKER

EGGS BENEDICT MIT RÄUCHERLACHS

Die Kombination aus pochiertem Ei und cremiger Sauce hollandaise, hier ergänzt mit Räucherlachs, ist ein Klassiker der amerikanischen Frühstücksküche.

★ **FÜR** 4 Personen
★ **VORBEREITUNG** 15 Min.
★ **ZUBEREITUNG** 10 Min.

Zutaten
4 Eier
2–4 Toastbrötchen (English Muffins)
150 g Räucherlachs

Für die Sauce hollandaise
100 g Butter
1 großes Eigelb
½ EL Zitronensaft
Salz und frisch gemahlener schwarzer Pfeffer

1 Für die Sauce hollandaise die Butter bei schwacher Hitze zerlassen, dabei darauf achten, dass sie sich nicht trennt. Eigelb, Zitronensaft und Gewürze im Mixer schnell verquirlen. Die zerlassene Butter, während der Mixer läuft, zunächst tropfenweise, dann als feinen Strahl zugeben, bis die Sauce andickt.

2 Einen großen Topf mit Salzwasser aufkochen, dann die Temperatur bis zum Köcheln reduzieren. Die Eier einzeln in eine Teetasse aufschlagen und vorsichtig ins siedende Wasser geben. 3 Minuten pochieren, bis das Eiweiß gestockt, das Eigelb aber noch flüssig ist. Mit dem Schaumlöffel herausheben.

3 In der Zwischenzeit die Toastbrötchen toasten. Wer sein Brot dick mag, lässt die 4 Toastbrötchen ganz und schneidet nur jeweils eine dünne Scheibe oben ab, damit das Ei Platz hat. Ansonsten 2 Brötchen halbieren und jede Hälfte belegen. Den Lachs auf die 4 Brötchen oder Brötchenhälften verteilen, je ein pochiertes Ei daraufsetzen und mit Sauce übergießen.

WAS STECKT DAHINTER?

Die Herkunft der ursprünglichen Version mit Bacon ist ungeklärt. In zwei verschiedenen Kochbüchern aus den 1890er-Jahren finden sich mit Sauce hollandaise übergossene pochierte Eier mit Frühstücksspeck auf Toastbrötchen. Andere Quellen vermuten als Geburtsort des Gerichts New Yorks berühmtes Restaurant Delmonico's oder das Waldorf Astoria Hotel.

ODER SO …

SAUERTEIGBROT
2 pochierte Eier auf einer Scheibe geröstetem **Sauerteigbrot** mit 2 Streifen **knusprigem Bacon** und mit Sauce hollandaise servieren.

FLORENTINER ART
Statt des Lachses 250 g **jungen Spinat** mit 1 EL **Olivenöl** im Topf kurz zusammenfallen lassen und gut abtropfen. Mit einem Löffel Sauce hollandaise vermischen und zu den Eiern servieren.

KARTOFFELRÖSTI
Für eine glutenfreie Version Eier und Sauce hollandaise auf **Kartoffelrösti** servieren. Die Kartoffelmasse wie im Rezept für die Kartoffelnester mit Ei auf Seite 66 zubereiten, aber zu 8 Küchlein formen. In 2 EL Öl bei mittlerer Hitze auf jeder Seite 5 Minuten goldbraun backen.

KARTOFFELNESTER MIT EI

Die Nester können vorgebacken und später mit Ei gefüllt auf den Tisch gezaubert werden. Perfekt für den Brunch!

- ★ **ERGIBT** 8 Nester
- ★ **VORBEREITUNG** 20 Min.
- ★ **ZUBEREITUNG** 25–35 Min.

Zutaten

175 g mehligkochende Kartoffeln, wie Ackersegen oder Bintje, gerieben
75 g Süßkartoffeln, gerieben
1 kleine rote Zwiebel, fein gehackt
50 g Pancetta, fein gehackt
50 g Cheddar, grob gerieben
2 EL Olivenöl, plus Öl zum Einfetten
Salz und frisch gemahlener schwarzer Pfeffer
8 Eier

1 Den Backofen auf 200 °C vorheizen. Die geriebenen Kartoffeln und Süßkartoffeln in eine große Schüssel mit kaltem Wasser geben und 5 Minuten einweichen, um überschüssige Stärke auszulösen. Abseihen, in ein sauberes Küchentuch wickeln und möglichst viel Flüssigkeit auspressen.

2 Kartoffeln, Zwiebel, Pancetta und Käse in einer großen Schüssel gründlich vermengen. Öl hinzugeben, mit Salz und Pfeffer würzen und erneut vermengen.

3 Eine Muffinform mit zwölf Vertiefungen leicht ölen. Die Kartoffelmischung auf acht Vertiefungen verteilen und mit dem Rücken eines Esslöffels zu Nestern formen. Der Boden der Vertiefungen sollte bedeckt sein, um das Ei aufnehmen zu können. Die Seiten der Körbchen sollten so hoch wie möglich sein, denn sie schrumpfen beim Backen ein wenig.

4 Auf mittlerer Schiene 15–20 Minuten im Backofen backen, bis die Ränder gebräunt und leicht knusprig sind. Aus dem Ofen nehmen und die Temperatur auf 180 °C reduzieren.

5 Vorsichtig ein Ei in jedes der Nester aufschlagen, mit etwas Pfeffer bestreuen und nochmals 10–15 Minuten in den Ofen geben (je nachdem, ob die Eier weich oder hart sein sollen). Aus dem Ofen nehmen und 2 Minuten in der Form abkühlen lassen (die Eier garen noch ein wenig weiter). Die Nester rundum mit dem Messer aus der Form lösen und herausheben. Sofort servieren.

TIPP Zur Abwechslung kann man auch gebratene Champignons, gedünsteten Spinat oder Speckwürfel unter die Eier in den Nestern geben und mitbacken.

Pancetta, italienischer Bauchspeck, lässt sich durch eine dicke Scheibe geräucherten, durchwachsenen Speck ersetzen.

FRÜHSTÜCK & LEICHTE SNACKS

OMELETT »LIGHT« MIT SPINAT UND LACHS

Diese federleichten Omeletts aus Eiweiß stecken voller Protein und ergeben ein gesundes und schnelles Frühstück.

★ **FÜR** 1 Person
★ **VORBEREITUNG** 10 Min.
★ **ZUBEREITUNG** 4–7 Min.

Zutaten
3 Eiweiß
15 g Butter
50 g junger Spinat, grob gehackt
1 Prise frisch geriebene Muskatnuss
frisch gemahlener schwarzer Pfeffer
30 g Räucherlachs, grob in Stücke zerteilt

1 Das Eiweiß in eine große Rührschüssel geben und mit dem Schneebesen oder dem Handrührgerät steif schlagen (siehe Anleitung unten). Die Butter in einer großen Pfanne bei mittlerer Hitze zerlassen. Den Spinat hineingeben, mit etwas Muskatnuss und Pfeffer würzen und 2–3 Minuten unter häufigem Rühren andünsten, bis der Spinat zusammenfällt und alle Flüssigkeit verdunstet ist.

2 Den Spinat gleichmäßig in der Pfanne verteilen und den Eischnee darübergeben. Spinat mit dem Pfannenwender leicht unter den Einschnee heben. Das Omelett 1–2 Minuten bei schwacher Hitze backen, bis das Ei an den Rändern stockt und die Unterseite gebräunt ist. Die Oberseite darf noch ein wenig schaumig aussehen.

3 Den Räucherlachs auf einer Hälfte des Omeletts verteilen. Das Omelett mit dem Pfannenwender vorsichtig in der Mitte über dem Lachs zusammenklappen. Von jeder Seite 1 weitere Minute backen und dabei mit dem Pfannenwender leicht andrücken, bis das Omelett innen luftig, aber gerade gar ist.

EISCHNEE SCHLAGEN

1 Das Eiweiß in eine saubere, trockene große Rührschüssel geben und langsam mit kleinen kreisenden Bewegungen verschlagen.

2 Die Kreisbewegung vergrößern und weiterschlagen, bis das Eiweiß nicht mehr durchscheinend ist, sondern Schaum bildet.

3 Die Geschwindigkeit erhöhen und durch kreisförmiges Schlagen möglichst viel Luft in das Eiweiß einarbeiten, bis es zu Eischnee wird.

FRÜHSTÜCKSKLASSIKER

FRÜHSTÜCKS-BURRITOS

Die herzhaft und pikant gewürzten Burritos sind auch ein tolles Frühstück zum Mitnehmen.

- **FÜR** 4 Personen
- **VORBEREITUNG** 20 Min.
- **ZUBEREITUNG** 50 Min.

Zutaten
2 rote Kartoffeln, wie Désirée
1 TL Olivenöl
1 Zwiebel, grob gehackt
1 rote Paprikaschote, in große Stücke geschnitten
1 grüne Paprikaschote, in große Stücke geschnitten
1 Jalapeño oder andere milde grüne Chilischote, fein gehackt
Salz und frisch gemahlener schwarzer Pfeffer
450 g Chorizo, Pelle entfernt und in dicke Scheiben geschnitten
8 Eier
1 TL Paste aus geräucherten Chilischoten (Chipotle)
175 g Cheddar, gerieben
4 große Tortillas
60 g saure Sahne

Für die Guacamole
1 Avocado, halbiert und in Scheiben geschnitten (Anleitung s. S. 11)
Saft von 2 Limetten
12 Kirschtomaten, halbiert
1 Handvoll gehacktes Koriandergrün

1 Die Kartoffeln 10 Minuten in einem Topf mit kochendem Wasser garen. Abgießen und abkühlen lassen. Mit der Schale in Stücke schneiden und beiseitestellen.

2 Das Öl in einer großen Pfanne erhitzen und Zwiebel, Paprika und Chilischote etwa 10 Minuten bei mittlerer Hitze braten, bis sie beginnen, weich zu werden. Die Kartoffelstücke hinzugeben und kräftig mit Salz und Pfeffer würzen. Unter gelegentlichem Rühren 15–20 Minuten braten, bis die Kartoffeln gar sind.

3 In der Zwischenzeit die Chorizo in einer zweiten Pfanne bei mittlerer Hitze 4–5 Minuten goldbraun braten. Mit einem Schaumlöffel aus der Pfanne heben und kurz vor Ende der Garzeit zu den Kartoffeln in die Pfanne geben.

4 Die Eier mit 60 ml Wasser und der Chilipaste in eine Schüssel geben und kräftig mit Salz und Pfeffer würzen. Mit dem Schneebesen oder dem Handrührgerät schaumig aufschlagen. Die Eimischung in die für die Chorizo genutzte Pfanne geben, zu Rührei rühren und 3–4 Minuten backen, dabei immer wieder an der Pfanne rütteln. Den Käse einstreuen und mit dem Ei vermengen, bis er schmilzt.

5 Für die Guacamole die Avocado pürieren und mit Limettensaft, Tomaten und Koriandergrün mischen.

6 Die Tortillas einzeln auf Teller legen und je etwa 1 EL saure Sahne entlang der Mittelachse verteilen. Darauf etwas Kartoffel-Chorizo-Mischung, Rührei und Guacamole geben. Für Burritos die schmalen Ränder über die Füllung schlagen und festhalten, dann die breiteren Ränder darüberfalten. Den Burrito wenden, damit er in Form bleibt. Heiß servieren.

ODER SO …

VEGETARISCH

Die Chorizo durch 400 g **schwarze Bohnen** aus der Dose (abgetropft) und 1 **Champignon** in Scheiben ersetzen. In 1 EL Öl schwenken, kräftig mit Salz und Pfeffer würzen und wie in Schritt 3 braten.

CHILI-HUMMUS

400 g **Kichererbsen** aus der Dose (abgetropft), 1 gehackte **Zwiebel**, 2 gehackte **Knoblauchzehen**, 4 EL **Tahini**, 1 gehackte **Jalapeño**, 1 Bund **Koriander**, 1 Prise **Salz** und den Saft von 2 **Limetten** pürieren und auf die Tortillas streichen.

SUNNY SIDE UP

Statt des Rühreis Spiegeleier zubereiten. Für jede Portion 2 **Eier** 5–7 Minuten braten, dann gut würzen. Für eine amerikanische Diner-Style-Variante die Kartoffelpfanne ohne Tortilla, nur mit Spiegelei und **Frühstücksspeck** servieren.

WARMES BANANA-PBJ

Das klassische PBJ ist ein Sandwich mit Erdnussbutter (Peanut Butter) und Marmelade (Jam). Hier wird es mit Banane geröstet – und schmeckt so auch den Erwachsenen.

- ★ **ERGIBT** 4 Sandwiches
- ★ **VORBEREITUNG** 10 Min.
- ★ **ZUBEREITUNG** 20 Min.

Zutaten
300 g Brombeermarmelade
8 Scheiben ofenfrisches Brot
250 g Erdnussbutter
1 Banane, in 5 mm dicke Scheiben geschnitten
4 EL Butter

1 Die Brombeermarmelade in einen Topf geben und bei schwacher Hitze erwärmen. Vom Herd nehmen und beiseitestellen.

2 Die Brotscheiben großzügig mit Erdnussbutter bestreichen. Auf 4 der Scheiben jeweils 4 Bananenscheiben legen, dann die restlichen Brotscheiben daraufklappen, um 4 Sandwiches zu erhalten.

3 1 EL Butter in einer Pfanne zerlassen. Die Sandwiches einzeln bei mittlerer Hitze 2–3 Minuten von jeder Seite knusprig rösten. Die restliche Butter bei Bedarf nach und nach hinzugeben, bis alle Sandwiches fertig sind. Die Sandwiches mit der warmen Marmelade übergießen und heiß servieren.

Bananen werden beim Garen süßer, daher eignen sich zum Kochen besonders noch leicht unreife Bananen.

FRÜHSTÜCK & **LEICHTE SNACKS** ★ 71

BLT MIT GRÜNEN TOMATEN

Dies ist eine Gourmetversion des klassischen BLT – einem Sandwich mit Frühstückspeck (Bacon), Salat (Lettuce) und Tomate (Tomato).

- ★ **ERGIBT** 1 Sandwich
- ★ **VORBEREITUNG** 5 Min.
- ★ **ZUBEREITUNG** 10 Min. plus 15 Min. für die grünen Tomaten

Zutaten
3 Streifen Frühstückspeck
2 dicke Scheiben Kastenweißbrot
2 EL weiche Butter
2 große Blätter Romanasalat, dicke Blattrippe entfernt und grob gehackt
4 Scheiben gebratene grüne Tomaten (s.S. 164)

Für die Zitronen-Basilikum-Mayonnaise
2 EL Mayonnaise
2 TL Zitronensaft
1 EL fein gehacktes Basilikum
Salz und frisch gemahlener schwarzer Pfeffer

1 Den Backofengrill vorheizen. Die Zutaten für die Zitronen-Basilikum-Mayonnaise verrühren, mit Salz und Pfeffer würzen und beiseitestellen.

2 Eine Grill- oder Bratpfanne erhitzen. Den Frühstücksspeck in der Pfanne von beiden Seiten 2–3 Minuten knusprig braten. Auf Küchenpapier abtropfen und warm stellen.

3 Die Brotscheiben von beiden Seiten mit Butter bestreichen und in der Pfanne auf beiden Seiten je 2 Minuten knusprig rösten.

4 Die Brotscheiben aus der Pfanne nehmen. Ein Röstbrot mit etwas Mayonnaise bestreichen und dann mit Salat, gebratenen grünen Tomaten und Frühstücksspeck belegen. Darüber nochmals Mayonnaise geben und mit einer zweiten Scheibe Brot abschließen. Halbieren und servieren.

Basilikum verleiht Ölen und Mayonnaisen ein süß-pfeffriges Aroma.

So schmeckt der SÜDOSTEN

Mit Kochtraditionen, die von der Küste und den Bergen geprägt sind, starken Einflüssen aus Afrika, der Karibik und Kuba, hat diese Region eine der abwechslungsreichsten Küchen des Landes.

Das warme, feuchte Klima des Südostens sorgt für zwei klar definierte Vegetationsperioden – eine im Frühling und eine zweite im Herbst. Die doppelte Ernte wird zudem durch sehr fruchtbare Böden begünstigt, auf denen von Süßkartoffeln über Zuckerrohr und Limetten bis zur Kaki alles wächst.

Der ehemals vom Sklavenhandel geprägte Südosten hat viele Kochtraditionen übernommen, die die Sklaven im 18. Jahrhundert aus Afrika und der Karibik mitbrachten. In der Feinschmeckerstadt New Orleans laufen sich die gehobene kreolische Küche (eine Mischung aus spanischen, französischen und afrikanischen Kochtraditionen) und die deftigere Cajun-Küche gegenseitig den Rang ab.

Ein jüngerer Einfluss sind die Aromen der kubanischen Küche, die mit den Einwanderern der 1950er-Jahre nach Florida kamen.

Brunswick Stew – ein tief im Südosten verwurzeltes Schmorgericht – wurde traditionell mit billigem und überall erhältlichem Fleisch wie Eichhörnchen und Kaninchen gekocht. Moderne Varianten (s. S. 131) verwenden stattdessen Hähnchenfleisch.

SPEISEN UND AROMEN

★ Ohne **Grillfleisch** ist der Südosten undenkbar und jeder Staat hat seinen eigenen Barbecue-Klassiker. Die Spezialität North und South Carolinas ist Pulled Pork (s. S. 130).

★ **Gumbo**, eine Art Meeresfrüchte- oder Fleischeintopf (s. S. 112), ist zum Symbol des kulinarischen Erbes New Orleans geworden.

★ **Meeresfrüchte**, wie **Garnelen** aus dem Pamlico Sound in North Carolina und weiter südlich lebende Schwarze Steinkrabben, sind fester Bestandteil der Küche der Region.

★ **Mais** ist im Südosten eine wichtige Nutzpflanze; im Salat, zu Puffern gebraten (s. S. 25) oder zu Maismehl gemahlen und im Brot verbacken oder zu Grütze (Grits) verkocht (s. S. 110).

★ Die für die Südstaatenküche typischen **Biscuits** können zu jeder Mahlzeit gereicht werden, werden aber meist zum Frühstück gegessen (siehe unten und S. 58).

Frittiertes Hähnchen, ein Basic innerhalb der kulinarischen Bandbreite des Südostens, schmeckt hausgemacht am besten.

Creamy Grits, eine Art cremige Polenta, wird aus weißem oder gelbem Maismehl gemacht und passt hervorragend zu Garnelen.

Die leichten, zarten Beignets stammen aus Frankreich – quasi französische Donuts.

Echte Limetten stammen zwar ursprünglich nicht aus Florida, werden heute aber überall in der Region angebaut.

Der gewaltige Mississippi fließt vom Norden Wisconsins bis hinunter zum Golf von Mexiko.

New Orleans, schmelztiegel der kreolischen und der Cajun-Kochkultur, hat eine sehr lebendige Food-Szene.

SNACK-KLASSIKER

SANDWICH MIT KROSSEN GARNELEN

Po' Boys, die legendären Sandwiches aus New Orleans, werden mit Garnelen oder Austern gefüllt.

- ★ **FÜR** 4 Personen
- ★ **VORBEREITUNG** 10 Min.
- ★ **ZUBEREITUNG** 18–24 Min.

Zutaten
2 Baguettes
8 Kopfsalatblätter
1 reife rote Tomate, in Scheiben geschnitten

Für die Garnelen
500 ml Erdnuss- oder Sonnenblumenöl zum Frittieren
1 Ei
130 g Mehl
1 TL Paprikapulver
½ TL Cayennepfeffer
½ TL Salz
75 g Panko oder frisch geriebene Semmelbrösel
48 Riesengarnelen, geschält und Darm entfernt

Für die Remoulade
220 g Mayonnaise
125 g mittelscharfer Senf
Saft von ½ Zitrone
3 EL Wein- oder Apfelessig
1 TL Paprikapulver
1 EL Sahnemeerrettich

1 Das Öl in einem tiefen Topf oder der Fritteuse auf 190 °C erhitzen (Anleitung s. S. 144).

2 Das Ei in eine Schüssel aufschlagen, 1 EL Wasser hinzugeben und mit der Gabel verquirlen. In einer zweiten Schüssel Mehl, Paprikapulver, Cayennepfeffer, Salz und Semmelbrösel vermengen. Die Garnelen erst in Ei, dann in der Mehlmischung wenden und rundum panieren.

3 Die Garnelen in Portionen zu 8 Stück 3–4 Minuten im heißen Öl goldbraun frittieren. Mit dem Schaumlöffel herausheben und auf einem Küchenrost abkühlen lassen.

4 Für die Remoulade alle Zutaten in einer Schüssel verrühren.

5 Die Baguettes längs aufschneiden, aber nicht ganz durchschneiden. Das Brot aufdrücken und beide Schnittflächen mit der Remoulade bestreichen. Die untere Hälfte mit Salat, Tomaten und frittierten Garnelen belegen. Die Baguettes halbieren. Als echten New-Orleans-Klassiker mit in Cajun-Gewürzmischung gewendeten Kartoffelchips servieren.

WAS STECKT DAHINTER?

Der Name Po' Boy für dieses Sandwich (Kurzform von »poor boy« – dt. »armer Junge«) geht angeblich auf die Restaurantbesitzer Clovis und Benjamin Martin zurück. Während eines Straßenbahnfahrerstreiks sollen sie, selbst ehemalige Fahrer, die Streikenden damit versorgt haben. In der Küche hieß es dann: »Here comes another poor boy!« – da kommt wieder ein armer Junge.

ODER SO …

BRATFISCH
Als Alternative kann man die Garnelen durch gebratenen Weißfisch wie etwa **Mahi-Mahi** (s. S. 106) ersetzen.

VEGETARISCH
Für einen vegetarischen Po' Boy 1 **Aubergine**, 1 **rote Paprikaschote**, 1 **Zwiebel** und 1 Handvoll frische weiße oder braune **Champignons** hacken, anbraten und mit Paprikapulver, Cayennepfeffer und Salz würzen.

PANIERTER FISCH
Statt der Garnelen festfleischigen weißen Fisch wie etwa **Kabeljau** verwenden und die Semmelbrösel durch 150 g **feine Polenta oder Maismehl** ersetzen.

PHILLY CHEESE STEAK MIT SOMMERGEMÜSE

Frisches Pfannengemüse verleiht diesem klassischen Steaksandwich aus Philadelphia einen sommerlich-leichten Touch.

★ **FÜR** 4 Personen
★ **VORBEREITUNG** 10 Min. plus Kühlzeit
★ **ZUBEREITUNG** 30 Min.

Zutaten
2 EL Butter
1 Zwiebel, grob gehackt
1 grüne Paprikaschote, entkernt und in Stücke geschnitten
1 kleine Aubergine, in Stücke geschnitten
12 Champignons
½ TL Chiliflocken
2 Knoblauchzehen, zerdrückt
Salz und frisch gemahlener schwarzer Pfeffer
500 g Lendensteak (am besten 15 Minuten tiefgekühlt)
4 Sandwich-Baguettes
8 Scheiben Provolone, Jarlsberg oder anderer nussiger Schnittkäse
Senf zum Servieren

1 1 EL Butter bei mittlerer Hitze in einer Pfanne zerlassen. Zwiebel, Paprikaschote, Aubergine, Pilze, Chiliflocken und Knoblauch hinzugeben und kräftig mit Salz und Pfeffer würzen. Unter gelegentlichem Rühren 15–20 Minuten braten, bis das Gemüse zart ist.

2 In der Zwischenzeit das Fleisch in sehr dünne Streifen schneiden. Die restliche Butter in einer zweiten Pfanne zerlassen, das Fleisch anbraten, eine Prise Salz zugeben und die Steakstreifen bei mittlerer Hitze 3–5 Minuten braten, bis sie rundum gebräunt sind.

3 Die Sandwich-Baguettes längs aufschneiden, aber nicht ganz durchschneiden. Die untere Hälfte je mit 2 Scheiben Käse belegen, dann Gemüse und Fleisch daraufgeben. Heiß mit Senf servieren.

Auberginen schmecken am besten, wenn ihre Schale glatt und glänzend ist und sie sich schwer anfühlen.

QUESADILLAS MIT SÜSSKARTOFFELN

Diese mexikanisch angehauchten scharfen Tortilla-Sandwiches sind schnell zuzubereiten und äußerst lecker.

- ★ **ERGIBT** 4 Stück
- ★ **VORBEREITUNG** 20 Min.
- ★ **ZUBEREITUNG** 45 Min.

Zutaten

2 große Süßkartoffeln
3 EL Olivenöl
1 Knoblauchzehe, zerdrückt
600 g Riesengarnelen, gekocht und ausgelöst
8 Tortillas (30 cm groß)
225 g Monterey Jack, Cheddar oder anderer kräftiger Hartkäse, gerieben
Salz und frisch gemahlener schwarzer Pfeffer
1 TL geräuchertes Paprikapulver oder gemahlene Ancho-Chilischote
1 Avocado, halbiert (Anleitung s. S. 11)
120 g saure Sahne
Saft von 1 Limette
1 Bund Koriandergrün, gehackt

1 Die Süßkartoffeln ungeschält 20 Minuten in einem Topf mit kochendem Wasser garen. Abgießen und zum Abkühlen beiseitestellen. Sobald man sie anfassen kann, schälen und in Würfel schneiden.

2 1 EL Öl in einer tiefen, geradwandigen Pfanne erhitzen. Die Kartoffelwürfel mit dem Knoblauch hineingeben und bei mittlerer Hitze 5–10 Minuten braten, bis die Kartoffel goldbraun ist. Die Garnelen hinzugeben und die Temperatur reduzieren. Durch Rühren vermengen.

3 4 Tortillas ausbreiten und die Garnelen-Kartoffel-Mischung darauf verteilen. Dann mit geriebenem Käse bestreuen. Mit Salz, Pfeffer und Paprikapulver würzen und mit den übrigen 4 Tortillas bedecken, sodass Quesadillas – mexikanische Sandwiches – entstehen.

4 1 weiteren EL Öl in einer großen beschichten Pfanne erhitzen und die Quesadillas einzeln von jeder Seite 2–3 Minuten braten, bis sie gebräunt sind und der Käse zerläuft. Nach Bedarf weiteres Öl in die Pfanne geben, bis alle Quesadillas fertig sind.

5 Die Avocado in einer Schüssel mit der Gabel bis zur gewünschten Konsistenz zerdrücken und mit saurer Sahne, Limettensaft und Koriandergrün vermengen. Die Quesadillas mit der Avocadocreme bestreichen, vierteln und heiß servieren.

Tortillas, ob aus Weizen- oder Maismehl, sind eine leckere Sandwich-Alternative zu Brot.

STEAK-BURRITOS MIT BOHNEN UND REIS

Mit saftigem Fleisch, Gemüse, Reis, Bohnen und Käse, sind diese Burritos eine volle Mahlzeit – im handlichen Format.

- ★ **ERGIBT** 4 Burritos
- ★ **VORBEREITUNG** 20 Min.
- ★ **ZUBEREITUNG** 20 Min.

Zutaten
- 150 g grüne Paprikaschote, entkernt und in Stücke geschnitten
- 250 g Zwiebeln, in Ringe geschnitten
- 1 EL Olivenöl
- 450 g Rindersteak (engl. »flank steak«, aus der Dünnung, dem Bauchlappen, geschnitten)
- Salz und frisch gemahlener schwarzer Pfeffer
- 1 EL Paste aus geräucherten Chilischoten (Chipotle)
- 4 Tortillas (30 cm groß)
- 200 g Reis, gekocht
- 200 g gegarte schwarze Bohnen (Dose)
- 200 g kräftiger Cheddar oder alter Gouda, zerkrümelt
- 2 Avocados, halbiert (Anleitung s. S. 11)

Für die Salsa verde
- 200 g grüne Tomaten, grob gehackt
- 1 Zwiebel (ca. 150 g), gewürfelt
- 1 Handvoll Koriandergrün
- 30 g Jalapeño oder andere milde, grüne Chilischote, entkernt und gehackt
- 2 Knoblauchzehen, grob gehackt
- Saft von 2 Limetten

1 Zuerst die Salsa verde zubereiten: Tomaten, Zwiebel, Koriandergrün, Jalapeño, Knoblauch und Limettensaft mit Salz und Pfeffer würzen und im Mixer kurz pürieren.

2 Paprikastücke und Zwiebelringe mit ½ EL Öl bei starker Hitze in der Pfanne anbraten. Unter ständigem Rühren 5–7 Minuten braten, bis die Paprika weich und die Zwiebel gebräunt ist. Vom Herd nehmen und beiseitestellen.

3 Das Steak von beiden Seiten salzen und pfeffern und rundum mit der Chilipaste einreiben. Bei starker Hitze im restlichen Öl von jeder Seite 4–10 Minuten braten, je nachdem, welcher Gargrad gewünscht ist: 4–6 Minuten für »rare« (blutig), 6–8 Minuten für »medium« (halb durch) und 8–10 Minuten für »well done« (durchgebraten). Aus der Pfanne nehmen und 5 Minuten ruhen lassen, dann quer in Streifen schneiden.

4 Die Tortillas ausbreiten. Jede Tortilla in der Mitte mit Reis, Bohnen, Pfannengemüse, Steakstreifen und Käse belegen und mit Salsa verde beträufeln. Dann die Burritos falten: Die kürzeren Enden über die Füllung schlagen und festhalten, dann die längeren Seiten über die Füllung schlagen und die Burritos umdrehen, damit sie sich nicht wieder öffnen. Die Burritos mit der Nahtseite nach unten nochmals in die Pfanne geben und von jeder Seite 2–3 Minuten braten.

5 Die Avocados in einer Grillpfanne 3–4 Minuten bei mittlerer Hitze grillen. Die Burritos heiß und mit Salsa verde und gegrillter Avocado servieren.

REUBEN-SANDWICH

Ein klassisches Deli-Sandwich aus New York, in dem süße, saure und salzige Aromen wunderbar kontrastieren.

- ★ **FÜR** 4 Personen
- ★ **VORBEREITUNG** 10 Min.
- ★ **ZUBEREITUNG** 10 Min.

Zutaten
8 Scheiben Roggenbrot
16 Scheiben Emmentaler
450 g Corned Beef oder Pastrami
8 EL Sauerkraut (selbst gemacht, s. S. 245, oder aus dem Glas)
4 Stich Butter

Für das Russian Dressing
60 g Mayonnaise
2 EL Sahnemeerrettich
1 EL Tomatenketchup
1 TL Worcestersauce
Salz und frisch gemahlener schwarzer Pfeffer

1 Mayonnaise, Meerrettich, Ketchup und Worcestersauce in einer Schüssel verrühren und kräftig mit Salz und Pfeffer würzen.

2 Die Brotscheiben mit dem Dressing bestreichen. 4 Brotscheiben mit je 2 Scheiben Käse, 3–5 Scheiben Fleisch, 2 EL Sauerkraut und 2 weiteren Scheiben Käse belegen. Mit den restlichen 4 Brotscheiben bedecken.

3 Einen Stich Butter bei mittlerer Hitze in der Pfanne zerlassen. Jedes Sandwich darin 1–2 Minuten von jeder Seite goldbraun rösten. Das Reuben-Sandwich heiß und mit eingemachten Gurken (s. S. 249) und selbst gemachten Kartoffelchips servieren.

WAS STECKT DAHINTER?

Um dieses Sandwich ranken sich mehrere Geschichten: Als seine Erfinder werden Arnold Reuben von Reuben's Delicatessen in New York und Reuben Kulakofsky aus Omaha/Nebraska gehandelt. Das Reuben-Sandwich entstand wahrscheinlich in den frühen 1920er-Jahren. 1956 wurde es dann von der National Restaurant Association als »bestes Sandwich« ausgezeichnet.

ODER SO ...

PASTRAMI
Typisches New Yorker Sandwich mit mehreren Lagen **Pastrami**, **Emmentaler** und grobem **Senf** auf Roggenbrot. Butter in einer Grillpfanne zerlassen und das Sandwich darin braten, bis der Käse zerläuft.

PUTE
Ersetzt man Corned Beef oder Pastrami durch **Putenbrust**, verwandelt sich das Reuben-Sandwich in ein Rachael-Sandwich.

SPIEGELEI-REUBEN
Bei der Luxusvariante des Reuben wird auf die obere Käselage noch ein **Spiegelei** gelegt.

SALAMI-MUFFULETTAS MIT PAPRIKA

Diese Sandwichspezialität aus New Orleans erhält durch die Tapenade aus gerösteten Paprikaschoten eine mediterrane Note.

★ **FÜR** 4 Personen
★ **VORBEREITUNG** 30 Min. plus Marinierzeit

Zutaten
1 Fladenbrot mit Sesam oder rundes ofenfrisches Weizenbrot
250 g Mozzarella
100 g Provolone, Jarlsberg oder anderer nussiger Hartkäse
85 g Salami, dünn geschnitten
100 g Mortadella, dünn geschnitten
85 g Parmaschinken, dünn geschnitten

Für die Tapenade
100 g entsteinte grüne Oliven, gehackt
2 geröstete rote Paprikaschoten (siehe Anleitung rechts), in Stücke geschnitten
1 Schalotte, in Streifen geschnitten
2 EL Olivenöl
2 TL Rotweinessig
1 EL Kapern
je 1 Prise gehackter frischer Thymian, Rosmarin und Oregano
Salz und frisch gemahlener schwarzer Pfeffer

1 Für die Tapenade Oliven, Paprika, Schalotte, Olivenöl, Essig, Kapern und die Kräuter in einer mittelgroßen Schüssel verrühren, mit Salz und Pfeffer würzen und 10 Minuten marinieren.

2 Das Fladenbrot horizontal aufschneiden. Ein Drittel des weichen Inneren des Brots aushöhlen. Die Tapenade gleichmäßig auf beide Brothälften verteilen.

3 Die untere Hälfte mit den Käse- und Wurstsorten belegen, dann die obere Brothälfte darauflegen und andrücken. Das Brot in Frischhaltefolie einschlagen und mindestens 1 Stunde, maximal 1 Tag, im Kühlschrank ziehen lassen. Aufgeschnitten servieren.

PAPRIKASCHOTEN RÖSTEN UND SCHÄLEN

1 Paprikaschote mit der Grillzange über eine offene Flamme halten und unter Drehen rundum gleichmäßig schwärzen.

2 Paprikaschote in einen Gefrierbeutel geben und verschließen. Sobald die Paprika abgekühlt ist, die geschwärzte Haut abziehen.

PRETZELDOGS MIT KÄSE-BIER-DIP

Diese in den USA beliebten Würstchen im Teigmantel lassen sich für Kinder auch schlicht mit Tomatenketchup servieren.

- ★ **ERGIBT** 8 Stück
- ★ **VORBEREITUNG** 30 Min. plus Zeit zum Gehen
- ★ **ZUBEREITUNG** 30 Min. plus Abkühlzeit

Zutaten
150 g Weizenmehl Type 550, plus extra Mehl zum Bestäuben
100 g Weizenmehl Type 405
½ TL Salz
1 EL Zucker
1 TL Trockenhefe
½ EL Erdnuss- oder Sonnenblumenöl, plus Öl zum Einfetten
8 Würstchen
Senf (nach Belieben)
grobes Meersalz

Für den Käse-Bier-Dip
300 ml kräftig gehopftes Bier, z. B. Altbier
100 g kräftiger Cheddar oder mittelalter Gouda, gerieben
2 gehäufte EL Mehl Type 405
2 EL Crème double
1 gehäufter EL Dijon-Senf
1 gehäufter EL flüssiger Honig
Salz und frisch gemahlener schwarzer Pfeffer

1 Beide Mehle, Salz und Zucker in eine Schüssel geben. 150 ml warmes Wasser in eine zweite Schüssel geben und die Trockenhefe einstreuen. Verrühren, 5 Minuten auflösen lassen, dann das Öl zugeben.

2 Die aufgelöste Hefe zur Mehlmischung geben und zu einem weichen Teig verkneten. Den Teig 10 Minuten auf einer bemehlten Arbeitsfläche mit den Händen durcharbeiten, bis er sich geschmeidig anfühlt. In eine leicht geölte Schüssel geben, locker mit Frischhaltefolie abdecken und 1–2 Stunden an einem warmen Ort auf doppelte Größe gehen lassen.

3 Den Teig auf die bemehlte Arbeitsfläche geben und in acht gleich große Stücke teilen. Die Teigstücke mit den Handflächen zu je einem rund 46 cm langen, runden Strang rollen. Wenn sich der Teig schwer ziehen lässt, einen Strang an beiden Enden fassen und in einer kreisenden Bewegung – ähnlich wie ein Springseil – schwingen, bis er die gewünschte Länge hat.

4 Die Teigschlangen mit ein wenig Senf bestreichen (falls verwendet). Jeden Strang von einem Ende her um eine Wurst wickeln, bis sie vollständig eingehüllt ist. Nur die Wurstenden sollten etwas aus dem Teigmantel herausstehen. Den Teig an den Nahtstellen an beiden Enden festdrücken, sodass er sich nicht abrollt.

5 Die Wurstrollen auf ein mit Backpapier ausgelegtes Blech legen. Mit leicht geölter Frischhaltefolie und einem Küchentuch abgedeckt an einem warmen Ort 30 Minuten gehen lassen. Inzwischen den Backofen auf 200 °C vorheizen. Die Pretzeldogs mit Meersalz bestreuen und 15 Minuten goldbraun backen. Aus dem Ofen nehmen und 5 Minuten auf einem Kuchengitter abkühlen lassen, dann servieren.

6 Für den Dip das Bier in einem mittelgroßen Topf zum Kochen bringen. In der Zwischenzeit den Käse gründlich mit dem Mehl vermengen (so bindet die Sauce besser). Sobald das Bier zu kochen beginnt, die Temperatur auf schwache Hitze reduzieren, den Käse einrühren und weiterrühren, bis er völlig geschmolzen ist. Crème double, Senf und Honig einrühren und mit Salz und Pfeffer abschmecken. Unter ständigem Rühren weitere 3–5 Minuten köcheln lassen, bis die Sauce andickt. Warm zu den Pretzeldogs servieren.

FRÜHSTÜCK & **LEICHTE SNACKS**

HOTDOGS MIT SPECK, ZWIEBELN UND KÄSE

Mit karamellisierten Zwiebeln, geschmolzenem Käse und eingelegten Gurken wird der einfache Hotdog zum edlen Snack.

- ★ **ERGIBT** 4 Hotdogs
- ★ **VORBEREITUNG** 10 Min.
- ★ **ZUBEREITUNG** 45–50 Min.

Zutaten
3 EL Olivenöl
2 rote Zwiebeln, in dünne Ringe geschnitten
1 EL Zucker
3 EL Balsamico-Essig
Salz und frisch gemahlener schwarzer Pfeffer
4 Scheiben geräucherter durchwachsener Bauchspeck
4 Bockwürste oder geräucherte Brühwürste
4 EL milder süßer Senf
60 g Greyerzer, gerieben
4 große Hotdogbrötchen
4 EL fein gehackte eingelegte Gurke (siehe Schnelle Essiggurken, S. 249) zum Servieren

1 Das Öl in einer mittelgroßen Pfanne bei niedriger Temperatur erhitzen. Die Zwiebel dazugeben und 15 Minuten glasig schwitzen. Zucker, Essig und 2 EL Wasser hinzufügen und kräftig mit Salz und Pfeffer würzen. Weitere 15 Minuten braten, bis die Zwiebelringe karamellisiert sind. Beiseitestellen.

2 Den Backofengrill vorheizen. Dick geschnittene Speckstreifen durch Streichen mit der Klinge eines großen Messers strecken. So lassen sie sich besser um die Wurst wickeln. Dünne Speckstreifen können ungestreckt gewickelt werden. Jede Wurst mehrfach mit der Gabel einstechen und dann jeweils mit einer Scheibe Speck spiralförmig umwickeln.

3 Die eingewickelten Würste mit der Nahtseite nach unten auf ein Backblech legen und 10–15 Minuten grillen. Erst drehen, wenn die Oberseite knusprig und braun ist. Rundum knusprig grillen, dann aus dem Ofen nehmen. Die Oberseite jeder Wurst mit 1 EL Senf bestreichen. Die Würste Seite an Seite auf ein Backblech legen und großzügig mit dem Käse bestreuen. Die Würste erneut unter den Grill geben, bis der Käse zerlaufen ist.

4 Zum Servieren ein Viertel der karamellisierten Zwiebeln in jedes Hotdogbrötchen geben, mit jeweils einer Wurst belegen und je 1 EL gehackte Gurke darauf verteilen.

TIPP Sehr lecker schmeckt der Hotdog auch, wenn man ihn statt mit roten Zwiebeln mit Schnellem Sauerkraut (s. S. 245) zubereitet.

WAS STECKT DAHINTER?
Ein Hotdog ist schlicht eine Brühwurst – meist eine Frankfurter oder Wiener – in einem aufgeschnittenen länglichen Brötchen. Als Erste verkauften deutsche Einwanderer Mitte bis Ende des 19. Jahrhunderts heiße Würstchen auf den Straßen der USA. Wer den Hotdog kreierte, ist unbekannt, er tauchte aber erstmals auf den Straßen New Yorks auf.

HÄHNCHEN-TACOS

»Pulled Meat« ist gegartes, mit der Gabel zerpflücktes Fleisch. Im Ofen wird das Hähnchen besonders zart.

- ★ **FÜR** 4 Personen
- ★ **VORBEREITUNG** 30–40 Min.
- ★ **ZUBEREITUNG** 1½ Std.

Zutaten
1 Hähnchen (ca. 1300 g)
3 EL Apfelessig
1 EL Chiliflocken
Salz und frisch gemahlener schwarzer Pfeffer
1 kleine rote Zwiebel
4 Knoblauchzehen
8 Maistortillas

Für die Hähnchensauce
60 ml Apfelessig
1 Prise Chiliflocken
1 TL geräuchertes Paprikapulver

Für den Pico de Gallo
3 große Tomaten, entkernt und gewürfelt
1 Jalapeño oder andere milde Chilischote, fein gehackt
1 kleine rote Zwiebel, gehackt
2 Knoblauchzehen, zerdrückt
½ Bund Koriandergrün, gehackt
Saft von 2 großen Limetten

Für die eingelegten Zwiebeln
1 rote Zwiebel
250 ml Apfelessig

Für die Avocadocreme
200 g griechischer Joghurt
½ sehr reife Avocado
Saft von 1 Limette
1 Handvoll gehacktes Koriandergrün

1 Den Backofen auf 160 °C vorheizen. Das Hähnchen (Brustseite nach unten) mit Essig, Chiliflocken, 1 EL Salz, Zwiebel (geschält und geviertelt) und Knoblauch in einen Schmortopf geben. 1 l Wasser zugießen und 1½ Stunden im Ofen schmoren.

2 Für den Pico de Gallo alle Zutaten in einer Schüssel vermengen. Nach Geschmack mit Salz und Pfeffer würzen und ziehen lassen.

3 Für die eingelegten Zwiebeln die Zwiebel in dünne Ringe schneiden und mit dem Essig und 1 EL Salz bei mittlerer Hitze in einem Topf (nicht Aluminium oder Gusseisen) aufkochen und sanft köcheln lassen, bis die Zwiebel leicht glasig ist und eine zartrosa Farbe hat. Vom Herd nehmen und abkühlen lassen.

4 Für die Avocadocreme Joghurt, Avocado, Limettensaft und Koriander in einer kleinen Schüssel mit der Gabel zu einer cremigen Paste zerdrücken. Mit einer Prise Salz würzen.

5 Das Hähnchen aus dem Sud heben. Die Knochen auslösen und die Haut wegwerfen (die Knochen für Hühnerbrühe nutzen). Etwas abkühlen lassen. Das Fleisch mit zwei Gabeln oder den Händen in kleine Stücke zupfen, mit Essig, Chiliflocken und Paprikapulver durchheben und mit Salz und Pfeffer abschmecken.

6 Den Pico de Gallo in einem feinmaschigen Sieb abtropfen lassen. Eine Tortilla mit Avocadocreme, Hähnchenfleisch, Pico de Gallo und Zwiebel belegen und zusammengeklappt servieren.

ODER SO ...

GARNELEN & TEQUILA
400 g **Riesengarnelen** in 30 ml **Tequila**, dem Saft von 1 **Limette** und 1 Prise **Salz** wenden und 5–7 Minuten grillen, bis sie rosa sind.

STEAK-TACOS
Diese Tacos schmecken auch gut mit dem **trocken marinierten Steak** (s. S. 128).

ROTER KRAUTSALAT
½ geraspelten **Rotkohl**, 1 dünn gehobelte **Möhre**, 1 in Ringe geschnittene **rote Zwiebel**, 3 EL **Apfelessig** und 1 Prise **Meersalz** vermischen und zusätzlich in die Tacos geben.

SLOPPY JOES MIT LAMM UND NAAN-BROT

Der klassische »Sloppy Joe«, ein warmes Brötchen mit Hackfleischsauce, erhält hier dank Lamm, Gewürzen, Joghurt und indischem Naan-Brot einen ganz neuen Dreh.

★ **FÜR** 4 Personen
★ **VORBEREITUNG** 20 Min.
★ **ZUBEREITUNG** 50 Min.

Zutaten
2 EL Olivenöl
1 kleine Zwiebel, fein gehackt
1 Möhre, fein gewürfelt
½ Stange Staudensellerie, fein gewürfelt
2 Knoblauchzehen, fein gehackt
5 cm Ingwerwurzel, fein gehackt
1 Jalapeño oder andere milde grüne Chilischote, entkernt und fein gehackt
500 g Lammhack
½ TL gemahlener Koriander
½ TL Cayennepfeffer
½ TL gemahlener Zimt
1 TL gemahlener Kreuzkümmel
1 TL Mehl
500 ml heiße Hühnerbrühe
Salz und frisch gemahlener schwarzer Pfeffer
3 EL grob gehackte Minze
3 EL grob gehacktes Koriandergrün
6 gehäufte EL griechischer Joghurt
1 Frühlingszwiebel, geputzt und fein gehackt
4 warme Naan-Brote, halbiert

1 Das Öl bei mittlerer Hitze in einer großen Pfanne erhitzen und die Zwiebel-, Möhren- und Selleriewürfel 10 Minuten darin braten, bis sie weich, aber noch nicht gebräunt sind. Knoblauch, Ingwer und Chilischote hinzugeben und weitere 2 Minuten braten.

2 Die Temperatur erhöhen, das Lammhack hineingeben und mit dem Kochlöffel etwas zerteilen. Unter ständigem Rühren 5 Minuten braten, bis das Hackfleisch gebräunt und krümelig ist. Mit den Gewürzen und dem Mehl bestreuen und weitere 2 Minuten braten.

3 Die Brühe zugießen und gründlich einrühren. Zum Kochen bringen, dann die Temperatur bis zum Köcheln reduzieren und ohne Deckel 30–35 Minuten garen, bis alle Flüssigkeit verdampft und das Fleisch zart ist. Mit Salz und Pfeffer abschmecken und vom Herd nehmen. Je 2 EL gehackte Minze und Koriander einrühren.

4 Den Joghurt in einer kleinen Schüssel mit den restlichen Kräutern und der Frühlingszwiebel verrühren und mit Salz und Pfeffer abschmecken. Zum Servieren jedes Naan-Brot mit einem Viertel der Fleischsauce und der Joghurtsauce füllen.

TIPP Das Lammhackcurry schmeckt auch köstlich auf Reis. Dazu passt ein Gurken-Tomaten-Salat mit frischen Kräutern und einem Spritzer Limettensaft.

WAS STECKT DAHINTER?
Ein traditioneller Sloppy Joe (so genannt, weil er sich nur »sloppy«, schlampig, essen lässt) bezeichnet ein Burgerbrötchen, gefüllt mit einer Hackfleischsauce mit Tomaten, Zwiebeln und Gewürzen. Dieses Sandwich lässt sich bis in die Wirtschaftskrise der 1930er-Jahre zurückverfolgen. Vermutlich wurde es erfunden, um mit wenig Fleisch lange auszukommen.

SNACK-KLASSIKER

GEGRILLTES KÄSESANDWICH

Durch die Butter wird die Außenseite dieses traditionellen Snack-Sandwichs besonders knusprig.

- ★ **ERGIBT** 1 Sandwich
- ★ **VORBEREITUNG** 5 Min.
- ★ **ZUBEREITUNG** 5 Min.

Zutaten
2 dicke Scheiben Kastenweißbrot oder Toastbrot
2 EL weiche Butter
60 g kräftiger Hartkäse (z. B. alter Cheddar oder mittelalter Gouda), gerieben

1 Eine Grillpfanne oder große Bratpfanne erhitzen. Jede Brotscheibe auf einer Seite leicht buttern und 2 Minuten mit der gebutterten Seite nach unten in der Pfanne hell rösten.

2 Das Brot aus der Pfanne nehmen. Nun die anderen Brotseiten leicht buttern. Die Butter bis zum Rand verstreichen.

3 Eine Brotscheibe umdrehen und den geriebenen Käse gleichmäßig darauf verteilen. Dann die zweite Brothälfte so darauflegen, dass die bereits gerösteten Seiten innen liegen und die gebutterten außen.

4 Das Sandwich erneut in die Pfanne geben und von jeder Seite 2–3 Minuten rösten, bis es goldbraun und der Käse geschmolzen ist. Dabei mit dem Pfannenwender leicht andrücken, damit der Käse gleichmäßig zerläuft. Das Sandwich passt gut zu Tomatencremesuppe mit Mais und Paprika (s. S. 33).

TIPP Das Sandwich in der Grillpfanne möglichst wenig bewegen. Wird es häufiger als einmal gewendet, bekommt es nicht so schöne gleichmäßige Grillstreifen.

Kräftiger Cheddar ist schwer erhältlich, kann aber durch mittelalten Gouda ersetzt werden.

ODER SO ...

APFEL & AHORNSIRUP
1 **sauren Apfel**, wie etwa Granny Smith, schälen, in Scheiben schneiden und in der Grillpfanne goldbraun karamellisieren. Mit **Ahornsirup** bestreichen und mit 3 knusprig gebratenen **Bacon**-Streifen vor dem Grillen mit in das Sandwich geben – köstlich.

GREYERZER, SCHINKEN & EI
2 Scheiben **Greyerzer** und 60 g **geräucherten Schinken** zwischen zwei Scheiben **Brot** rösten. Mit **Spiegelei** belegen.

BRIE & CRANBERRY
Sehr lecker ist das Sandwich auch mit **Walnussbrot**, dick geschnittenem **Brie** (ohne Rinde) und 1 EL **Cranberrysauce** (s. S. 165).

HAUPTGERICHTE & BEILAGEN

GESPICKTER TRUTHAHNBRATEN

Mariniert man den Truthahn 24 Stunden in Salzlake, wird er herrlich saftig und aromatisch.

- ★ **FÜR** 6 Personen
- ★ **VORBEREITUNG** 10 Min. plus Marinierzeit
- ★ **ZUBEREITUNG** 2½ Std. plus Ruhezeit

Zutaten
1 Truthahn, ca. 2,7–5 kg
2 Knollen Knoblauch
225 g weiche Butter
Salz und frisch gemahlener schwarzer Pfeffer

Für die Salzlake
175 g Meersalz
2 Lorbeerblätter
1 EL Pimentkörner
1 Prise Cayennepfeffer
5 Knoblauchzehen, zerdrückt
4 Zitronen, in Scheiben geschnitten

1 Die Salzlake 1 Tag im Voraus zubereiten. Dazu einen großen Topf oder Bräter zur Hälfte mit Wasser füllen. Salz, Lorbeerblätter, Piment, Cayennepfeffer, Knoblauch und Zitronen hinzugeben und vermischen.

2 Den Truthahn in die Salzlake geben, sodass er vollständig von Flüssigkeit bedeckt ist. Den Topf zudecken und an einem kühlen, dunklen Ort über Nacht stehen lassen.

3 Am nächsten Tag den Backofen auf 240 °C vorheizen. Den Truthahn aus der Lake nehmen und trocken tupfen. Die Haut des Truthahns – besonders an Brust und Keulen – mit einem scharfen Messer einritzen. Die Knoblauchzehen einer Knolle schälen und in jeden der Einschnitte eine Zehe stecken.

4 Die Butter über den Truthahn verteilen und mit den Händen einmassieren. Falls möglich, die Haut anheben und auch darunter Butter geben. Die zweite Knoblauchknolle durchschneiden und in die Bauchhöhle legen. Den Truthahn mit Salz und Pfeffer einreiben und mit der Brust nach oben in einen großen Bräter legen.

5 Den Truthahn 20 Minuten im Ofen braten, dann die Temperatur auf 190 °C reduzieren. Weitere 2 Stunden braten oder bis ein in die Brust gestecktes Bratenthermometer 165 °C anzeigt. Die Temperatur mehrfach überprüfen, damit das Fleisch nicht verbrennt. Den Truthahn aus dem Ofen nehmen und mindestens 30 Minuten ruhen lassen. Tranchieren und mit typischen Thanksgiving-Beilagen wie Süßkartoffelauflauf (s. S. 162) oder Überbackene Bohnen (s. S. 149) servieren.

WAS STECKT DAHINTER?

In Nordamerika ist Truthahn der typische Thanksgiving-Braten. Gemeinsam mit zahlreichen Beilagen soll er beim traditionellen Festessen die Speisen der frühen Siedler symbolisieren. Tatsächlich haben die Siedler im 17. Jahrhundert wahrscheinlich mehr Ente, Gans und Wild gegessen als Truthahn. Thanksgiving wurde 1863 von Präsident Lincoln zum Feiertag erklärt.

BBQ-HÄHNCHENKEULEN MIT BOURBON

Die Barbecuesauce für die Hähnchenkeulen sorgt für ein rauchiges Aroma und erhält durch Bourbon-Whiskey Pfiff.

★ **FÜR** 4 Personen
★ **VORBEREITUNG** 5 Min.
★ **ZUBEREITUNG** 30 Min.

Zutaten
250 g Tomatenketchup
200 ml Apfelessig
60 ml Bourbon oder anderer Whiskey
100 g Rohrohrzucker
1 TL Senfpulver
1 TL Cayennepfeffer oder Paprikapulver
1 TL Knoblauchpulver
1 TL Meersalz
8 Hähnchenkeulen, mit Haut und Knochen
Boston Baked Beans (s. S. 146), Spinat und 4 Maiskolben zum Servieren

1 In einer mittelgroßen Schüssel Ketchup, Essig, Whiskey, Zucker, Gewürze und Salz verrühren. Ein wenig Sauce zum Glasieren beiseitestellen, mit dem Rest die Hähnchenkeulen rundum überziehen.

2 Den Backofen auf 180 °C vorheizen und die Hähnchenkeulen 25–30 Minuten backen, bis sie gar sind. Oder unter dem vorgeheizten Backofengrill 12–15 Minuten von jeder Seite grillen. Dabei das Fleisch immer wieder mit der Sauce bestreichen. Die fertigen Hähnchenkeulen mit dem Rest der Sauce einpinseln und heiß servieren. Als Beilagen Boston Baked Beans, Spinat und Maiskolben reichen.

SOUTHERN FRIED CHICKEN

Der Trick, wie dieses besonders in den Südstaaten beliebte knusprig frittierte Hähnchen innen zart und saftig bleibt, ist das Einhalten der richtigen Öltemperatur.

- ★ **FÜR** 4 Personen
- ★ **VORBEREITUNG** 20 Min. plus Einweich- und Ruhezeit
- ★ **ZUBEREITUNG** 15 Min.

Zutaten
500 g Buttermilch (gekauft oder selbst gemacht, s. S. 12)
1 EL scharfe Chilisauce
Salz und frisch gemahlener schwarzer Pfeffer
8 Hähnchenteile, am besten kleine Keulen und Unterschenkel
1 l Erdnuss- oder Sonnenblumenöl zum Frittieren

Für die Gewürzmischung
150 g Mehl
1 gehäufter TL Backpulver
2½ EL Speisestärke
1 TL Salz
1 TL Knoblauchpulver
1 TL Cayennepfeffer
1 TL Paprikapulver
1 TL gemahlener schwarzer Pfeffer

1 Buttermilch und Chilisauce verrühren und gut mit Salz und Pfeffer würzen. Die Hähnchenteile in einer Lage in eine Schale legen und mit der Buttermilch übergießen. Mit Frischhaltefolie abdecken und 4 Stunden oder über Nacht marinieren.

2 Die Zutaten für die Gewürzmischung in einen Gefrierbeutel geben, verschließen und kräftig schütteln, um sie zu vermischen. Die Hähnchenteile aus der Buttermilch nehmen und abtropfen. Die Hähnchenteile nacheinander einzeln in die Tüte mit den Gewürzen geben und kräftig schütteln, bis sie rundum mit der Gewürzmischung bedeckt sind. Auf einem Kuchengitter mindestens 30 Minuten bei Zimmertemperatur ruhen lassen (so haftet die Gewürzmischung beim Frittieren besser).

3 Das Öl in einem großen Topf oder der Fritteuse auf 190 °C erhitzen und die Hähnchenteile portionsweise vorsichtig ins Öl geben. Den Topf nicht überfüllen. 5–7 Minuten von jeder Seite frittieren und mehrfach wenden, damit sie gleichmäßig bräunen. Beim Einlegen der Hähnchenteile fällt die Öltemperatur leicht. Sie sollte bei 150–160 °C gehalten werden. Die Hähnchenteile sind gar, wenn beim Einstechen mit einem Schaschlikspieß an der dicksten Stelle klarer Fleischsaft austritt.

4 Die Hähnchenteile mit dem Schaumlöffel aus dem Öl heben und auf Küchenpapier abtropfen lassen. Werden mehrere Portionen frittiert, die bereits fertigen Hähnchenteile im vorgeheizten Backofen bei 150 °C warm stellen, bis alle Teile fertig sind.

ODER SO ...

CORNFLAKE-PANADE
Das Mehl durch 75 g **Cornflakes** ersetzen. Mit den Gewürzen in den Gefrierbeutel geben, mit dem Nudelholz mehrmals darüberrollen und die Hähnchenteile panieren und frittieren.

CHICKEN NUGGETS
Leckerei für die Kleinen: 500 g **Hähnchenbrust** grob würfeln, wie beschrieben panieren und 5–7 Minuten frittieren. Mit einem **würzigen Dip** servieren.

AUS DEM OFEN
100 g des Mehls durch die gleiche Menge **Panko** (grobe Semmelbrösel) ersetzen. 4 EL Öl in einem Bräter oder einer Schmorpfanne im Backofen auf 180 °C erhitzen. Die Hähnchenteile hineingeben und 40 Minuten goldbraun backen. Mit **Pommes Frites** servieren.

CHICKEN POT PIE (HÄHNCHENPASTETE)

Schnell und einfach: Die klassische amerikanische Hähnchenpastete wird hier mit Biscuits gedeckt, dem herzhaften Gebäck aus den Südstaaten.

- ★ **FÜR** 6-8 Personen
- ★ **VORBEREITUNG** 30 Min.
- ★ **ZUBEREITUNG** 1 Std.

Zutaten

3 EL Olivenöl
350 g Hähnchenbrustfilet
3 Knoblauchzehen, zerdrückt
1 TL Paste aus geräucherten Chilischoten (Chipotle)
1 große Zwiebel, fein gehackt
3 Möhren (à 100 g), in 1 cm dicke Scheiben geschnitten
2 mehlige Kartoffeln (à 85 g), geschält und gewürfelt
1 kleine Süßkartoffel (100 g), geschält und klein gewürfelt
340 g Mais aus der Dose, abgetropft
250 g Erbsen
Salz und frisch gemahlener schwarzer Pfeffer
3 EL Mehl
250 ml Vollmilch
250 ml heiße Hühnerbrühe
120 g Sahne

Für die Biscuits

300 g Mehl, plus Mehl zum Bestäuben
2 TL Backpulver
1 TL Salz
120 g Cheddar oder mittelalter Gouda, gerieben
4 EL Pflanzenfett
250 ml Vollmilch
1 Ei, leicht verquirlt

1 1 EL Öl in einer Pfanne erhitzen und die Hähnchenbrustfilets bei mittlerer Hitze von jeder Seite 2–3 Minuten bräunen. Aus der Pfanne nehmen und zum Abkühlen beiseitestellen. Sobald das Fleisch handwarm ist, in Würfel schneiden.

2 Das restliche Öl bei mittlerer Hitze in einem Schmortopf erhitzen und den Knoblauch darin anschwitzen. Chilipaste, Zwiebel, Möhre, beide Kartoffelsorten, Mais und Erbsen hinzugeben, mit Salz und Pfeffer würzen und unter gelegentlichem Rühren braten, bis die Zwiebel glasig ist.

3 Das Mehl einrühren, dann die Hähnchenfleischwürfel, Milch, Brühe und Sahne hinzugeben. Gründlich durchrühren und 15 Minuten bei schwacher Hitze köcheln lassen, bis die Sauce angedickt ist.

4 Inzwischen den Backofen auf 180 °C vorheizen. Mehl, Backpulver, Salz und Käse für die Biscuits in einer Schüssel vermengen. Das Pflanzenfett mit den Fingern einarbeiten, bis die Mischung krümelig wird. Eine Mulde in die Mitte drücken, die Milch hineingießen und alles zu einem Teig verkneten.

5 Den Teig auf einer bemehlten Arbeitsfläche geschmeidig kneten. 1 cm dick ausrollen und mit einem runden Teigausstecher 6 cm große Plätzchen ausstechen.

6 Die Hähnchenmischung in eine ofenfeste Form geben und mit den Biscuits bedecken. Die Biscuits mit ein wenig Ei bestreichen. 35–40 Minuten im Ofen backen, bis die Biscuits goldbraun sind und die Pastetenfüllung Blasen wirft. Heiß servieren.

HAUPTGERICHTE & BEILAGEN ★ 99

HÄHNCHENEINTOPF MIT ROSMARINKNÖDELN

Für diesen Eintopfklassiker können Sie so viel Gemüse verwenden, wie Sie mögen, und auch die Kräuter für die Knödel können nach Lust und Laune variiert werden.

- ★ **FÜR** 6–8 Personen
- ★ **VORBEREITUNG** 30 Min.
- ★ **ZUBEREITUNG** 3 Std.

Zutaten
1250 g Hähnchenkeulen (mit Haut und Knochen)
1 EL Olivenöl
3 Knoblauchzehen, zerdrückt
300 g Zwiebeln, grob gehackt
3–4 Stangen Staudensellerie, in Stücke geschnitten
3 EL Mehl
200 g Champignons, halbiert
Salz und frisch gemahlener schwarzer Pfeffer
250 ml trockener Weißwein
1 EL Apfelessig
200 g Erbsen

Für die Knödel
300 g Mehl
1 TL Backpulver
½ TL Salz
20 g Butter, gewürfelt
250 ml Vollmilch
1 EL gehackter frischer Rosmarin plus Rosmarin zum Garnieren

1 Je nach Vorliebe die Haut von den Hähnchenkeulen entfernen. Die Keulen in einem großen Topf bei starker Hitze von jeder Seite 1 Minute scharf anbraten, herausnehmen und beiseitestellen.

2 Das Öl mit Knoblauch, Zwiebeln und Sellerie in den Topf geben. Bei mittlerer Hitze 4–5 Minuten braten, bis die Zwiebel und der Sellerie glasig werden. Mit dem Mehl bestäuben, umrühren und die Champignons zugeben. Salzen und pfeffern. Wein, Essig und 1 l Wasser zugießen und zum Kochen bringen. Das Fleisch wieder hineingeben und bei niedriger Hitze zugedeckt 2½–3 Stunden schmoren.

3 Sobald sich das Fleisch vom Knochen löst, mit dem Schaumlöffel herausnehmen und auf einen Teller geben. Die Haut (falls am Fleisch belassen) abziehen und wegwerfen und das Fleisch mit der Gabel zerpflücken. Die Knochen wegwerfen und das Fleisch wieder in den Topf geben. Mit Salz und Pfeffer abschmecken.

4 Für die Knödel Mehl, Backpulver und Salz vermischen. Die Butter mit den Fingern in die Mehlmischung einarbeiten, bis die Mischung krümelig wird. Eine Mulde in die Mitte drücken, Milch und Rosmarin hineingeben und zu einem feuchten Teig verkneten.

5 Den Teig zu zehn bis zwölf Kugeln formen und zusammen mit den Erbsen zum Hähnchen in den Topf geben. Zugedeckt weitere 12–15 Minuten köcheln lassen, bis die Knödel aufgegangen und gar sind. Den Eintopf in tiefen Tellern mit Rosmarin garniert anrichten und heiß servieren.

Rosmarin ist robuster als die meisten Kräuter und sollte daher fein gehackt verwendet werden.

HAUPTGERICHTE & BEILAGEN

HOPPIN' JOHN

Chilischoten und Grünkohl verleihen diesem traditionell mit Kohlblättern zubereiteten, schlichten Reis-Bohnen-Eintopf besonderen Pep.

★ **FÜR** 4–6 Personen
★ **VORBEREITUNG** 15 Min.
★ **ZUBEREITUNG** 2 Std.

Zutaten
8 dicke Scheiben geräucherter durchwachsener Speck
3 Knoblauchzehen, zerdrückt
1 Zwiebel, grob gehackt
1 grüne Paprikaschote, entkernt und grob gehackt
3 Stangen Staudensellerie, grob gehackt
200 g Grünkohl, Blattrippen entfernt, grob gehackt
1 Jalapeño oder andere milde grüne Chilischote, entkernt und fein gehackt
1 TL gemahlener weißer Pfeffer
1 TL Chiliflocken
1 TL getrockneter Oregano
Salz
1 Stich Butter
120 ml Apfelessig
450 g getrocknete Augenbohnen
400 g weißer Langkornreis
1 Frühlingszwiebel, gehackt, zum Garnieren

1 Den Speck bei mittlerer Hitze in einem Bräter, großen Schmortopf oder einer für den Herd geeigneten Auflaufform auslassen. Den Knoblauch dazugeben. Zwiebel, Paprika, Sellerie und Kohl hinzufügen, dann Chilischote, weißen Pfeffer, Chiliflocken, Oregano und ½ EL Salz (oder nach Geschmack) einrühren.

2 Unter gelegentlichem Rühren 7–10 Minuten braten, bis Zwiebel und Paprika weich werden. Sollte das Gemüse am Topfboden ansetzen, etwas Butter in die Pfanne geben.

3 Essig, Bohnen und 1 l Wasser hinzugeben. Die Temperatur reduzieren und 1–2 Stunden köcheln lassen, bis die Bohnen gar, aber noch nicht zerkocht sind.

4 Etwa 20 Minuten vor Ende der Garzeit 1 l Wasser in einem Topf zum Kochen bringen. 1 Prise Salz hinzugeben und den Reis einrühren. Das Wasser erneut kurz aufkochen, dann den Deckel auflegen, auf schwache Hitze herunterschalten und den Reis gar köcheln lassen, bis er das Wasser vollständig aufgenommen hat.

5 Den Reis in eine Servierschüssel geben und die Bohnenmischung daraufschichten. Mit Frühlingszwiebeln garnieren und heiß servieren.

WAS STECKT DAHINTER?
Hoppin' John wird in den Südstaaten an Neujahr serviert, er soll Wohlstand für das kommende Jahr bringen. Die Bohnen symbolisieren Münzen, der Kohl steht für die grüne Farbe der Dollarnoten. Was den Namen angeht, heißt es einerseits, Kinder seien aus Vorfreude auf dieses Essen umhergehüpft, andererseits, ein Lahmender namens »Hopping« John habe es als Erster in den Straßen von Charleston in South Carolina verkauft.

PIZZA MARGHERITA

Mit ihrem dünnen Boden, frischen Tomaten und Kräutern verströmt diese klassische Pizza frisches Westküstenflair.

★ **ERGIBT** 2 Pizzas
★ **VORBEREITUNG** 30 Min. plus Zeit zum Gehen
★ **ZUBEREITUNG** 15–20 Min.

Zutaten
1 Pck. (7 g) Trockenhefe
1 TL Zucker
450 g Mehl, plus Mehl zum Bestäuben
1 TL Salz
3 EL Olivenöl, plus Öl zum Einfetten
2 EL feine Polenta oder Maismehl zum Bestäuben

Für den Belag
3 EL Olivenöl
6 reife Flaschentomaten, enthäutet und fein gehackt
2 Knoblauchzehen, zerdrückt
Salz und frisch gemahlener schwarzer Pfeffer
125 g Mozzarella, in dünne Scheiben geschnitten
1 Handvoll Basilikumblätter, grob zerpflückt

1 Hefe und Zucker in 250 ml lauwarmem Wasser verrühren, bis die Hefe gelöst ist. Mit Frischhaltefolie oder einem sauberen Tuch abdecken und 5 Minuten stehen lassen, bis sich Schaum bildet.

2 Mehl und Salz in eine Schüssel sieben. Eine Mulde in die Mitte drücken und die Hefemischung mit dem Öl hineingeben. Alles zu einem Teig verkneten. Falls nötig, etwas mehr Wasser hinzugeben.

3 Den Teig von Hand oder mit dem Knethaken der Küchenmaschine nochmals 5–10 Minuten durcharbeiten, bis er glatt und elastisch ist. In eine leicht geölte Schüssel geben, mit Frischhaltefolie und einem sauberen Geschirrtuch abdecken und 30–45 Minuten auf doppeltes Volumen gehen lassen.

4 In der Zwischenzeit die Tomatensauce zubereiten. Das Öl in einer großen Bratpfanne bei mittlerer Hitze erhitzen und Tomaten und Knoblauch hineingeben. Salzen, pfeffern und 5 Minuten garen, bis die Tomaten zerfallen und zu einer dicken Paste eingekocht sind. (Sind die Tomaten nicht ganz reif, 1 Prise Zucker und 1 TL Tomatenmark hinzugeben, um das Aroma der Sauce zu verstärken.) Zum Abkühlen beiseitestellen.

5 Den Backofen auf 240 °C vorheizen. Zwei Backbleche mit je 1 EL Polenta bestreuen. Den Teig auf einer bemehlten Arbeitsfläche nochmals kurz durchkneten, in zwei gleich große Stücke teilen und zu zwei Pizzaböden mit 28–30 cm Durchmesser ausrollen.

6 Die Böden auf die vorbereiteten Backbleche heben und mit den Händen auf die Größe der Bleche strecken. Die Tomatensauce auf den Böden verstreichen und den Mozzarella gleichmäßig darauf verteilen. 10–12 Minuten im Ofen backen, bis der Käse Blasen wirft und die Pizza an den Rändern knusprig ist. Mit Basilikumblättern bestreuen und servieren.

ODER SO ...

PARMASCHINKEN
Die Pizzas nach dem Backen mit 2–3 Scheiben grob zerpflücktem **Parmaschinken** und einer Handvoll junger **Rucolablätter** belegen und mit **Olivenöl** beträufeln.

RICOTTA
Statt der Tomatensauce 150 g **Ricotta** mit 1 Handvoll gehacktem **Basilikum** und der abgeriebenen Schale von 1 **Bio-Zitrone** verrühren, salzen und pfeffern. Auf den Pizzaböden verstreichen, mit ein paar Scheiben **Schinken** belegen und backen.

HÄHNCHENBRUST
4 EL geriebenen **Parmesan** mit 6 EL **Mascarpone** verrühren. 150 g gegrillte **Hähnchenbrust**, in Scheiben geschnitten, 1 EL gehackten **Rosmarin** und den Mascarpone auf der Tomatensauce verteilen.

MINI-HÄHNCHENBURGER

Diese kleinen Burgerhäppchen werden in den USA »Sliders« genannt. Mit Hähnchenbrust belegt, ergeben sie einen tollen Partysnack.

★ **ERGIBT** 8 Stück
★ **VORBEREITUNG** 30 Min.
★ **ZUBEREITUNG** 55 Min.

Zutaten

2 Hähnchenbrustfilets
  (à ca. 140 g)
60 ml Olivenöl zum Panieren,
  plus Öl zum Braten und zum
  Bestreichen
8 kleine Burgerbrötchen
  (7,5–10 cm Durchmesser)
1 Kugel Mozzarella, abgetropft
  und in 8 Scheiben geschnitten

Für die Sauce

1 große Zwiebel, fein gehackt
2 Knoblauchzehen, zerdrückt
1 TL gehackter frischer
  Rosmarin
1 TL gehackter frischer Thymian
1 TL gehackter frischer Oregano
1 TL gehacktes frisches
  Basilikum
2 EL Tomatenmark
1 Dose (400 g) stückige Tomaten

Für die Panade

75 g Semmelbrösel
35 g Mehl
85 g Parmesan, frisch gerieben
Salz und frisch gemahlener
  schwarzer Pfeffer

1 Für die Sauce etwas Öl bei mittlerer Temperatur in einem Topf erhitzen. Die Zwiebel hineingeben und 3–4 Minuten anschwitzen. Knoblauch und Kräuter hinzugeben und 2–3 Minuten weiterbraten, bis die Zwiebel weich ist. Das Tomatenmark einrühren und unter Rühren weitere 2–3 Minuten braten. Die Tomaten mit ihrem Saft hinzugeben und 30 Minuten bei niedriger Temperatur köcheln lassen, bis die Sauce etwas eingekocht ist.

2 Inzwischen den Backofen auf 180 °C vorheizen. Semmelbrösel, Mehl und Parmesan in einer mittelgroßen Schüssel vermischen und mit Salz und Pfeffer würzen.

3 Die Hähnchenbrustfilets in je vier Stücke schneiden, sodass jedes Stück gut auf ein Burgerbrötchen passt. Das Öl in eine Schüssel geben und das Fleisch darin wenden. Dann in der Panade wenden. Die panierten Hähnchenstücke auf einem mit Backpapier ausgelegten Backblech verteilen und 15–20 Minuten im Ofen backen. Nach der Hälfte der Zeit wenden, damit sie gleichmäßig garen.

4 Die Burgerbrötchen aufschneiden. Die untere Hälfte jeweils mit 1 EL Tomatensauce bestreichen und mit einem Stück Hähnchen und 1 Scheibe Mozzarella belegen. Die Schnittflächen der oberen Hälften mit etwas Öl bestreichen. Obere Hälften mit der geölten Seite nach oben zusammen mit den belegten Hälften auf dem Backblech 2 Minuten bei milder Hitze grillen, bis der Mozzarella zerläuft. Die Burger zusammensetzen und heiß servieren.

HAUPTGERICHTE & BEILAGEN ★ 105

BACKFISCH-NUGGETS

Diese knusprigen Häppchen aus Catfish – Wels – schmecken mit einer selbst gemachten Sauce Tartare besonders gut.

- ★ **FÜR** 4 Personen
- ★ **VORBEREITUNG** 10 Min. plus Kühlzeit
- ★ **ZUBEREITUNG** 10 Min.

Zutaten
600 g Welsfilet oder festfleischige Weißfischfilets (z. B. Kabeljau) ohne Haut
2 EL Mehl
1 Ei, leicht verquirlt
100 g feine Polenta oder Maismehl
Salz und frisch gemahlener schwarzer Pfeffer
Erdnuss- oder Sonnenblumenöl zum Frittieren
Potato Wedges zum Servieren

Für die Sauce Tartare
2 kleine Gewürzgurken, grob gerieben
6 gehäufte EL Mayonnaise
1 EL Weißweinessig
1 EL Kapern, sehr fein gehackt
fein abgeriebene Schale von ½ Bio-Zitrone
1 gehäufter EL fein gehackter frischer Dill

1 Den Fisch in 2 cm breite Streifen schneiden. Mit Küchenpapier trocken tupfen. Mehl, Ei und Polenta in je eine flache Schale geben. Das Mehl mit Salz und Pfeffer würzen.

2 Die Fischstücke zuerst im Mehl, dann im Ei und zuletzt in der Polenta wenden, bis sie rundum paniert sind. Auf einen Teller legen, mit Frischhaltefolie abdecken und 30 Minuten in den Kühlschrank stellen, damit die Panade besser haftet.

3 In der Zwischenzeit die Sauce Tartare zubereiten. Die geriebenen Gewürzgurken mit einem scharfen Messer nochmals fein hacken. Gurken, Mayonnaise, Essig, Kapern, Zitronenschale und Dill verrühren und mit Salz und Pfeffer würzen. Zugedeckt bis zum Servieren kalt stellen.

4 Eine Bratpfanne mit hohem Rand erhitzen und den Boden mit Öl bedecken. Die Fisch-Nuggets von jeder Seite 2 Minuten goldbraun und knusprig braten. Vorsichtig wenden. Auf einem mit Küchenpapier ausgelegten Teller abtropfen lassen. Mit Potato Wedges und Sauce Tartare servieren.

TIPP Die Polenta kann auch mit ½ TL Zwiebelpulver, 1 TL geräuchertem Paprikapulver oder anderen Zugaben gewürzt werden.

Dill ist ein aromatisches Kraut, das gut zu Fisch passt. Am besten frisch verwenden.

SCHARF ANGEBRATENER MAHI-MAHI MIT ANANAS-SALSA

Dieser Fisch mit hawaiianischem Namen erhält durch die süß-scharfe Salsa eine karibische Note.

- ★ **FÜR** 5 Personen
- ★ **VORBEREITUNG** 20 Min.
- ★ **ZUBEREITUNG** 4–6 Min.

Zutaten

60 g Butter, zerlassen
2 TL Meersalz
2 TL Knoblauchpulver
2 TL frisch gemahlener schwarzer Pfeffer
1 TL Cayennepfeffer
1 TL getrocknetes Oregano
1 TL getrockneter Thymian
5 × 150 g Mahi-Mahi-Filets (Goldmakrele), ohne Haut, oder feste Weißfischfilets, z. B. Schnapper

Für die Salsa

½ Ananas, geschält und Strunk entfernt (siehe Anleitung rechts)
1 rote Paprikaschote, entkernt
1 rote Zwiebel, fein gehackt
1 Jalapeño oder andere milde grüne Chilischote, entkernt und fein gehackt
1 Knoblauchzehe, zerdrückt
Saft von 2 Limetten
1 Handvoll Koriandergrün, fein gehackt

1 Für die Salsa Ananas und Paprika in kleine Stücke schneiden, in eine Schüssel geben und gründlich mit Zwiebel, Chilischote, Knoblauch, Limettensaft und Koriander vermengen. Beiseitestellen.

2 Die zerlassene Butter in eine große, flache Schale geben. In einer zweiten Schale Salz, Knoblauchpulver, Pfeffer, Cayennepfeffer, Oregano und Thymian vermengen.

3 Eine große Bratpfanne auf mittlerer Stufe erhitzen. Sobald sie heiß ist, die Fischfilets in der zerlassenen Butter wenden, sodass sie rundum gebuttert sind, dann in den Gewürzen wenden.

4 Die Filets von jeder Seite 2–3 Minuten braten, bis sie kräftig gebräunt sind. Heiß und mit der Ananas-Salsa garniert servieren.

ANANAS VORBEREITEN

1 Mit einem Messer Blattkrone und Boden abschneiden. Die Ananas aufstellen und die Schale der Form der Ananas folgend in Streifen entfernen.

2 Die Ananas auf die Seite legen und in Scheiben schneiden. Mit einem runden Ausstecher den harten, faserigen Strunk in der Mitte entfernen.

HAUPTGERICHTE & BEILAGEN

PASTALAYA

Eine pfiffige Variante des klassischen Jambalaya, die statt Reis reisförmige Nudeln – Orzo oder Risoni genannt – verwendet.

★ **FÜR** 6–8 Personen
★ **VORBEREITUNG** 20 Min.
★ **ZUBEREITUNG** 2–2½ Std.

Zutaten

- 1 EL Olivenöl
- 500 g Hähnchenkeulen (mit Haut und Knochen)
- 3 Knoblauchzehen, zerdrückt
- 300 g Zwiebeln, gewürfelt
- 1 grüne Paprikaschote, entkernt und in Stücke geschnitten
- 3 Stangen Staudensellerie (gesamt ca. 250 g), in Stücke geschnitten
- 2 Dosen (à 400 g) stückige Tomaten
- 2 Lorbeerblätter
- Saft von 1 Zitrone
- 3 EL Worcestersauce
- 1 EL scharfe Chilisauce
- 1 TL Cayennepfeffer
- 1 TL getrockneter Oregano
- Salz und frisch gemahlener schwarzer Pfeffer
- 500 g Chorizo, in Scheiben geschnitten
- 200 g Orzo oder Risoni (Reisnudeln)
- abgeriebene Schale und Saft von 2 Bio-Zitronen für die Nudeln und zum Servieren
- 500 g rohe Garnelen, ausgelöst, Darm entfernt

1 Das Öl in einem großen Schmortopf auf mittlerer Stufe erhitzen. Die Hähnchenkeulen von jeder Seite 2 Minuten bräunen. Beiseitestellen. Knoblauch, Zwiebel, Paprika und Sellerie in den Topf geben und 4–5 Minuten anschwitzen, bis die Zwiebel glasig ist.

2 Das Fleisch wieder in den Topf geben und mit 1 l Wasser bedecken. Tomaten, Lorbeerblätter, Zitronensaft, Worcestersauce, Chilisauce und Gewürze hinzufügen, salzen, pfeffern und zum Kochen bringen.

3 Inzwischen die Chorizoscheiben in einer Bratpfanne 3–5 Minuten rundum bräunen. Mit in den Topf geben. Die Temperatur reduzieren und ohne Deckel 1½–2 Stunden köcheln lassen.

4 Die Risoni bei leicht geöffnetem Deckel 10–12 Minuten in 750 ml sprudelnd kochendem Salzwasser garen. Abgießen und mit dem Saft von 1 Zitrone durchheben.

5 Sobald sich das Fleisch vom Knochen löst, die Hähnchenkeulen mit dem Schaumlöffel aus dem Topf heben und auf einen Teller geben. Die Haut wegwerfen und das Fleisch mit der Gabel zerpflücken. Die Knochen wegwerfen und das Fleisch wieder in den Schmortopf geben. Die Garnelen hinzufügen und 5–7 Minuten garen, bis sie rosa sind.

6 Die Risoni in den Eintopf rühren, mit Salz und Pfeffer abschmecken und die Lorbeerblätter entfernen. Mit etwas geriebener Zitronenschale und einem Spritzer Zitronensaft servieren.

CIOPPINO

Von den italienischen Einwanderern in San Francisco stammt diese Fischsuppe. Traditionell wird sie aus dem Tagesfang zubereitet – sie schmeckt aber mit jedem frischen Fisch.

★ **FÜR** 6 Personen
★ **VORBEREITUNG** 20 Min.
★ **ZUBEREITUNG** 55 Min.

Zutaten
- 1 EL Butter
- 1 EL Olivenöl
- 2 Knoblauchzehen, zerdrückt
- 1 Zwiebel, grob gehackt
- 2 Schalotten, in Ringe geschnitten
- 1 Stange Staudensellerie mit Grün, in Stücke geschnitten
- 175 g Tomatenmark
- Salz und frisch gemahlener schwarzer Pfeffer
- 1 TL Chiliflocken
- 2 Dosen (à 400 g) stückige Tomaten
- 250 ml trockener Weißwein
- 1 l heißer Fischfond
- 350 ml dunkles Bier (Brown Ale)
- 6–12 große Venusmuscheln, frisch in der Schale
- 6–12 Miesmuscheln, frisch in der Schale
- 175 g Lachsfilet, in mundgerechte Stücke geschnitten
- 450 g rohe Riesengarnelen mit Kopf, ausgelöst, Darm entfernt
- ofenfrisches Brot zum Servieren

1 Butter und Öl bei mittlerer Temperatur in einem großen Schmortopf erhitzen. Knoblauch, Zwiebel, Schalotte und Sellerie hineingeben und unter gelegentlichem Rühren 5–7 Minuten anschwitzen. Das Tomatenmark einrühren, mit Salz, Pfeffer und Chiliflocken würzen und unter Rühren weitere 1–2 Minuten garen.

2 Die Tomaten mit ihrem Saft, Wein, Brühe und Bier angießen und gut umrühren. Die Temperatur reduzieren und 35 Minuten köcheln lassen.

3 Die Venus- und Miesmuscheln putzen und solche, die sich beim Draufklopfen nicht schließen, wegwerfen. In den Topf geben und 5 Minuten köcheln lassen, bis sie sich geöffnet haben. Ungeöffnete Muscheln wegwerfen.

4 Den Lachs und die Garnelen hinzufügen und weitere 5 Minuten köcheln lassen, bis die Garnelen rosa sind und der Lachs gar ist. Mit Salz und Pfeffer abschmecken und heiß mit ofenfrischem Brot servieren.

SHRIMP AND GRITS

Grits, die in den Südstaaten beliebte cremige Maisgrütze, wird hier mit den süßen, salzigen und rauchigen Aromen von Garnelen und Speck kombiniert.

- ★ **FÜR** 4 Personen
- ★ **VORBEREITUNG** 15 Min.
- ★ **ZUBEREITUNG** 1 Std.

Zutaten

4 dicke Scheiben geräucherter durchwachsener Speck
2 Knoblauchzehen, zerdrückt
1 Zwiebel, grob gehackt
4 große Tomaten, grob gehackt
85 g Butter
1 EL Vollrohrzucker
1 TL Chiliflocken
Salz und frisch gemahlener schwarzer Pfeffer
300 g Maisgrieß (Polenta)
500 g Sahne oder 500 ml Vollmilch
1 Msp. geräuchertes Paprikapulver oder gemahlene Ancho-Chilischote
1 Msp. Cayennepfeffer
225 g Cheddar oder mittelalter Gouda, gerieben
Saft von 1 Zitrone
450 g rohe Garnelen, ausgelöst, Darm entfernt
2 Frühlingszwiebeln, gehackt, zum Servieren

1 Den Speck in der Pfanne ohne Fettzugabe knusprig braten, herausnehmen und auf Küchenpapier abtropfen. Einen Großteil des Speckfetts aus der Pfanne abgießen, den Rest auf mittlerer Stufe wieder erhitzen und Knoblauch, Zwiebel, Tomaten, Butter, Zucker und Chiliflocken hinzugeben und mit Salz und Pfeffer würzen. Unter gelegentlichem Rühren 30–45 Minuten bei schwacher Hitze köcheln lassen, bis Zwiebel und Tomaten weich sind.

2 Wenn die Tomaten rund 15 Minuten gekocht haben, den Maisgrieß mit der Sahne, 1 l Wasser, Paprikapulver und Cayennepfeffer in einen großen Topf geben und kräftig mit Salz und Pfeffer würzen. Aufkochen und bei schwacher bis mittlerer Hitze 30–35 Minuten garen, bis die Polenta andickt (ein Löffel sollte auf ihrer Oberfläche nicht mehr einsinken) und etwa drei Viertel der Flüssigkeit aufgenommen hat. Bei Verwendung von vorgegartem Maisgrieß (Instant-Polenta) verkürzt sich die Garzeit auf ca. 15 Minuten. Den Käse einrühren, bis er völlig zerlaufen ist, dann den Zitronensaft hinzufügen.

3 Die Garnelen zu den Tomaten in die Pfanne geben und 5–7 Minuten köcheln lassen, bis sie rosa sind. Den Speck zerkrümeln oder hacken.

4 Die Polenta in eine flache Servierschüssel füllen und die Tomaten-Garnelen-Sauce darübergeben. Mit Speck und Frühlingszwiebel bestreuen und heiß servieren.

TIPP Für eine leichtere Version des Grits kann man statt der Sahne oder Vollmilch auch Mandelmilch verwenden.

GUMBO MIT SCHWEINSWURST

Die rustikale Cajun-Küche liebt Eintöpfe – der deftige Gumbo ist ein schönes Beispiel dafür.

- ★ **FÜR** 4 Personen
- ★ **VORBEREITUNG** 15 Min.
- ★ **ZUBEREITUNG** 1 Std.

Zutaten

2 EL Olivenöl
1 große Zwiebel
1 grüne Paprikaschote, entkernt, in 2 cm große Würfel geschnitten
2 Knoblauchzehen, zerdrückt
2½ EL Butter
3 EL Mehl
2 Dosen (à 400 g) stückige Tomaten
500 ml heißer Fisch- oder Hühnerfond
2 getrocknete rote Chilischoten, fein gehackt
1 TL geräuchertes Paprikapulver
200 g Okraschoten, in 2 cm große Stücke geschnitten
250 g amerikanische Andouille oder andere würzig geräucherte Schweinswurst, ohne Pelle, in 2 cm große Stücke geschnitten
Salz und frisch gemahlener schwarzer Pfeffer
1 EL Thymianblättchen
500 g rohe Riesengarnelen, ausgelöst, Darm entfernt
2 EL gehackte Petersilie
gekochten Reis zum Servieren

1 Das Öl in einem großen Schmortopf erhitzen. Die Zwiebel fein hacken und mit der Paprika hineingeben. 5 Minuten sanft anschwitzen, bis sie glasig, aber nicht gebräunt sind. Den Knoblauch hinzugeben und weitere 2 Minuten angehen lassen.

2 Die Butter in den Topf geben und zerlassen, dann das Mehl einrühren und unter Rühren bei sehr schwacher Hitze 5 Minuten bräunen. Tomaten, den heißen Fond, Chilischote, Paprikapulver, Okraschote und Wurst hinzugeben und zum Kochen bringen. Pfeffern und vorsichtig salzen (der Fond ist bereits salzig).

3 Die Temperatur reduzieren, dann den Thymian hinzugeben. Unter gelegentlichem Rühren ohne Deckel 30 Minuten köcheln lassen, bis die Okraschoten gar sind und der Gumbo gut angedickt ist.

4 Die Temperatur wieder höherschalten und die Garnelen hinzugeben. Ohne Deckel weitere 5 Minuten köcheln lassen, bis die Garnelen gar sind. Die Petersilie einrühren und den Gumbo mit Reis servieren.

TIPP Statt der amerikanischen Andouille kann man auch geräucherte Chorizo, Merguez oder Krakauer verwenden.

ODER SO ...

WELS
Die Wurst durch 450 g in Stücke geschnittenes **Welsfilet** (oder anderen festfleischigen Weißfisch) ersetzen und in Schritt 4 mit den Garnelen hinzugeben. Sanft schmoren, bis der Fisch gar ist.

HÄHNCHEN & SPECK
Die Garnelen durch 600 g **Hähnchenkeule** (ohne Haut und Knochen) ersetzen und in 3 cm große Stücke schneiden. Statt der Wurst dieselbe Menge gewürfelten **Pancetta** verwenden. Das Fleisch am Ende von Schritt 1 zugeben und mit dem Gemüse anbraten.

VEGETARISCH
Wurst und Garnelen weglassen. 1 **Aubergine** in 1 cm große Stücke schneiden und mit der Paprika in Schritt 1 hinzugeben. 2 große **Süßkartoffen** schälen, in 1 cm große Stücke schneiden und 10 Minuten vor Ende der Kochzeit in Schritt 3 hinzugeben. Garen, bis sie gerade weich sind, dann auf Reis servieren.

HAUPTGERICHTE & BEILAGEN

DIRTY RICE MIT CHORIZO

Dieses Gericht der Cajun-Küche erhält sein »schmutziges« Aussehen traditionell von Hühnermägen, wird hier aber mit Leber zubereitet.

- ★ **FÜR** 4-6 Personen
- ★ **VORBEREITUNG** 15 Min.
- ★ **ZUBEREITUNG** 1 Std. plus Ruhezeit

Zutaten

4 EL Olivenöl
1 Zwiebel, fein gehackt
1 Stange Staudensellerie, geputzt und in kleine Stücke geschnitten
je 1 rote und grüne Paprikaschote, entkernt und in Würfel geschnitten
400 g pikante Chorizo, Pelle entfernt
200 g Hühnerlebern, gesäubert und fein gehackt
1 rote Chilischote, entkernt und fein gehackt
2 Knoblauchzehen, fein gehackt
1 TL geräuchertes Paprikapulver oder gemahlene Ancho-Chilischote
1 TL Koriandersamen, zerstoßen
300 g Langkornreis
Salz und frisch gemahlener schwarzer Pfeffer
750 ml heiße Hühnerbrühe
1 großer Zweig Thymian, Blätter abgezupft
1 Handvoll fein gehackte glatte Petersilie
1 EL fein gehackter frischer Oregano
Blattsalat zum Servieren
ofenfrisches Brot zum Servieren

1 Den Backofen auf 160 °C vorheizen. 3 EL Öl in einem großen ofengeeigneten Bräter erhitzen und Zwiebel, Sellerie und Paprika hineingeben. Zugedeckt bei schwacher Hitze 5–7 Minuten anschwitzen, bis das Gemüse glasig ist. Herausnehmen und beiseitestellen.

2 Das restliche Öl im Bräter erhitzen, das Wurstbrät etwas zerkrümeln und zusammen mit der Hühnerleber hineingeben. Die Temperatur erhöhen und 5 Minuten braten, bis das Wurstbrät krümelig und leicht gebräunt ist.

3 Chilischote, Knoblauch, Paprikapulver und Koriandersamen einrühren und weitere 2–3 Minuten braten. Das Gemüse wieder in den Bräter geben, dann den Reis einrühren. Kräftig mit Salz und Pfeffer würzen und die Brühe zugießen.

4 Zum Kochen bringen, zudecken und in den Backofen stellen. Unter ein- bis zweimaligem Umrühren 40 Minuten schmoren, bis der Reis gar ist und die Brühe aufgenommen hat. Aus dem Ofen nehmen und 5 Minuten ruhen lassen. Die Kräuter einrühren, abschmecken und mit Blattsalat und ofenfrischem Brot servieren.

Chorizo ist frisch, geräuchert oder getrocknet erhältlich. Weichere Chorizo eignet sich besser zum Kochen.

THUNFISCH MIT PASTA UND BOHNEN

Der bekannte amerikanische Thunfischauflauf mal ganz anders: mit frischem Fisch und zarten Bohnen in cremiger Sauce.

- ★ **FÜR** 4 Personen
- ★ **VORBEREITUNG** 10 Min.
- ★ **ZUBEREITUNG** 30 Min.

Zutaten
1 EL Olivenöl
4 Thunfischsteaks
 (insgesamt ca. 350 g)
Salz und frisch gemahlener
 schwarzer Pfeffer
450 g dünne Spaghetti
 (Capellini oder Capelli
 d'angelo)

Für die Sauce
250 g Sahne
1 EL Mehl
2 EL Butter
Saft von 1 Zitrone
1 Dose (400 g) Limabohnen
 (Riesenbohnen)

1 Zuerst die Sauce zubereiten. In einem Topf die Sahne mit dem Mehl, der Butter und dem Zitronensaft bei mittlerer Hitze erwärmen und mit Salz und Pfeffer würzen. Aufkochen, dann die Hitze reduzieren und 10–15 Minuten köcheln lassen. Die Bohnen einrühren und weitere 5 Minuten köcheln lassen.

2 In der Zwischenzeit das Öl in einer Bratpfanne auf hoher Stufe erhitzen. Die Thunfischsteaks von beiden Seiten pfeffern und salzen. Die Steaks einzeln von jeder Seite 2–3 Minuten braten – sie sollten in der Mitte rosa bleiben.

3 Die Spaghetti in einem Topf mit gesalzenem Wasser nach Packungsangaben bissfest kochen. Die Nudeln abgießen, unter die Bohnensauce heben und auf vier Teller verteilen. Die Thunfischsteaks in dicke Scheiben schneiden und heiß auf der Pasta servieren.

So schmeckt der
SÜDWESTEN

Die Küche des Südwestens mit ihren kräftigen Aromen und intensiven Farben entstand aus der Vermählung spanischer, indianischer und mexikanischer Traditionen.

SPEISEN UND AROMEN

★ **Mais** ist für die Indianer Nordamerikas in jeglicher Zubereitungsform ein heiliges Gemüse. Früher wurden mehr als 40 Sorten kultiviert.

★ **Trockenbohnen**, wie schwarze Bohnen oder Wachtelbohnen, werden oft verwendet und langsam gegart, gebacken oder als Bohnenpüree (siehe unten) gegessen.

★ **Chilischoten**, ob rot oder grün, scharf oder mild, geben dem berühmtesten Gericht der Region, dem Chili, seine Würze.

★ **Tortillas**, die heute aus Mais und aus Weizen erhältlich sind, wurden früher nur aus dem Mehl des gelben, weißen oder hier heimischen blauen Maises hergestellt.

★ **Navajo Fry Bread**, ist ein Fladenbrot, das in einer Eisenpfanne gebraten wird. Es ähnelt der allgegenwärtigen Tortilla.

Die regionale Kochtradition wird dominiert von Reis, Tomaten – beide von spanischen Siedlern eingeführt –, Mais, verschiedenen Bohnensorten, Koriandergrün und den allgegenwärtigen Chilischoten. Rind und Schwein sind die beliebtesten Fleischsorten. Die Küche des Südwestens kombiniert die Kochstile der unterschiedlichen Volksgruppen der Region. Die ersten Siedler waren aus dem Norden Mexikos einwandernde spanische Kolonisten, die sich bei der Zubereitung von Speisen einiges von ihren indianischen Nachbarn abschauten. Vor allem zwei Kochmethoden – schnelles, starkes Erhitzen und langsames Garen – haben die kulinarische Vielfalt hervorgebracht. Sie reicht von pikanten Schmorgerichten bis zu Gegrilltem (»carne asada«), das hauchdünn geschnitten und mit Kräutern kombiniert auch als Taco-Füllung dient. Ungewöhnliche Gemüsesorten wie Jícama, Tomatillos (siehe oben) und Nopalitos – die geschälten Blattsprosse des Feigenkaktus – spielen in vielen Gerichten eine Rolle.

Wenn Chilischoten für das kommende Jahr zum Trocknen aufgehängt werden, so besagt die Tradition, dass jedes Familienmitglied einen Strang in der Länge seines Körpers benötigt.

Chipotle-Chilischoten – geräucherte, getrocknete Jalapeños – werden in der Küche des Südwestens üppig verwendet.

Es gibt heute schier unendlich viele moderne Varianten des klassisch mexikanischen Frühstücks-Burritos.

Für Puristen gehört nur Fleisch ins Chili, aber für die meisten sind Bohnen ebenso unverzichtbar.

Enchiladas sind gefüllte und überbackene Tortilla-Wraps, die ein ganz unterschiedliches Innenleben haben können.

Der Südwesten der USA ist für seine dramatischen Landschaften berühmt.

Zu Strängen, den »Ristras«, gebunden, werden Chilischoten getrocknet und so mehrere Monate haltbar gemacht.

COUNTRY FRIED STEAK MIT PFEFFERSAUCE

Das panierte Steak – teils auch »Chicken Fried Steak« genannt – ist beliebte Südstaaten Hausmannskost.

- ★ **FÜR** 4 Personen
- ★ **VORBEREITUNG** 15 Min. plus Einweichzeit
- ★ **ZUBEREITUNG** 35 Min.

Zutaten

4 × 150 g Hüft- oder Rumpsteaks, weich geklopft
Salz und frisch gemahlener schwarzer Pfeffer
1 TL Cayennepfeffer
250 ml Vollmilch
1 Ei
200 g Mehl
150 ml Erdnuss- oder Sonnenblumenöl zum Frittieren

Für die Sauce

3 EL Mehl
500 ml Vollmilch

Für die Potato Wedges

1 kg mehligkochende Kartoffeln wie Désirée
4 Scheiben geräucherter durchwachsener Speck
1 Zwiebel, gehackt
2 Knoblauchzehen, zerdrückt
1 Prise Chiliflocken

1 Die Steaks über Nacht mit Salz, Pfeffer und 1 Prise Cayennepfeffer in Milch einlegen. Anschließend herausheben und beiseitestellen. Das Ei in einer kleinen Schüssel mit der Milch verquirlen. In einer zweiten Schüssel Mehl mit Salz, Pfeffer und 1 gestrichenen TL Cayennepfeffer vermischen.

2 Das Öl in einer Pfanne rauchend erhitzen. Die Steaks einzeln in der Mehlmischung wenden, dann in die Eiermilch tauchen und erneut mehlieren. Von jeder Seite 3–5 Minuten braten, bis das Fleisch außen goldbraun und innen durch ist. Darauf achten, dass es nicht anbrennt.

3 Steaks aus der Pfanne heben und beiseitestellen. Zwei Drittel des Öls abgießen. Für die Sauce das Mehl zum restlichen Öl geben und mit dem Schneebesen zu einer Paste verschlagen. Unter ständigem Rühren langsam die Milch zugießen. Die angedickte Sauce vom Herd nehmen und kräftig mit schwarzem Pfeffer würzen.

4 Für die Potato Wedges die Kartoffeln in einem Topf mit Wasser 20 Minuten kochen. Abgießen und zum Abkühlen beiseitestellen. Die abgekühlten Kartoffeln mit Schale in 2 cm breite Schnitze schneiden.

5 Den Speck einer großen beschichteten Pfanne ohne Fettzugabe knusprig braten. Den Speck mit dem Pfannenwender in kleine Stücke brechen und die Kartoffelschnitze zugeben. Zwiebel, Knoblauch und Chiliflocken hinzufügen und salzen. Bei mittlerer Hitze rundum knusprig braten. Die Steaks mit einer großzügigen Portion Sauce und Potato Wedges servieren.

SPAGHETTI MIT PUTENKLÖSSCHEN

Hier eine leichtere Variante der klassischen »Spaghetti With Meatballs« (Spaghetti mit Fleischklößchen).

★ **FÜR** 4 Personen
★ **VORBEREITUNG** 20 Min.
★ **ZUBEREITUNG** 70 Min.

Zutaten
Olivenöl zum Braten und Beträufeln
450 g Spaghetti

Für die Sauce
3 Knoblauchzehen, zerdrückt
1 Zwiebel, gehackt
1 TL getrockneter Rosmarin
1 TL getrockneter Oregano
1 TL getrockneter Thymian
2 EL Tomatenmark
2 Dosen (à 400 g) stückige Tomaten

Für die Klößchen
450 g Putenhack
60 g Semmelbrösel
1 Schalotte, in Ringe geschnitten
1 Bund Basilikum, gehackt
1 Ei, verquirlt
Salz und frisch gemahlener schwarzer Pfeffer

1 Zunächst die Sauce zubereiten. Ein wenig Öl bei mittlerer Temperatur in einem Topf erhitzen. Knoblauch und Zwiebel anschwitzen, dann Rosmarin, Oregano und Thymian zugeben. Weitere 2–3 Minuten braten, bis die Zwiebel weich ist. Das Tomatenmark und die Tomaten einrühren. Herunterschalten und 1 Stunde köcheln lassen.

2 Inzwischen den Backofen auf 180 °C vorheizen. Das Putenhack mit Semmelbröseln, Schalotte, Basilikum und Ei in einer Schüssel verkneten und mit Salz und Pfeffer würzen. Mit den Händen zu 5 cm großen Kugeln formen und auf ein mit Backpapier ausgelegtes Backblech legen.

3 Die Klöße 35–40 Minuten im Backofen backen, bis sie brutzeln, gebräunt und innen durch sind. Aus dem Ofen nehmen und in die köchelnde Tomatensauce einrühren.

4 Die Nudeln in einem großen Topf mit kochendem Salzwasser 8–10 Minuten oder nach Packungsangaben bissfest garen. Abgießen, mit ein wenig Öl beträufeln und durchheben. Die Spaghetti heiß und mit einer Portion Sauce und Fleischklößchen servieren.

DREI-BOHNEN-CHILI

Ein großer Topf Chili con Carne ist eine der besten Möglichkeiten, aus ein bisschen Hackfleisch eine große Mahlzeit zu machen.

★ **FÜR** 4–6 Personen
★ **VORBEREITUNG** 10 Min.
★ **ZUBEREITUNG** 2 Std.

Zutaten

je 1 grüne und rote Paprikaschote, entkernt und grob zerkleinert
1 Zwiebel, grob gehackt
1 Jalapeño oder andere milde grüne Chilischote, grob gehackt
2 EL Olivenöl
2 Dosen (à 400 g) stückige Tomaten
1 Dose (340 g) Mais, abgetropft
je 1 Dose (à 400 g) Kidneybohnen, schwarze Bohnen und Cannellinibohnen
3 Knoblauchzehen, fein gehackt
450 g Rinderhack
½ EL Salz und ½ TL frisch gemahlener schwarzer Pfeffer
1 TL Chiliflocken
1 EL Chilipulver
1 EL gemahlener Kreuzkümmel

Zum Servieren

Maisbrot nach Südstaatenart (s. S. 228)
geriebener Cheddar
saure Sahne

1 Paprika, Zwiebel und Chilischote in einen großen Bräter geben und mit ein wenig Olivenöl beträufeln. Tomaten, Mais und Bohnen hinzugeben und gründlich vermengen.

2 Das restliche Öl bei mittlerer Temperatur in einer Pfanne erhitzen und den Knoblauch 1 Minute darin anbraten. Das Hackfleisch hinzugeben und unter gelegentlichem Rühren 3–4 Minuten braten, bis es vollständig gebräunt ist. In den Bräter geben, Salz, Pfeffer und die Gewürze hinzufügen.

3 Das Chili im Bräter bei schwacher Hitze ohne Deckel unter gelegentlichem Rühren 2 Stunden köcheln lassen, bis das Gemüse gar ist. Alternativ den Bräter in den auf 180 °C vorgeheizten Backofen geben. Anschließend mit Salz und Pfeffer abschmecken und heiß mit Maisbrot, Cheddar und saurer Sahne servieren.

WAS STECKT DAHINTER?

Chili con Carne, das »Nationalgericht« des Staates Texas, war bei den Siedlern des 19. Jahrhunderts sehr beliebt. Heute wird viel diskutiert, ob es mit oder ohne Bohnen zubereitet wird. Einige Puristen bestehen auf dem schlichten Grundrezept mit Zwiebeln, Tomaten, Chilischoten, Gewürzen und Fleisch, aber viel häufiger werden auch Bohnen, getrocknet oder aus der Dose, zugegeben.

ODER SO ...

WEISSES CHILI

2 **Hähnchenbrustfilets** würfeln und anbraten. Je 400 g **Cannellinibohnen** und **Kichererbsen** (Dose), 2 in Scheiben geschnittene **Schalotten**, 3 **Knoblauchzehen**, 750 ml heiße **Hühnerbrühe** und die Gewürze des Grundrezepts hinzugeben. Ohne Deckel 2–3 Stunden köcheln lassen.

CHILI SIN CARNE

Für eine vegetarische Version das Fleisch durch 125 g **Bulgur** ersetzen. Den Bulgur in Schritt 1 mit Knoblauch und Gewürzen hinzugeben und Schritt 2 weglassen.

FEUERGEFÄHRLICH

2 rote **Paprikaschoten** sowie 1 **Jalapeño** in Schritt 1 verwenden und ½ EL Cayennepfeffer, ½ EL **Paste aus geräucherten Chilischoten** (Chipotle) und ½ EL **geräuchertes Paprikapulver** einrühren. Wie das Grundrezept kochen und mit gehacktem Koriandergrün und gewürfelter **Avocado** servieren.

MEATLOAF

Meatloaf, der beliebte Hackbraten, wird hier nicht wie üblich mit Ketchup bestrichen, sondern mit delikatem selbst gemachtem Paprikagelee.

- ★ **FÜR** 6 Personen
- ★ **VORBEREITUNG** 15 Min.
- ★ **ZUBEREITUNG** 1 Std.

Zutaten

450 g Rinderhack
1 Zwiebel, gehackt
70 g Panko oder frisch geriebene Semmelbrösel
3 Knoblauchzehen, zerdrückt
1 TL Chiliflocken
1 TL Paste aus geräucherten Chilischoten (Chipotle)
Salz und frisch gemahlener schwarzer Pfeffer
1 Ei, verquirlt
4 EL Scharfes Paprikagelee (s. S. 248)
Kartoffelbrei (s. S. 156) zum Servieren

1 Den Backofen auf 180 °C vorheizen. In einer großen Schüssel Fleisch, Zwiebel, Semmelbrösel, Knoblauch, Chiliflocken und -paste vermengen und mit Salz und Pfeffer würzen. Das Ei hinzugeben und mit der Hand oder einem großen Löffel gründlich verkneten. Die Fleischmasse mit den Händen locker zu einer Kugel formen.

2 Ein Backblech mit Backpapier auslegen und die Fleischkugel daraufsetzen. Mit den Händen grob zu einem rechteckigen Braten formen. Den Hackbraten großzügig mit dem Paprikagelee bestreichen und 1 Stunde garen, bis ein ins Fleisch gestecktes Bratenthermometer 77 °C anzeigt.

3 Den Hackbraten mit einem scharfen Brotmesser in Scheiben schneiden und heiß mit Kartoffelbrei und weiterem Paprikagelee servieren.

Chiliflocken enthalten oft auch die scharfen Samen. Wer es nicht so scharf mag, sollte sie zurückhaltend nutzen.

LANGSAM GEGARTE RINDERBRUST

In Folie gewickelt und längere Zeit bei niedriger Temperatur gegart, bleibt das Bruststück vom Rind saftig und wird wunderbar zart.

- ★ **FÜR** 6-8 Personen
- ★ **VORBEREITUNG** 5 Min. plus Marinierzeit
- ★ **ZUBEREITUNG** 4-5 Std. plus Ruhezeit

Zutaten
1 TL Cayennepfeffer
1 TL Knoblauchpulver
1 TL getrockneter Oregano
1 TL gemahlener schwarzer Pfeffer
2 EL gemahlener Kaffee
1 TL Paste aus geräucherten Chilischoten (Chipotle)
1 TL Erdnuss- oder Sonnenblumenöl
1 EL Meersalz
ca. 2300 g Rinderbrust
Gegrillte Maiskolben (s. S. 153) und Kartoffelsalat (s. S. 50) zum Servieren

1 Am Abend vor der Zubereitung des Bratens Cayennepfeffer, Knoblauch, Oregano, Pfeffer, Kaffeepulver, Chilipaste, Öl und Meersalz zu einer Paste mischen und den Braten rundum damit einreiben. Das Fleisch in Alufolie einwickeln und über Nacht im Kühlschrank marinieren.

2 Den Braten in der Folie auf dem oberen Rost eines Gasgrills mit geschlossener Haube bei 130–150 °C 4–5 Stunden garen. Oder den Braten bei 150 °C 4–5 Stunden im Backofen garen, bis ein in das Fleisch gestecktes Bratenthermometer 90 °C anzeigt. Den Braten in der Folie im eigenen Saft 1 Stunde im ausgeschalteten Ofen ruhen lassen. In Scheiben schneiden und noch warm mit Maiskolben und Kartoffelsalat servieren.

TIPP Gibt man Räucherspäne (z. B. Hickory), in 250 ml Wasser eingeweicht, mit in den Grill, erhält man ein wunderbares Raucharoma.

RINDER-SCHMORBRATEN

Dieser saftige, langsam geschmorte Rinderbraten, der mit Eiernudeln serviert wird, zergeht quasi auf der Zunge.

- ★ **FÜR** 4 Personen
- ★ **VORBEREITUNG** 20 Min.
- ★ **ZUBEREITUNG** 4 Std.

Zutaten
90 g weiche Butter
3 Knoblauchzehen, fein gehackt
900 g Rinderbraten aus Ober- oder Unterschale
1 Zwiebel, grob gehackt
12 braune oder weiße Champignons, halbiert
2 Rote Beten, grob gehackt
2 Möhren, grob gehackt
2 mehligkochende Kartoffeln wie Désirée, in Würfel geschnitten
1 Süßkartoffel, geschält und grob gehackt
1 Lorbeerblatt, fein gehackt
je 1 EL gehackter frischer Rosmarin, Oregano und Thymian
250 ml heiße Hühnerbrühe
250 ml Rotwein
Salz und frisch gemahlener schwarzer Pfeffer
250 g Eiernudeln

1 2 EL der Butter in einem Bräter zerlassen und den Knoblauch bei mittlerer Hitze 1–2 Minuten anschwitzen. Das Fleisch hinzugeben und von jeder Seite 1 Minute anbraten, bis es gebräunt ist. Das Fleisch herausnehmen und beiseitestellen.

2 Zwiebel und Pilze in den Bräter geben und 2–3 Minuten anbraten. Weitere 2 EL Butter, Rote Bete, Möhre, Kartoffel und Süßkartoffel hineingeben und die Kräuter einrühren. Brühe und Wein zugießen und mit Salz und Pfeffer würzen.

3 Das Fleisch wieder in den Bräter geben und auf das Wurzelgemüse betten. Den Deckel auflegen und den Braten 3½–4 Stunden schmoren, bis er zart ist. Das Fleisch herausnehmen und in dicke Scheiben schneiden; es sollte leicht auseinanderfallen. Den Bratensaft in eine Saucière abseihen.

4 Die Nudeln in einem Topf mit kochendem Salzwasser nach Packungsangaben bissfest garen. Abseihen und mit der restlichen Butter durchheben. Das gegarte Gemüse auf eine Servierplatte geben und das aufgeschnittene Fleisch darauf anrichten. Heiß mit den Nudeln und der Sauce servieren.

Rote Bete hat einen erdigen, leicht süßlichen Geschmack, der gut zu Wintergerichten passt.

KLASSISCHER BURGER

Ist das Fleisch sehr mager, wird der Burger leicht trocken. Ein wenig Fett hält das Fleisch von innen saftig.

- ★ **FÜR** 4 Personen
- ★ **VORBEREITUNG** 20 Min. plus Kühlzeit
- ★ **ZUBEREITUNG** 10 Min.

Zutaten
400 g Rinderhack
50 g frische Semmelbrösel
1 Eigelb
½ rote Zwiebel, fein gehackt
½ TL Senfpulver
½ TL Selleriesalz
1 TL Worcestersauce
frisch gemahlener schwarzer Pfeffer

Zum Servieren
4 Burgerbrötchen, halbiert
1 Kopfsalat, zerpflückt
2 Tomaten, in dünne Scheiben geschnitten
1 kleine rote Zwiebel, in dünne Ringe geschnitten
1 Essiggurke, in dünne Scheiben geschnitten
4 EL Würziges Sommer-Relish (s. S. 244)

1 Den Grill anheizen. Alle Zutaten für die Frikadellen in einer großen Schüssel gründlich verkneten.

2 Das Fleisch mit feuchten Händen (so klebt die Mischung weniger an den Fingern) zu vier Kugeln formen. Dazu die Mischung zwischen den Handflächen rollen. Die Kugeln dann zu rund 3 cm dicken Pattys flach drücken, die Ränder durch Klopfen glätten.

3 Die Pattys auf einen Teller legen, mit Frischhaltefolie abdecken und 30 Minuten in den Kühlschrank stellen (so behalten sie beim Grillen ihre Form).

4 Die Pattys auf dem heißen Grill 6–8 Minuten grillen. Mehrfach wenden, bis das Fleisch bei Druck federt und außen gut gebräunt ist. Während das Fleisch grillt, die Burgerbrötchen 1–2 Minuten auf den Schnittflächen grillen und leicht bräunen. Brötchen und Pattys zusammen mit verschiedenen Belägen servieren und jeden seinen Burger selbst zusammenstellen lassen.

ODER SO ...

MAROKKANISCH

Statt Rinderhack **Lammhack** verwenden und mit 4 EL gehackten frischen **Minzeblättern**, ½ TL gemahlenem **Zimt** und ½ TL gemahlenem **Kreuzkümmel** würzen. Mit einem Löffel **Minzejoghurt** in aufgewärmtem **Pitabrot** servieren

ASIATISCH

Hähnchen- oder **Putenhack** statt Rinderhack verwenden. Mit 1 gehackten **roten Chilischote**, frisch geriebenem **Ingwer** (3 cm) und 4 EL gehacktem **Koriandergrün** würzen. Mit **saurer Sahne** und **thailändischer süßer Chilisauce** servieren.

BURGERSANDWICH

Dem Rezept für Gegrilltes Käsesandwich von S. 90 folgen, aber ein **Krustenbrot** verwenden. Das Brot zusätzlich mit **karamellisierten Zwiebeln** und einem fertig gegrillten **Burger-Patty** füllen. Die erste und letzte Schicht Füllung ist geriebener Käse.

STEAK MIT CHIMICHURRI-SAUCE

Die wunderbar frische, pikante Sauce passt hervorragend zu diesem außen knusprigen und innen saftigen Steak.

- ★ **FÜR** 4 Personen
- ★ **VORBEREITUNG** 15 Min. plus mindestens 1 Std. Ruhezeit
- ★ **ZUBEREITUNG** 8–20 Min. plus Ruhezeit

Zutaten

700 g Rindfleisch aus Vorderrippe, Oberschale, Hüfte oder Nuss

Für die Trockenmarinade

1 EL brauner Zucker
1 EL abgezupfte Thymianblättchen
½ TL Senfpulver
1 Msp. Knoblauchsalz
1 Msp. geräuchertes Paprikapulver oder gemahlene Ancho-Chilischote
frisch gemahlener schwarzer Pfeffer

Für die Chimichurri-Sauce

6 EL Olivenöl, plus etwas Öl zum Bestreichen
1½ EL Rotweinessig
1 EL Zitronensaft
1 Handvoll frische glatte Petersilie (ca. 15 g)
2 EL gehacktes Koriandergrün
1 EL gehackter frischer Oregano
2 Knoblauchzehen, gehackt
1 TL Chiliflocken
Salz und frisch gemahlener schwarzer Pfeffer

1 Die Zutaten für die Trockenmarinade im Mörser oder Mixer zu einem feinen Pulver zermahlen.

2 Das Fleisch auf ein großes Stück Frischhaltefolie legen und rundum mit der Marinade einreiben. In die Folie einschlagen und mindestens 1 Stunde im Kühlschrank marinieren.

3 Alle Zutaten für die Chimichurri-Sauce im Mixer oder mit dem Pürierstab zu einer dickflüssigen grünen Sauce verarbeiten. Die Sauce in eine kleine Schale geben, mit Frischhaltefolie abdecken und mindestens 1 Stunde im Kühlschrank ziehen lassen.

4 Sauce und Fleisch aus dem Kühlschrank nehmen und auf Zimmertemperatur erwärmen lassen. Dann das Fleisch mit etwas Öl bestreichen und je nach gewünschtem Gargrad von jeder Seite 4–10 Minuten grillen oder braten: 4–6 Minuten für »rare« (blutig), 6–8 Minuten für »medium« (halb durch) und 8–10 Minuten für »well done« (durchgebraten).

5 Das Fleisch vom Grill oder aus der Pfanne nehmen und locker mit Alufolie abgedeckt mindestens 10 Minuten ruhen lassen. Dann aufschneiden und mit der Chimichurri-Sauce servieren.

PULLED PORK

Das Schweinefleisch wird hier langsam gegart, bis es ganz weich und saftig ist, dann zerpflückt (»pulled«) und mit köstlicher Sauce serviert.

- ★ **FÜR** 6–8 Personen
- ★ **VORBEREITUNG** 30 Min. plus Marinierzeit
- ★ **ZUBEREITUNG** 3 Std. plus Ruhezeit

Zutaten
2 kg Schweineschulter am Knochen
Salz zum Einreiben

Für die Marinade
2 EL Erdnuss- oder Sonnenblumenöl, plus Öl zum Einreiben
1 Zwiebel, fein gehackt
2 Knoblauchzehen, zerdrückt
100 g Ketchup
4 EL Apfelessig
1 TL Tabasco oder andere scharfe Chilisauce
1 TL Worcestersauce
1 TL Senfpulver
2 EL flüssiger Honig

Zum Servieren
einige Tortillawraps
saure Sahne
Pfirsichsalsa (s. S. 10) oder Salsa verde (s. S. 79)
Guacamole (s. S. 11)
Blattsalat
in dünne Ringe geschnittene rote Zwiebel

1 Für die Marinade das Öl in einem kleinen Topf erhitzen und die Zwiebel bei mittlerer Hitze 5 Minuten glasig anschwitzen. Den Knoblauch hinzugeben und 1 Minute anbraten. Die restlichen Zutaten und 100 ml Wasser hinzufügen und gründlich verrühren.

2 Die Sauce aufkochen, dann die Temperatur reduzieren und offen 20 Minuten zu einer dicken Sauce einköcheln lassen. Mit dem Pürierstab oder im Mixer glatt pürieren. Abkühlen lassen. Das Fleisch mit der Marinade einreiben, dann in eine große, flache Schale legen. Abdecken und mindestens 4 Stunden oder über Nacht im Kühlschrank marinieren.

3 Den Backofen auf 180 °C vorheizen. Das Fleisch mit der Marinade in eine gerade passend große ofenfeste Form geben. Ein Blatt Backpapier auf das Fleisch legen (damit es nicht an der Alufolie festklebt) und die Auflaufform mit zwei Lagen Alufolie abdecken. 2½ Stunden schmoren.

4 Den Grill anheizen. Das Fleisch aus dem Ofen nehmen, mit Kuchenpapier trocken tupfen und mit ein wenig Öl und etwas Salz einreiben. Von jeder Seite 10–15 Minuten grillen – die Fettseite zuerst. Sobald die Fettseite richtig knusprig ist, das Fleisch vorsichtig mit der Grillzange wenden.

5 In der Zwischenzeit den Bratensaft aus der Form in einen Topf füllen, das Fett dabei zunächst abgießen, dann den Rest abschöpfen. Die Sauce bei mittlerer Hitze reduzieren lassen.

6 Die Fettkruste vom Fleisch schneiden und unabgedeckt liegen lassen (sonst wird sie weich). Das Fleisch in Alufolie gewickelt 10 Minuten ruhen lassen. Dann die Kruste klein schneiden, das Fleisch mit der Gabel oder den Fingern zerpflücken, mit der Sauce übergießen und mit Wraps und Beilagen servieren.

HAUPTGERICHTE & BEILAGEN

BRUNSWICK STEW

Sowohl der County Brunswick in Virginia als auch der gleichnamige in Georgia beanspruchen, Heimat dieses herzhaften Schmortopfs auf Tomatenbasis zu sein.

★ **FÜR** 6–8 Personen
★ **VORBEREITUNG** 15 Min.
★ **ZUBEREITUNG** 3 Std.

Zutaten
1 EL Butter
800 g Hähnchenkeulen mit Haut und Knochen
350 g Schweinerücken mit Knochen
2 Knoblauchzehen, zerdrückt
300 g Zwiebeln, gewürfelt
100 g Staudensellerie, gewürfelt
250 g Kartoffeln, ungeschält, gewürfelt
1 Dose (340 g) Mais
1 Dose (400 g) weiße Bohnen
2 Dosen (à 400 g) stückige Tomaten
1 TL Chiliflocken
2 EL Worcestersauce
Salz und frisch gemahlener schwarzer Pfeffer

1 Die Butter in einem großen Schmortopf zerlassen und Hähnchen- und Schweinefleisch bei mittlerer Hitze 1–2 Minuten von jeder Seite anbraten. Herausnehmen und beiseitestellen.

2 Knoblauch, Zwiebel, Sellerie und Kartoffeln in den Topf geben und 4–5 Minuten anbraten, bis die Zwiebeln glasig sind. Mais, Bohnen, Tomaten, jeweils mit ihrer Flüssigkeit, sowie Chiliflocken und Worcestersauce einrühren, das Fleisch wieder hineingeben und durchschwenken.

3 250 ml Wasser zugießen und aufkochen. Die Temperatur reduzieren und ohne Deckel 3 Stunden köcheln lassen. Dann das Fleisch mit dem Schaumlöffel auf eine Platte heben. Die Haut der Hähnchenkeulen wegwerfen. Alles Fleisch mit der Gabel zerpflücken. Die Knochen wegwerfen und das Fleisch wieder in den Schmortopf geben. Mit Salz und Pfeffer abschmecken und heiß servieren.

SCHWEINEFLEISCH-ENCHILADAS MIT MOLE

Mole ist eine traditionelle mexikanische Sauce mit Chilischoten und ein wenig dunkler Schokolade.

- ★ **FÜR** 4 bis 6 Personen
- ★ **VORBEREITUNG** 20 Min.
- ★ **ZUBEREITUNG** 1½ Std.

Zutaten
900 g Schweinefilet
220 g Cheddar, Monterey Jack oder mittelalter Gouda, gerieben
4 große Tortillas

Für die Mole
1 TL Olivenöl
1 Zwiebel, fein gehackt
3 Knoblauchzehen, zerdrückt
30 g Zartbitterschokolade
2 Dosen (à 400 g) stückige Tomaten
1 TL Paste aus geräucherten Chilischoten (Chipotle)
1 Prise Cayennepfeffer
1 Prise gemahlener Zimt
1 Prise Zucker
Salz und frisch gemahlener schwarzer Pfeffer

1 Für die Mole das Öl in einem großen Topf erhitzen und die Zwiebel bei mittlerer Hitze 4 Minuten glasig anschwitzen. Den Knoblauch hinzugeben und 1 weitere Minuten braten. Die in Stücke gebrochene Schokolade, die Tomaten und die Chilipaste einrühren, Cayennepfeffer, Zimt, Zucker, Salz und Pfeffer hinzufügen. Die Temperatur reduzieren.

2 Das Schweinefilet in einer Pfanne bei starker Hitze von jeder Seite 30 Sekunden scharf anbraten. In den Topf mit der Mole geben und einmal wenden, damit es gleichmäßig mit Sauce bedeckt ist. 1 Stunde bei sanfter Hitze schmoren, dabei mehrmals umrühren. Das Fleisch aus der Sauce heben und mit der Gabel zerpflücken.

3 Den Backofen auf 180 °C vorheizen. Das Fleisch und die Hälfte des Käses auf 4 Tortillas verteilen und die Tortillas fest über der Füllung einrollen.

4 Die Hälfte der Mole in eine ofenfeste Form geben. Die gefüllten Tortillas mit der Nahtseite nach unten hineinlegen. Mit der restlichen Mole übergießen, mit dem restlichen Käse bestreuen und 25 Minuten im Backofen überbacken. Zum Bohnenpüree mit Pico de Gallo (s. S. 166) servieren.

Zartbitterschokolade ist nicht sehr süß und kann daher auch zur Unterstützung der Aromen herzhafter Gerichte genutzt werden. Ihr Kakaoanteil sollte mindestens 70 % betragen.

ZWEIFACH GEGARTE SCHWEINERIPPCHEN

Da diese Rippchen zuerst bei niedriger Temperatur im Ofen gegart werden, bleiben sie beim Grillen herrlich zart.

- ★ **FÜR** 4 Personen
- ★ **VORBEREITUNG** 30 Min. plus Marinierzeit
- ★ **ZUBEREITUNG** 2½ Std.

Zutaten
etwa 1 kg Schweinerippchen (Schälrippchen, Leiterchen)

Für die Trockenmarinade
2 EL brauner Zucker
2 TL geräuchertes Paprikapulver oder gemahlene Ancho-Chilischote
1 TL Senfpulver
½ TL gemahlener Kreuzkümmel
½ TL Selleriesalz
½ TL Knoblauchsalz
½ TL frisch gemahlener schwarzer Pfeffer

Für die Barbecuesauce
4 EL Erdnuss- oder Sonnenblumenöl
1 kleine Zwiebel, fein gewürfelt
2 Knoblauchzehen, zerdrückt
4 EL Apfelsaft
3 EL Ketchup
2 EL Apfelessig
1 gehäufter EL Demerarazucker
1 EL Honig
2 TL scharfe Chilisauce
1 TL Worcestersauce
1 gehäufter TL mittelscharfer Senf
1 TL geräuchertes Paprikapulver oder gemahlene Ancho-Chilischote
1 Msp. Selleriesalz
1 Msp. Piment
Salz und frisch gemahlener schwarzer Pfeffer

1 Alle Zutaten für die Trockenmarinade in einer kleinen Schüssel vermengen. Die Rippchen abspülen und mit Küchenpapier trocken tupfen. Auf ein großes Stück Alufolie legen und die Knochenseite mit einem Drittel der Trockenmarinade einreiben. Mit dem Rest die Fleischseite einreiben. Die Gewürze gründlich einmassieren, das Fleisch in die Folie wickeln, gut verschließen und 1 Stunde in den Kühlschrank legen.

2 Den Backofen auf 150 °C vorheizen. Das Fleisch in der Folie mit der Fleischseite nach oben auf ein Backblech legen (damit die Rippchen sich nach oben wölben) und 2 Stunden garen.

3 Das Öl für die Sauce in einem kleinen Topf erhitzen und die Zwiebel bei mittlerer Hitze 5 Minuten anbraten, bis sie weich ist, aber nicht bräunt. Den Knoblauch hinzugeben und weitere 2 Minuten braten. Die restlichen Saucenzutaten und 4 EL Wasser einrühren und zum Kochen bringen. Die Temperatur reduzieren und offen 15 Minuten köcheln lassen, bis die Sauce reduziert und angedickt ist. Die Sauce mit dem Pürierstab oder im Mixer glatt pürieren. Die Hälfte in eine Schüssel geben, um das Fleisch damit zu bestreichen, den Rest zum Servieren beiseitestellen.

4 Den Grill anheizen. Die gegarten Rippchen vorsichtig aus der Folie nehmen (es können heißer Dampf und Fleischsaft austreten!). Die Rippchen mit der Fleischseite nach unten auf ein Schneidebrett legen und die Oberseite großzügig mit Barbecuesauce bestreichen. Dann mit der Knochenseite nach unten auf den Grill legen und die Fleischseite großzügig bestreichen.

5 Die Rippchen vorsichtig wenden, sobald die Unterseite kräftig braun und knusprig ist (je nach Hitze des Grills etwa nach 5 Minuten) und die Fleischseite weitere 5 Minuten grillen. In Einzelrippchen zerteilt auf einem Brett servieren und die Barbecuesauce dazu reichen.

TIPP Das Fleisch kann bis zu 2 Tage im Voraus vorbereitet werden, solange es durchgegart wird. Dann frisch auf den Grill legen und knusprig grillen.

GEBACKENER SCHINKEN MIT ANANASGLASUR

Ein Schinkenbraten ist prima, um auch ein paar Gäste mehr zu verköstigen. Die süß-saure Glasur bringt Farbe und Aroma ins Spiel.

★ **FÜR** 8–10 Personen
★ **VORBEREITUNG** 20 Min.
★ **ZUBEREITUNG** 2½ Std.

Zutaten
2 kg mild geräucherter Kochschinken am Stück, mit Schwarte

Für die Glasur
3 gehäufte EL Ananaskonfitüre
2 EL Ananassaft
1 EL klarer Honig
1 gehäufter EL brauner Zucker
2 EL körniger Senf
Salz und frisch gemahlener schwarzer Pfeffer

1 Den Backofen auf 160 °C vorheizen. Das Fleisch mit der Schwarte nach oben auf einem Rost in einen großen Bräter setzen und den Boden 2,5 cm hoch mit Wasser bedecken. Deckel auflegen oder den Bräter mit Alufolie dicht abdecken, damit kein Dampf entweicht. Den Braten 2 Stunden garen.

2 In der Zwischenzeit die Zutaten für die Glasur in einem Topf verrühren und zum Kochen bringen. Die Temperatur reduzieren und 5–7 Minuten köcheln lassen, bis die Glasur andickt.

3 Den Braten aus dem Ofen nehmen und die Temperatur auf 200 °C erhöhen. Die Schwarte bis auf eine dünne Fettschicht abschneiden. Die Fettschicht kreuzweise einritzen und dann mit der Glasur bestreichen (siehe Anleitung unten).

4 Den Bratensaft aus dem Bräter abgießen und den Braten nochmals 30 Minuten in den Ofen geben. Dabei alle 10 Minuten mit Glasur bestreichen, bis er goldbraun und knusprig ist. Dazu Buntes Kartoffelgratin (s. S. 158) und Überbackene Bohnen (s. S. 149) servieren.

BRATEN EINRITZEN UND GLASIEREN

1 Mit einem scharfen Messer die Fettschicht diagonal kreuzweise einritzen. So kann die Glasur eindringen und das Fleisch aromatisieren.

2 Mit einem Spatel oder Palettmesser die Glasur gleichmäßig auf der Fettschicht verteilen und in die Schnitte einarbeiten.

SCHWEINEKOTELETT MIT APFEL-BACON-KOMPOTT

Mit diesem halb süßen, halb herzhaften Kompott wird ein alltägliches Abendessen zum Festtagsschmaus.

- ★ **FÜR** 4 Personen
- ★ **VORBEREITUNG** 10 Min.
- ★ **ZUBEREITUNG** 25 Min.

Zutaten

4 Schweinekoteletts ohne Knochen (à ca. 175 g, 2,5 cm dick)
2 EL Olivenöl
2 EL Butter
Salz und frisch gemahlener schwarzer Pfeffer

Für das Kompott

1 kleine rote Zwiebel, fein gehackt
2 dicke Scheiben geräucherter durchwachsener Speck, klein gewürfelt
1 Apfel, geschält, Stiel und Kerngehäuse entfernt, fein gehackt
1 EL fein gehackter frischer Salbei
125 ml heiße Hühnerbrühe
60 g Sahne
1 TL Ahornsirup

1 Die Koteletts zunächst im Schmetterlingsschnitt aufschneiden. Dazu jedes Kotelett auf ein Schneidebrett legen und mit einem scharfen Messer an einer Seite entlang horizontal rund 2,5 cm tief einschneiden; beide Schnitthälften sollten gleich dick sein. Ist das Kotelett der Länge nach eingeschnitten, den Schnitt vertiefen und die obere Hälfte beim Schneiden zur Seite ziehen. Den Schnitt etwa 2,5 cm vor der Innenkante enden lassen. Das Fleisch nun wie ein Buch aufklappen und flach auf das Schneidebrett legen. Alles Fett entfernen. Mit den restlichen Koteletts wiederholen.

2 In einer großen Bratpfanne je 1 EL Öl und Butter erhitzen. Die Koteletts kräftig salzen und pfeffern und von jeder Seite 3–4 Minuten braten, bis sie goldbraun und durchgebraten sind. Ist die Pfanne nicht groß genug für 4 Koteletts, die fertigen Stücke bei geringer Hitze lose mit Folie abgedeckt im Ofen warm stellen, bis alle Koteletts gar sind. Nach Bedarf erneut Öl und Butter in die Pfanne geben.

3 Während das Fleisch ruht, das restliche Öl und die restliche Butter in der Pfanne erhitzen und die Zwiebel bei mittlerer Hitze 5 Minuten glasig braten, aber nicht bräunen. Die Speckwürfel hinzugeben und 2 Minuten knusprig braten. Dann Apfel und Salbei hinzugeben und weitere 2 Minuten braten, bis der Apfel weich wird.

4 Die Temperatur erhöhen und die Brühe hinzugießen. Die Mischung kurz aufkochen, dann Sahne und Ahornsirup einrühren. Herunterschalten und das Kompott 5 Minuten leise köcheln lassen, bis es zu einer cremigen Sauce eingekocht ist. Mit Salz und Pfeffer abschmecken und mit den Koteletts servieren. Dazu passen Kartoffelbrei (s. S. 156) und Blattkohl (s. S. 148).

TIPP Kurz vor dem Servieren den Bratensaft, der sich beim Warmstellen und Ruhen der Koteletts gebildet hat, in das Kompott einrühren. So wird es noch schmackhafter. Wird das Kompott dadurch zu dünnflüssig, nochmals 1–2 Minuten reduzieren lassen.

MAC 'N' CHEESE

Eines der ultimativen Lieblingsgerichte der meisten Amerikaner: Mac 'n' Cheese – Makkaroni in cremiger Käsesauce.

★ **FÜR** 4 Personen
★ **VORBEREITUNG** 10 Min.
★ **ZUBEREITUNG** 15 Min.

Zutaten
300 g kurze Makkaroni oder Hörnchennudeln
Salz und frisch gemahlener schwarzer Pfeffer
50 g Butter
50 g Mehl
450 ml Vollmilch
150 g kräftiger Cheddar oder mittelalter Gouda, gerieben
50 g Parmesan, fein gerieben
gedämpfter Brokkoli zum Servieren

1 Die Makkaroni in kochendem Salzwasser nach Packungsangabe bissfest garen. Abgießen und in eine flache Auflaufform geben.

2 Inzwischen die Butter in einem Topf zerlassen. Das Mehl bei schwacher Hitze einrühren und 2 Minuten unter ständigem Rühren anschwitzen, bis die Mehlschwitze Blasen wirft.

3 Den Topf vom Herd nehmen und mit dem Schneebesen nach und nach die Milch einrühren. Wenn alle Milch aufgebraucht und die Sauce sämig ist, den Topf wieder auf den Herd stellen und weiterrühren, bis die Sauce andickt. Die Temperatur herunterschalten, damit die Sauce nicht anbrennt. 100 g Cheddar hineingeben und rühren, bis der Käse zerlaufen ist.

4 Den Backofengrill vorheizen. Die Sauce über die Makkaroni in die Form gießen, mit Pfeffer würzen und gut durchheben. Mit dem restlichen Cheddar und dem Parmesan bestreuen. 5 Minuten im Ofen überbacken, bis der Auflauf heiß ist und das Fett brodelt. Mit dem Brokkoli servieren.

Getrocknete Pasta in den verschiedensten Formen ist ein unverzichtbarer Vorrat.

ODER SO ...

TOMATE & RICOTTA

220 g **Weichkäse** bei schwacher Hitze mit 250 g **Ricotta** und 2 gehäuften EL **Mehl** erhitzen. Unter Rühren aufkochen, bis der Käse geschmolzen ist. 60 g geriebenen **Parmesan** einrühren und pfeffern. Über die gekochten Nudeln gießen, etwas gehacktes **Basilikum** und 12 halbierte **Kirschtomaten** darübergeben und wie angegeben backen.

THUNFISCH & ERBSEN

1 Dose **Tunfisch**, abgegossen und zerpflückt, und 150 g **feine Erbsen** (TK) am Ende von Schritt 3 zur Sauce geben.

MAC-'N'-CHEESE-BÄLLCHEN

Je 1 EL Auflauf mit feuchten Handflächen zu einer Kugel formen. In Mehl wenden, dann in **verquirltem Ei** und **mit einer** Mischung aus Parmesan und **Semmelbröseln** panieren. Portionsweise in heißem Fett (ca. 180 °C) goldbraun frittieren.

HAUPTGERICHTE & BEILAGEN

ROTE BOHNEN MIT QUINOA

Rote Bohnen mit Reis sind ein klassisches kreolisches Gericht, das in Verbindung mit Quinoa zeitgemäß leicht und gesund daherkommt.

★ **FÜR** 4-6 Personen
★ **VORBEREITUNG** 15 Min.
★ **ZUBEREITUNG** 1 Std.

Zutaten
1 EL Olivenöl
3 Knoblauchzehen, zerdrückt
1 Zwiebel, gehackt
je 1 grüne und rote Paprikaschote, entkernt und klein gewürfelt
2 Dosen (à 400 g) rote Kidneybohnen, abgetropft
1 Dose (400 g) stückige Tomaten
450 g pikante Geflügelbratwürste
Salz und frisch gemahlener schwarzer Pfeffer
1 TL Chiliflocken
1 TL fein gehackter Thymian
1 TL fein gehackter Salbei
400 g braune oder rote Quinoa

1 Das Öl in einem großen Topf auf mittlerer Stufe erhitzen. Den Knoblauch anbraten, dann die Zwiebel hinzugeben und bräunen. Paprika, Bohnen und Tomaten zugeben und auf niedrige Stufe schalten.

2 Die Würste 10 Minuten in der Pfanne braten. In 1 cm dicke Scheiben schneiden und mit Salz und Pfeffer, Chiliflocken, Thymian und Salbei unter die Bohnenmischung rühren. Ohne Deckel 45 Minuten köcheln lassen.

3 In der Zwischenzeit die Quinoa mit 1 l Wasser in einem großen Topf aufkochen. Die Temperatur reduzieren und 30 Minuten zugedeckt köcheln lassen, bis das Wasser vollständig aufgenommen ist. Die Quinoa mit einer Gabel auflockern. Mit der Bohnen-Wurst-Mischung anrichten und servieren.

TIPP Für eine vegetarische Variante einfach die Geflügelwürste weglassen.

Quinoa ist ein wiederentdecktes uraltes Nahrungsmittel, das viel pflanzliches Eiweiß enthält.

GEMÜSE-FAJITAS MIT KORIANDERDIP

Am besten, Sie bereiten das Gemüse im Voraus vor, da die Fajitas schnell gekocht und heiß serviert werden sollten.

- ★ **FÜR** 4 Personen
- ★ **VORBEREITUNG** 15 Min.
- ★ **ZUBEREITUNG** 15 Min.

Zutaten

4 große braune Champignons, in Scheiben geschnitten
2 Maiskolben
2 EL Olivenöl zum Braten
2 Knoblauchzehen, zerdrückt
1 Jalapeño oder andere milde grüne Chilischote, entkernt und fein gehackt
3 mittelgroße Zwiebeln, grob gehackt
1 große grüne Paprikaschote, entkernt und in Stücke geschnitten
8 kleine Tortillas

Marinade

1 EL Olivenöl
Saft von 3 Limetten
1 TL Paste aus geräucherten Chilischoten (Chipotle)
Salz und frisch gemahlener schwarzer Pfeffer

Korianderdip

200 g griechischer Joghurt
Saft von 1 Limette
1 Bund Koriandergrün, gehackt

1 Für die Marinade Öl, Limettensaft und Chipotle-Paste in einer Schüssel verrühren und mit Salz und Pfeffer abschmecken. Die Champignons zugeben, vermengen, und zugedeckt 10 Minuten marinieren. Für den Dip Joghurt, Limettensaft und Koriandergrün in einer kleinen Schüssel verrühren.

2 Den Maiskolben aufrecht halten und die Körner mit einem scharfen Messer abschaben (Anleitung s. S. 152). Das Öl in einer hohen Pfanne erhitzen und Knoblauch, Jalapeño, Zwiebel, Paprika und Maiskörner hineingeben. Unter gelegentlichem Rühren 3–5 Minuten garen. Das Gemüse aus der Pfanne heben.

3 Die Champignons mit der Marinade in die Pfanne geben und bei mittlerer bis starker Hitze 1–2 Minuten von jeder Seite bräunen.

4 Die Tortillas mit dem Fajita-Gemüse, den Champignons und dem Korianderdip belegen und heiß servieren.

CHEDDAR-HUSHPUPPIES

Diese mundgerechten Leckerbissen aus frittiertem Maisbrotteig bekommen durch die Jalapeños und den Käse Pep.

- **ERGIBT** 20 Stück
- **VORBEREITUNG** 15 Min. plus Ruhezeit
- **ZUBEREITUNG** 15 Min.

Zutaten

150 g feine Polenta oder Maismehl
75 g Mehl
2 TL Backpulver
1 TL Zucker
½ TL Cayennepfeffer
½ TL Salz
frisch gemahlener schwarzer Pfeffer
60 g kräftiger Cheddar oder mittelalter Gouda, fein gerieben
1 große Jalapeño oder andere milde grüne Chilischote, entkernt und fein gehackt
4 große Frühlingszwiebeln, geputzt und fein gehackt
250 g Buttermilch (gekauft oder selbst gemacht, s. S. 12)
1 Ei
1 l Erdnuss- oder Sonnenblumenöl zum Frittieren

1 Polenta, Mehl, Backpulver, Zucker, Cayennepfeffer und Salz mischen und in eine große Schüssel sieben. Kräftig pfeffern. Käse, Jalapeño und Frühlingszwiebel hinzugeben und gründlich vermengen.

2 Buttermilch und Ei in einem Becher verquirlen. Eine Mulde in die Mitte der Trockenzutaten drücken, die Buttermilch hineingießen und alles zu einem dickflüssigen Teig verrühren. 10 Minuten ruhen lassen.

3 Das Öl in einem großen Topf oder der Fritteuse auf 190 °C erhitzen (Anleitung s. S. 144). Mit einem leicht eingeölten Löffel oder Eislöffel kleine Teigkugeln abstechen und schnell ins siedende Öl geben.

4 Die Kugeln 2–3 Minuten unter gelegentlichem Wenden frittieren, bis sie aufgegangen und rundum goldbraun sind. Die fertigen Hushpuppies mit einem Schaumlöffel aus dem Öl heben und auf Küchenpapier abtropfen lassen. Sofort servieren.

TIPP Die Fritteuse nicht überfüllen, sondern in mehreren Portionen arbeiten, da die Hushpuppies sonst nicht richtig bräunen. Einen Topf nie zu mehr als der Hälfte mit Öl füllen, da der Ölspiegel beim Frittieren steigt. Wenn das Öl Blasen wirft, wird es sonst gefährlich.

FRITTIERTE ZWIEBELRINGE MIT CHILI-AIOLI

Diese leckere Beilage passt hervorragend zu trocken mariniertem Steak (s. S. 128), macht sich aber auch als Vorspeise gut.

★ **ERGIBT** 20 Stück
★ **VORBEREITUNG** 15 Min.
★ **ZUBEREITUNG** 15 Min.

Zutaten
1 l Erdnuss- oder Sonnenblumenöl zum Frittieren
130 g Mehl
1 TL geräuchertes Paprikapulver oder gemahlene Ancho-Chilischote
½ TL Cayennepfeffer
½ TL Salz
1 große Zwiebel
250 ml Milch
2 Eier
150 g frische Semmelbrösel
1 EL scharfe Chilisauce

Für die Aioli
220 g Mayonnaise
1 EL Paste aus geräucherten Chilischoten (Chipotle)
4 Knoblauchzehen, fein gehackt
Saft von 1 Zitrone

1 Das Öl in einem großen Topf oder der Fritteuse auf 190 °C erhitzen (siehe Anleitung unten). Das Mehl in einer mittelgroßen Schüssel mit Paprikapulver, Cayennepfeffer und Salz mischen.

2 Die Zwiebel schälen, in 1 cm dicke Scheiben schneiden und die Ringe trennen. Die Ringe in der Mehlmischung wenden, herausnehmen und beiseitestellen.

3 Milch, Eier, Semmelbrösel und Chilisauce mit der Mehlmischung vermengen. Die Zwiebelringe in den Teig tauchen, sodass sie komplett überzogen sind, und 3–4 Minuten goldbraun frittieren. Mit einem Schaumlöffel aus dem Öl heben und auf einem Rost abkühlen lassen.

4 Während die Ringe frittieren, die Zutaten für die Aioli in einer kleinen Schüssel verrühren. Die Zwiebelringe heiß mit Aioli servieren.

RICHTIG FRITTIEREN

1 Das Öl in einem zur Hälfte gefüllten Topf oder der Fritteuse auf 190 °C erhitzen. Einen Brotwürfel hineingeben, um zu testen, wann es so weit ist.

2 Den Brotwürfel 1 Minute im Öl frittieren. Wenn es heiß genug ist, sollte er dann goldbraun sein. Mit einem Schaumlöffel herausheben.

HAUPTGERICHTE & **BEILAGEN** 145

SUCCOTASH MIT EDAMAME

Für dieses Succotash, ein Mais-Bohnen-Gemüse indianischer Herkunft, werden statt Limabohnen die gerade angesagten Edamame – grüne Sojabohnen – verwendet.

- **FÜR** 4 Personen
- **VORBEREITUNG** 10 Min.
- **ZUBEREITUNG** 10–12 Min.

Zutaten
2 Maiskolben
200 g geschälte TK-Edamame (Sojabohnen)
2 EL Olivenöl
1 kleine rote Zwiebel, fein gehackt
2 Knoblauchzehen, fein gehackt
60 g Pancetta (Bauchspeck), fein gewürfelt
2 EL Balsamico-Essig
1 TL Sojasauce
½ TL Zucker
Salz und frisch gemahlener schwarzer Pfeffer
150 g Kirschtomaten, halbiert
2 Frühlingszwiebeln, geputzt und fein gehackt
2 gehäufte EL fein gehackte Minzeblätter, plus Minze zum Servieren

1 Den Maiskolben aufrecht halten und die Körner mit einem scharfen Messer abschaben (Anleitung s. S. 152). Mais und Edamame in einem großen Topf mit kochendem Wasser 2–3 Minuten kochen, bis sie gerade gar sind, aber noch Biss haben. Abgießen und in eine Schüssel mit eiskaltem Wasser geben, um den Garvorgang zu stoppen und die Farbe zu erhalten. Gut abtropfen und beiseitestellen.

2 Das Öl in einem großen Topf oder einer Pfanne bei mittlerer Temperatur erhitzen. Die Zwiebel 5 Minuten anschwitzen, aber nicht bräunen. Knoblauch und Pancetta hinzugeben und weitere 3–4 Minuten braten, bis der Pancetta knusprig ist.

3 Vom Herd nehmen. Essig, Sojasauce und Zucker einrühren und mit Salz und Pfeffer abschmecken. Die Mais-Bohnen-Mischung, Tomaten, Frühlingszwiebel und Minze hinzugeben und gut durchmischen. Den Salat in eine Schüssel geben und mit gehackter Minze bestreuen. Warm oder auf Zimmertemperatur servieren.

TIPP Wenn Sie keine Edamame bekommen können, nehmen Sie kleine Dicke Bohnen, die Sie blanchieren und häuten, damit sie schön grün sind.

Kirschtomaten sind süß, frisch und säurereich und verleihen jedem Gericht Farbe und Aroma.

BEILAGENKLASSIKER

BOSTON BAKED BEANS

Diese Bohnen werden nach einem traditionellen Rezept aus der Zeit der ersten Siedler zubereitet.

- ★ **FÜR** 4–6 Personen
- ★ **VORBEREITUNG** 15 Min.
- ★ **ZUBEREITUNG** 2½ Std.

Zutaten
300 g dicke Scheiben Räucherspeck oder Pancetta, gewürfelt
3 Dosen (à 400 g) Cannellinibohnen
300 g Zwiebeln, gewürfelt
3 Knoblauchzehen, gehackt
300 ml Zuckerrübensirup
1 TL Knoblauchpulver
60 ml Apfelessig
2 TL Senfpulver
1 TL Paprikapulver
2 TL Salz und 1 Prise frisch gemahlener schwarzer Pfeffer
20 g Petersilie, gehackt, zum Garnieren

1 Den Backofen auf 160 °C vorheizen. Den Speck in einem Bräter oder einer feuerfesten Auflaufform bei starker Hitze 5 Minuten rundum bräunen. Den Speck herausnehmen und beiseitestellen.

2 1 Dose Bohnen samt Flüssigkeit und ein Drittel der Zwiebel in den Topf geben, dann ein Drittel des Knoblauchs und ein Drittel des Specks hinzufügen. In dieser Weise zwei weitere Lagen in die Form schichten.

3 Den Sirup in einer mittelgroßen Schüssel mit Knoblauchpulver, Essig, Senfpulver, Paprikapulver, Salz und Pfeffer verrühren. Über die Bohnenmischung geben, dann unabgedeckt 2½ Stunden im Ofen backen. Pfeffern und salzen, mit Petersilie bestreuen und heiß servieren.

Zuckerrübensirup (Rübenkraut) hat einen schönen Karamellgeschmack.

ODER SO ...

TEX-MEX
Die Cannellinibohnen durch die gleiche Menge **schwarze Bohnen** und den Sirup durch 1 Dose (400 g) stückige **Tomaten** (mit Saft) und 1 EL **Chipotle-Paste** ersetzen.

VEGAN
Den Speck durch 125 g **Mandelstifte** und 1 Dose der Cannellinibohnen durch 1 Dose **Kichererbsen** ersetzen.

HONIG & KETCHUP
Den Zuckerrübensirup durch die gleiche Menge **flüssigen Honig** ersetzen und 60 g **braunen Rohrzucker** und 100 g **Tomatenketchup** hinzufügen.

COLLARD GREENS (BLATTKOHL)

Die traditionelle italienische Agrodolce-Sauce erhält hier durch den Ahornsirup einen amerikanischen Einschlag.

- ★ **FÜR** 4 Personen
- ★ **VORBEREITUNG** 15 Min.
- ★ **ZUBEREITUNG** 15–20 Min.

Zutaten
3 EL Olivenöl
1 große Zwiebel, fein gewürfelt
125 g Pancetta, fein gehackt
2 Knoblauchzehen, zerdrückt
300 g Markstammkohl, Frühkohl, Mangold oder Wirsing, dicke Blattrippen und Strunk entfernt, klein geschnitten (Gewicht nach dem Schneiden)
200 ml heiße Hühnerbrühe
Salz und frisch gemahlener schwarzer Pfeffer
2 EL Balsamico-Essig
1 EL Ahornsirup

1 Das Öl bei mittlerer Hitze in einem großen Topf erhitzen. Die Zwiebel 5 Minuten glasig anschwitzen, aber nicht bräunen. Den Pancetta hinzugeben und 2 Minuten braten, bis er gerade knusprig wird. Den Knoblauch hinzugeben und 1 weitere Minute braten.

2 Den klein geschnittenen Kohl in den Topf geben, falls nötig in zwei Portionen, und zusammenfallen lassen. Mit Zwiebel und Speck durchheben. Die Brühe zugießen und mit Salz und Pfeffer abschmecken. Aufkochen, dann herunterschalten und zugedeckt 5 Minuten köcheln lassen.

3 Den Deckel abnehmen und die Temperatur wieder erhöhen. Den Kohl weitere 5 Minuten garen, bis die Flüssigkeit verkocht ist. Dabei regelmäßig umrühren.

4 Essig und Ahornsirup zugeben und 1 Minute weiterköcheln lassen, bis alle verbliebene Flüssigkeit sirupartig eingekocht ist. Abschmecken und servieren.

Blattkohl ist vor allem im amerikanischen Süden beliebt. Für dieses Rezept kann im Prinzip jede grüne Kohlsorte verwendet werden.

ÜBERBACKENE BOHNEN

Diese moderne Variante einer klassischen Thanksgiving-Beilage lockt mit einer leckeren Knoblauchsauce.

- ★ **FÜR** 6-8 Personen
- ★ **VORBEREITUNG** 15 Min.
- ★ **ZUBEREITUNG** 40 Min.

Zutaten
500 g Sahne
2 EL Mehl
110 g Butter, in Flöckchen
3 Knoblauchzehen, zerdrückt
Salz und frisch gemahlener schwarzer Pfeffer
230 g Champignons, geviertelt
450 g grüne Bohnen, geputzt
1 EL Olivenöl
100 g Schalotten, in dünne Ringe geschnitten

1 Den Backofen auf 180 °C vorheizen. Die Sahne in einem Topf bei mittlerer Hitze mit Mehl, Butter, Knoblauch, Salz und Pfeffer verrühren. 5 Minuten köcheln lassen, bis die Sauce andickt. Die Pilze einrühren und weitere 15 Minuten köcheln lassen.

2 In der Zwischenzeit einen großen Topf mit Salzwasser zum Kochen bringen und die Bohnen 45–60 Sekunden blanchieren, bis sie hellgrün werden. Abgießen und unter kaltem Wasser abschrecken.

3 Das Öl in einer Pfanne erhitzen und die Schalotte bei mittlerer bis starker Hitze bräunen. Die Bohnen gleichmäßig in eine Auflaufform schichten und die Champignonsauce darübergießen. Mit den Schalotten bestreuen und 30–35 Minuten unabgedeckt im Ofen backen, bis die Bohnen gar, aber noch bissfest sind. Heiß zum Gespickten Truthahnbraten (s. S. 94) servieren.

★ BEILAGENKLASSIKER

COLESLAW

Dieser leckere Krautsalat ist leicht und hat eine sanfte Schärfe durch Senf und Chili.

★ **FÜR** 6 Personen
★ **ZUBEREITUNG** 20 Min.

Zutaten
110 g Mayonnaise
60 ml Apfelessig
1 EL Dijon-Senf
1 TL Senfpulver
1 TL Knoblauchpulver
1 TL Chiliflocken
Salz und frisch gemahlener schwarzer Pfeffer
½ Weißkohl
1 rote Zwiebel, in dünne Streifen geschnitten
4 kleine Möhren, gerieben
3 Stangen Staudensellerie, klein gewürfelt

1 Mayonnaise, Essig, Senf und Senfpulver, Knoblauchpulver und Chiliflocken in einer mittelgroßen Schüssel vermengen. Kräftig salzen und pfeffern.

2 Den halben Kohlkopf mit der Schnittseite nach unten auf ein Brett legen und längs halbieren, dabei durch den Strunk schneiden. Dann beide Viertel vom Strunk befreien und den Kohl quer in feine Streifen schneiden. In eine große Schüssel geben.

3 Zwiebel, Möhre und Sellerie hinzufügen und mit dem Mayonnaisedressing gut durchheben. Gekühlt servieren.

DAZU PASST

REUBEN-
SANDWICH
SIEHE SEITE 80

SOUTHERN FRIED
CHICKEN
SIEHE SEITE 96

ODER SO ...

ASIATISCH

1 klein geschnittenen **Weißkohl**, 2 geriebene **Möhren**, 1 in Streifen geschnittene **rote Paprikaschote**, 1 Handvoll **Koriander**, 4 EL **Reisessig**, 2 EL **Sesamöl**, 2 EL **Tahini** und je 1 EL zerdrückten **Ingwer** und **Knoblauch** vermengen, salzen und pfeffern.

BROKKOLI & SPECK

1 gehackten rohen **Brokkoli** mit 230 g geräuchertem und zerkleinertem **Frühstücksspeck**, 100 g **Mayonnaise**, 1 EL **Dijon-Senf** und 60 ml **Apfelessig** durchheben. Mit Salz und Pfeffer abschmecken.

APFEL & KAROTTE

3 **rote Äpfel** und 3 **Möhren** reiben und mit 60 ml **Apfelessig**, 100 g **Mayonnaise** und 160 g getrockneten **Kirschen** durchheben. Kräftig abschmecken.

CREAMED CORN MIT BASILIKUM UND PARMESAN

Die frischen Maiskörner werden hier wie ein Risotto gekocht – Parmesan und Basilikum sorgen für die italienische Note.

★ **FÜR** 4-6 Personen
★ **VORBEREITUNG** 10 Min.
★ **ZUBEREITUNG** 30 Min.

Zutaten
4 Maiskolben (ca. 500 g Maiskörner)
50 g Butter
2 TL Olivenöl
1 Zwiebel, fein gehackt
250 ml Hühner- oder Gemüsebrühe
100 g Sahne
1 TL Mehl
50 g Parmesan, fein gerieben
2 EL fein gehacktes Basilikum
Salz und frisch gemahlener schwarzer Pfeffer

1 Die Körner mit ihrer »Milch« von den Maiskolben schaben (siehe Anleitung unten). Der Mais sollte jung und knackig frisch sein, da die Körner dann eine weichere Schale haben und leichter zerfallen.

2 Die Butter in einem mittelgroßen Topf im Öl zerlassen. Die Zwiebel hineingeben und 5 Minuten bei schwacher Hitze glasig schwitzen, aber nicht bräunen. Die Maiskörner und die Brühe hinzugeben; die Maiskörner sollten knapp von Brühe bedeckt sein. Aufkochen, dann die Temperatur reduzieren und zugedeckt 15 Minuten köcheln lassen. Ist eine glattere Konsistenz gewünscht, einen Teil der Maiskörner mit dem Stabmixer im Topf pürieren.

3 Den Deckel abnehmen, die Sahne hinzufügen, mit Mehl bestäuben und unter Rühren 7–10 Minuten bei stärkerer Hitze kochen, bis Sahne und Brühe zum Großteil eingekocht und die Maiskörner weich sind. Vom Herd nehmen, dann Parmesan und Basilikum einrühren. Mit Salz und Pfeffer würzen. Gibt man das Salz schon zu Beginn hinzu, wird die Schale der Maiskörner zäh und die Konsistenz nicht so cremig.

MAIS VOM KOLBEN SCHABEN

1 Maiskolben aufrecht stellen und die Körner mit einem scharfen Messer abtrennen. Den Kolben jeweils ein Stück drehen und wiederholen.

2 Um an die »Milch« zu kommen, den Kolben in eine Schüssel stellen und mit dem Messerrücken am Kolben entlangstreichen.

GEGRILLTE MAISKOLBEN MIT LIMETTEN-CHILI-BUTTER

Diese Butter verleiht gegrilltem Gemüse, Fleisch und Fisch Pfiff. Sie hält sich im Tiefkühlfach bis zu 6 Monate.

★ **FÜR** 4 Personen
★ **VORBEREITUNG** 10 Min.
★ **ZUBEREITUNG** 10 Min. plus Tiefkühlzeit

Zutaten
100 g weiche Butter
fein abgeriebene Schale von 1 Bio-Limette
½ TL Chilipulver oder Cayennepfeffer
½ TL Salz
frisch gemahlener schwarzer Pfeffer
4 Maiskolben
etwas Olivenöl

1 Den Holzkohlengrill anheizen. Die Butter in einer kleinen Schüssel mit Limettenschale, Chilipulver und Salz und Pfeffer vermengen.

2 Ein 15 cm großes Quadrat aus Pergament- oder Backpapier zuschneiden. Die Butter in die Nähe einer Kante geben und zu einer Rolle formen. Die Butterrolle in das Papier einwickeln und die Enden eng zusammendrehen. Vor der Verwendung mindestens 30 Minuten ins Tiefkühlfach legen oder bis zur Verwendung einfrieren.

3 Die Maiskolben 5 Minuten in einem großen Topf mit sprudelndem Wasser kochen, bis sie zart sind (das hängt von Größe und Alter der Kolben ab). Abtropfen, mit etwas Öl bepinseln und 6 Minuten über der heißen Kohle grillen, bis sie rundum leicht geschwärzt sind, dabei regelmäßig wenden.

4 Zum Servieren auf jeden Maiskolben eine 1 cm dicke Scheibe kalte Limettenbutter geben.

So schmeckt der MITTLERE WESTEN

Die Binnenstaaten des Mittleren Westens, auch als »Heartland« und Kornkammer Amerikas bekannt, sind geprägt durch weite Ebenen mit Weizen-, Mais- und Sojafeldern.

SPEISEN UND AROMEN

★ **Pierogi**, eine gefüllte Teigtasche, wurde durch die Einwanderer aus Polen in der Region beliebt.

★ **Chili** ist als texanischer Klassiker bekannt, aber auch der Mittlere Westen hat seine Version, die mit Zimt und Nelken gewürzt wird.

★ Die Skandinavier führten **Lefse** ein – runde Fladenbrote aus zerstampften Kartoffeln und Mehl.

★ Neben dem Anbau von **Weizen, Mais** und **Kartoffeln** sind die Great Plains üppiges Grasland und Zentrum der **Rinderzucht**.

★ Iowa ist eine wichtige Hochburg der **Schweinezucht** in den USA.

★ Aus Chicago kommt die »**Deep Dish«-Pizza**, die in der Backform gebacken wird und vor Sauce und Käse nur so strotzt.

Den deutschen Einwanderern, die sich hier im 18. Jahrhundert niederließen, folgten bald Siedler aus Großbritannien, Nord- und Osteuropa – allen voran Skandinavier und Polen. Die Speisen, die sie mitbrachten, waren herzhafte Hausmannskost, ideal für die langen, kalten Winter in dieser Region. Wenn man sich in der Familie oder der Gemeinde zum Essen versammelte, drehte sich alles um Schmorgerichte, Aufläufe und Eintöpfe. Sie enthielten jede Menge Fleisch, Kartoffeln und Gemüse, waren einfach zuzubereiten, schmackhaft und reichhaltig – und hervorragend dazu geeignet, viele Menschen satt zu bekommen. Die Siedler fanden bald heraus, dass es in den Flüssen des Mittleren Westens vor Forellen nur so wimmelte, und ersetzten damit die fehlenden Meeresfische. Die Wälder im Norden waren voller Elche und Wild, und im Sommer voll frischer »Huckleberries«, wilde, Heidelbeeren ähnelnde Früchte.

Die fruchtbaren Great Plains sind die Heimat riesiger Getreidefarmen.

Pot Roast – amerikanischer Schmorbraten – ist eine einfache Methode, das Maximum an Geschmack herauszuholen.

Bergleute aus Cornwall, die um 1850 nach Michigan kamen, um in den Minen der Upper Peninsula zu arbeiten, brachten die Pasty, eine mit Fleisch, Kartoffeln und Steckrüben gefüllte Handpastete, mit.

Ein Sloppy Joe ist ein köstliches Sandwich – aber auch eine Herausforderung, will man es essen, ohne zu kleckern!

Kartoffelsalat lässt sich auf vielerlei Arten zubereiten, beliebt ist aber der Klassiker mit Mayonnaise.

Chicago: Heimat der Deep-Dish-Pizza, des Hotdogs und des Italian Beef Sandwich.

Mac 'n' Cheese ist wahrscheinlich das ultimative Wohlfühlessen und jeder hat seine eigene Version dieses Klassikers.

KARTOFFELBREI MIT KNOBLAUCH UND SCHALOTTEN

Diese cremigen Stampfkartoffeln mit karamellisierten Schalotten und Knoblauch sind ein Traum von einer Beilage.

- ★ **FÜR** 4 Personen
- ★ **VORBEREITUNG** 15 Min.
- ★ **ZUBEREITUNG** 25 Min.

Zutaten

5 große mehligkochende Kartoffeln, z.B. Désirée, geviertelt
110 g Butter in Flöckchen, plus Butter zum Braten
2 Schalotten, in Ringe geschnitten
2 Knoblauchzehen, zerdrückt
100 g saure Sahne
Saft von 1 Zitrone
Salz und frisch gemahlener schwarzer Pfeffer

1 Die Kartoffeln mit Schale 20 Minuten in einem Topf mit sprudelndem Wasser gar kochen.

2 Inzwischen einen Stich Butter bei mittlerer Hitze in einer Pfanne zerlassen und Schalotten und Knoblauch anbraten, bis sie bräunen.

3 Die gekochten Kartoffeln gut abtropfen, in eine große Schüssel geben und mit ihrer Schale mit einem Kartoffelstampfer oder einer Gabel zerdrücken.

4 Saure Sahne, die restliche Butter, Zitronensaft, Schalotten und Knoblauch unterrühren. Mit Salz und Pfeffer abschmecken und heiß servieren.

KNOBLAUCH SCHÄLEN

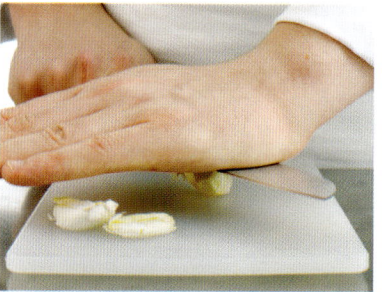 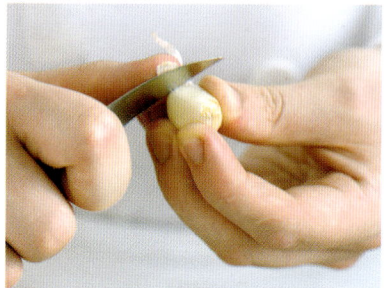

1 Eine Knoblauchzehe auf das Schneidebrett legen. Die Messerklinge flach darauflegen und mit dem Handballen daraufschlagen.

2 Die Schale abziehen und wegwerfen. Die Enden der Zehe abschneiden und die Zehe fein hacken oder zerdrücken.

SÜSSKARTOFFEL-BÄLLCHEN MIT PARMESAN

Diese mundgerechten Häppchen sind süß, salzig und leicht pikant zugleich – eine tolle Beilage zu fast jedem Essen.

★ **ERGIBT** 30 Stück
★ **VORBEREITUNG** 20 Min.
★ **ZUBEREITUNG** 40 Min. plus Abkühlzeit

Zutaten
4 große Süßkartoffeln
60 g Parmesan, gerieben
3 EL Mehl
1 TL Knoblauchpulver
1 TL Senfkörner
1 TL Cayennepfeffer
1 l Erdnuss- oder Sonnenblumenöl zum Frittieren

Für den Honig-Senf-Dip
60 g Dijon-Senf
60 g Mayonnaise
90 g Honig

1. Die Süßkartoffeln 10–15 Minuten kochen, sodass sie noch Biss haben. Sie sollten weich genug sein, um sie mit der Gabel einzustechen, aber fest genug zum Reiben.

2. Die Kartoffeln handwarm abkühlen lassen, dann schälen und reiben. Die geriebenen Kartoffeln mit Parmesan, Mehl, Knoblauchpulver, Senfkörnern und Cayennepfeffer vermengen.

3. Das Öl in einem großen Topf oder einer Fritteuse auf 190 °C erhitzen (Anleitung s. S. 144). Etwa 1 EL des Kartoffelteigs zwischen den Handflächen zu einer Kugel formen. In dieser Weise den gesamten Teig zu Kugeln rollen.

4. Die Kugeln in Portionen zu je sechs Stück 2–3 Minuten goldbraun frittieren. Mit einem Schaumlöffel herausheben und auf einem Küchenrost abtropfen lassen.

5. Die Zutaten für den Honig-Senf-Dip in einer kleinen Schüssel verrühren. Die Kartoffelbällchen heiß mit dem Dip servieren.

Süßkartoffeln sind eine gesunde, vitaminreiche Alternative zu Kartoffeln.

BUNTES KARTOFFELGRATIN

Kombinieren Sie so viele verschiedenfarbige Kartoffeln in diesem Gratin, wie Sie finden können.

- ★ **FÜR** 4 Personen
- ★ **VORBEREITUNG** 20 Min.
- ★ **ZUBEREITUNG** 45 Min.

Zutaten

insgesamt 900 g Süßkartoffeln, violette Kartoffeln (z. B. Blaue Elise) und gelbe festkochende Kartoffeln (z. B. Cilena)
500 g Sahne
4 Knoblauchzehen, zerdrückt
230 g Cheddar, gerieben
Salz und frisch gemahlener schwarzer Pfeffer
1 Prise Chiliflocken

1 Den Backofen auf 180 °C vorheizen. Die Kartoffeln mit der Schale abschrubben und in dünne Scheiben schneiden (siehe Anleitung unten). Sahne und Knoblauch in einen kleinen Topf geben und bei mittlerer Hitze aufkochen. Vom Herd nehmen und beiseitestellen.

2 Kartoffeln und Käse in eine mittelgroße Auflaufform schichten und jede Lage salzen und pfeffern. Mit einer großzügigen Lage Käse abschließen.

3 Die Sahnesauce am Rand entlang vorsichtig angießen. Salzen, pfeffern und mit einer Prise Chiliflocken bestreuen. 45 Minuten im Ofen backen, bis die Kartoffeln goldbraun sind und der Käse Blasen wirft.

TIPP Falls Sie keine violetten Kartoffeln bekommen, können Sie sie auch durch frische Rote Bete ersetzen.

KARTOFFELN SCHNEIDEN

Mit dem Messer: Die Kartoffel auf dem Schneidebrett festhalten und mit dem Messer in gleich dicke Scheiben schneiden.

Mit dem Hobel: Die Kartoffel auf den Halter stecken, um die Finger zu schützen, und wiederholt über die einstellbare Klinge schieben.

GESCHMORTE SCHWARZE BOHNEN

Machen Sie ruhig etwas mehr, als Sie brauchen – diese vielseitige Beilage schmeckt am nächsten Tag noch besser.

- ★ **FÜR** 4–6 Personen
- ★ **VORBEREITUNG** 20 Min. plus Einweichzeit
- ★ **ZUBEREITUNG** 1½ Std.

Zutaten

200 g getrocknete schwarze Bohnen
2 EL Olivenöl
1 rote Zwiebel, fein gehackt
1 Knoblauchzehe, fein gehackt
1 große Jalapeño oder andere milde grüne Chilischote, fein gehackt
60 g Pancetta, fein gewürfelt
700 ml heiße Hühnerbrühe
frisch gemahlener schwarzer Pfeffer
gehacktes Koriandergrün zum Garnieren (nach Belieben)
saure Sahne zum Servieren (nach Belieben)

1 Die getrockneten Bohnen in einer großen Schüssel mit Wasser bedecken und über Nacht einweichen. Die Bohnen quellen auf, brauchen also etwas Platz in der Schüssel. Abgießen und unter laufendem kaltem Wasser abspülen.

2 Das Öl in einem mittelgroßen Topf erhitzen. Die Zwiebel 5 Minuten bei mittlerer Hitze anschwitzen, bis sie glasig ist, aber noch nicht bräunt. Knoblauch und Chilischote hinzugeben und 1 weitere Minute braten. Den Pancetta hinzugeben und 3–4 Minuten knusprig und goldbraun braten.

3 Bohnen und Hühnerbrühe zugeben. Mit Pfeffer abschmecken (Vorsicht beim Salz, Brühe und Pancetta sind bereits salzig). Aufkochen, dann auf niedrige Stufe schalten und ohne Deckel 1 Stunde köcheln lassen, bis die Flüssigkeit reduziert ist.

4 Zugedeckt bei sehr schwacher Hitze weitere 30–45 Minuten köcheln lassen, bis die Bohnen gar sind und die verbliebene Flüssigkeit sämig ist. Nach Wunsch mit Koriandergrün bestreuen und mit einer Schüssel saure Sahne servieren.

Schwarze Bohnen sind in der mexikanischen Küche sehr beliebt und haben einen kräftigen, rauchigen Geschmack.

OKRASCHOTEN IN DER MAISKRUSTE

Eine Panade aus Maismehl macht Frittiertes schön knusprig. Für dieses Rezept nehmen Sie am besten junge Okraschoten.

- ★ **FÜR** 6–8 Personen
- ★ **VORBEREITUNG** 15 Min.
- ★ **ZUBEREITUNG** 15–20 Min.

Zutaten
130 g Mehl
2 TL geräuchertes Paprikapulver oder gemahlene Ancho-Chilischote
1 TL Cayennepfeffer
2 TL Salz
2 große Eier
150 g feine Polenta oder Maismehl
24 Okraschoten, in 1 cm dicke Scheiben geschnitten
1 l Erdnuss- oder Sonnenblumenöl zum Frittieren
Apfelessig zum Servieren

1 Das Mehl in einer Schüssel mit 1 TL Paprikapulver, ½ TL Cayennepfeffer und 1 TL Salz vermischen und beiseitestellen. Die Eier in einer zweiten Schüssel verquirlen. Die Polenta in einer weiteren Schüssel mit dem restlichen Paprikapulver, Cayennepfeffer und Salz vermischen.

2 Die Okraschoten in der Mehlmischung wenden, ins Ei tauchen und dann in der Polentamischung wenden.

3 Das Öl in einem großen Topf oder einer Fritteuse auf 190 °C erhitzen (Anleitung s. S. 144). Die Okraschoten in mehreren Portionen 3–5 Minuten im heißen Öl goldbraun frittieren.

4 Mit einem Schaumlöffel herausheben und auf einem Küchenrost abkühlen lassen. Mit Apfelessig als saurem Dip servieren.

SÜSSKARTOFFELAUFLAUF MIT SPECK

In dieser Beilage, die traditionell zum Thanksgiving-Truthahn auf den Tisch kommt, bilden milde Süßkartoffeln und deftiger Bacon einen schönen Kontrast.

★ **FÜR** 8 Personen
★ **VORBEREITUNG** 20 Min.
★ **ZUBEREITUNG** 1 Std.

Zutaten
1,8 kg Süßkartoffeln, geschält und zerkleinert
4 Eier
200 g Zucker
350 g Butter, zerlassen und abgekühlt
250 ml Milch
1 TL reiner Vanilleextrakt (Apotheke oder Reformhaus) oder 1 Tütchen Vanillezucker

Für den Belag
450 g dick geschnittener durchwachsener Speck
1 EL gemahlener Zimt
2 gestrichene EL Zucker
60 g Butter
150 g Demerarazucker
125 g Pekannüsse, gehackt

1 Den Backofen auf 180 °C vorheizen. Die Kartoffeln 10–15 Minuten in einem Topf mit sprudelndem Wasser gar kochen. Abgießen und gut abtropfen lassen. Dann mit dem Kartoffelstampfer glatt pürieren und beiseitestellen.

2 Den Speck ohne Fettzugabe 10–15 Minuten bei mittlerer Hitze auslassen, bis er gleichmäßig knusprig-braun ist, dabei gelegentlich wenden. Vom Herd nehmen und auf Küchenpapier abtropfen. Mit Zimt und Zucker bestreuen und beiseitestellen. Den Speck handwarm abkühlen lassen, dann zerbröseln.

3 Eier, Zucker und zerlassene Butter in eine große Schüssel geben und mit dem Handrührgerät oder Schneebesen rühren, bis die Mischung goldgelb und glänzend ist. Milch und Vanilleextrakt oder -zucker hinzufügen, dann die gestampften Kartoffeln zugeben und alles gut vermengen. Die Mischung in eine große Auflaufform (ca. 4 l Fassungsvermögen) füllen.

4 Die Butter für den Belag zerlassen und Demerarazucker, zerbröselten Speck und Pekannüsse einrühren. Mit der Mischung die Kartoffelmasse bedecken. Den Auflauf 45 Minuten im Backofen backen. Wenn der Belag zu bräunen beginnt, die Form mit Alufolie abdecken. Heiß servieren.

TIPP Für eine sehr beliebte Variante dieses Auflaufs 45 g Mini-Marshmallows unter den Belag mischen.

Pekannüsse stammen aus dem Süden und eignen sich sowohl für Herzhaftes als auch für Süßes.

FRITTIERTE GRÜNE TOMATEN

Eine knusprige Panade und die erfrischende Basilikum-Crème-fraîche verwandeln diese Tomaten in eine unwiderstehliche Beilage.

- ★ **FÜR** 4 Personen
- ★ **VORBEREITUNG** 15–20 Min. plus Einweich- und Ruhezeiten
- ★ **ZUBEREITUNG** 15 Min.

Zutaten

8 grüne (unreife) Tomaten
200 g Buttermilch (gekauft oder selbst gemacht, s. S. 12)
½ TL geräuchertes Paprikapulver
Salz und frisch gemahlener schwarzer Pfeffer
50 g feine Polenta oder Maismehl
25 g Panko oder frisch geriebene Semmelbrösel
25 g Parmesan, fein gerieben
3 EL gehacktes Basilikum
1 l Erdnuss- oder Sonnenblumenöl zum Frittieren
150 g Crème fraîche
fein abgeriebene Schale von ½ Bio-Zitrone

1 Ober- und Unterseite der Tomaten abschneiden und die Tomaten in ca. 1 cm dünne Scheiben schneiden. In einer Lage in eine flache Auflaufform legen. Die Buttermilch mit dem Paprikapulver verquirlen und mit Salz und Pfeffer abschmecken. Über die Tomaten gießen. Mit Frischhaltefolie abdecken und mindestens 2 Stunden kalt stellen.

2 Polenta, Semmelbrösel und Parmesan kurz im Mixer vermengen. 1 EL gehacktes Basilikum unterrühren, salzen und pfeffern.

3 Die marinierten Tomaten aus der Buttermilch nehmen und gut abtropfen. In der Maismischung wenden, sodass sie rundum gleichmäßig paniert sind, dann mindestens 30 Minuten auf einem Küchenrost ruhen lassen, damit sich die Panade setzen kann. Dadurch bleibt sie später nicht in der Pfanne kleben.

4 Das Öl etwa 1 cm hoch in eine große Pfanne füllen und erhitzen. Die Tomaten hineingeben, ohne die Pfanne zu überfüllen. 2–3 Minuten unter einmaligem Wenden braten, bis sie von beiden Seiten goldbraun sind. Mit einem Schaumlöffel herausheben und auf einem Küchenrost abtropfen lassen.

5 Crème fraîche, das restliche Basilikum und die Zitronenschale gut verrühren und mit Salz und Pfeffer abschmecken. Zu den frittierten Tomaten servieren.

Grüne Tomaten sind schlicht unreife rote Tomaten. Sie haben einen frischen, zarten Geschmack.

WÜRZIGE CRANBERRY-ORANGEN-SAUCE

Frische Cranberrys brauchen reichlich Zucker, weil sie so sauer sind. Diese Sauce passt perfekt zu Truthahnbraten (s. S. 94).

★ **FÜR** 8 Personen
★ **VORBEREITUNG** 5 Min.
★ **ZUBEREITUNG** 10 Min.

Zutaten
350 g Cranberrys
250 ml frisch gepresster Orangensaft
fein abgeriebene Schale von 1 großen Bio-Orange (siehe Anleitung unten)
1 Zimtstange
100 g Zucker
60 g Demerarazucker
1 EL Ahornsirup

1 Die Cranberrys in einem kleinen Topf mit dem Orangensaft bedecken. Orangenschale, Zimtstange und beide Zuckerarten hinzufügen.

2 Die Flüssigkeit aufkochen, dann die Temperatur reduzieren und unter gelegentlichem Rühren 10 Minuten bei schwacher Hitze köcheln lassen, bis die Cranberrys platzen und die Sauce leicht andickt und einkocht.

3 Die Sauce vom Herd nehmen, die Zimtstange entfernen und den Ahornsirup einrühren. Warm oder auf Zimmertemperatur servieren. Die Sauce schmeckt auch kalt auf einem Putensandwich, zusammen mit Mayonnaise und Brunnenkresse, oder auf dem Gegrillten Käsesandwich (s. S. 90).

ORANGENSCHALE REIBEN

Um die Schale abzureiben, die Orange fest fassen und eher diagonal als senkrecht über die feine Seite einer Reibe führen.

Für Zestenstreifen die Orange fest in einer Hand halten und die Schale mit einem Zestenreißer in Streifen abschneiden.

BOHNENPÜREE MIT PICO DE GALLO

Diese mexikanische Beilage aus pürierten Bohnen und Tomatensalsa ergibt mit Reis eine vollwertige fleischlose Mahlzeit.

- ★ **FÜR** 6 Personen
- ★ **VORBEREITUNG** 15 Min.
- ★ **ZUBEREITUNG** 2 Std.

Zutaten
450 g getrocknete schwarze Bohnen
1 Zwiebel, grob gehackt
3 Knoblauchzehen, grob gehackt
Salz und frisch gemahlener schwarzer Pfeffer
1 TL Olivenöl

Für den Pico de Gallo
2 Tomaten, gewürfelt
1 rote Zwiebel, fein gehackt
1 Handvoll gehacktes Koriandergrün
Saft von 2 Limetten

Zum Servieren
1 Avocado, halbiert und in dünne Scheiben geschnitten (s. S. 11)
30 g Cheddar, gerieben (nach Belieben)
saure Sahne (nach Belieben)

1 Bohnen, Zwiebel und Knoblauch in einen mittelgroßen Topf geben. Mit Wasser bedecken und bei starker Hitze aufkochen. Die Temperatur reduzieren und zugedeckt 2 Stunden köcheln lassen, bis die Bohnen weich, aber noch bissfest sind. Die Bohnen abgießen, dabei 250 ml des Suds auffangen.

2 Die Bohnenmischung zusammen mit dem aufgefangenen Sud im Mixer oder mit dem Pürierstab glatt pürieren.

3 Das Öl in einem Topf auf mittlerer Stufe erhitzen. Die pürierten Bohnen in den Topf geben und unter regelmäßigem Rühren 5–6 Minuten köcheln lassen, bis sie andicken.

4 Für den Pico de Gallo Tomaten und Zwiebel mit Koriandergrün und Limettensaft verrühren. Die Bohnen heiß mit dem Pico de Gallo, den Avocadoscheiben und nach Wunsch mit geriebenem Käse oder saurer Sahne servieren.

DAZU PASST

HÄHNCHEN-TACOS
SIEHE SEITE 86

SCHWEINEFLEISCH-ENCHILADAS
SIEHE SEITE 132

HAUPTGERICHTE & **BEILAGEN**

ROSMARIN-KASTANIEN-FÜLLUNG

Herb-frischer Rosmarin und süße Esskastanien geben dieser herzhaften Fleischfüllung Aroma und angenehmen Biss.

- ★ **FÜR** 6 Personen
- ★ **VORBEREITUNG** 15 Min.
- ★ **ZUBEREITUNG** 45–50 Min.

Zutaten
200 g pikantes Wurstbrät oder Schweinsbratwürste
Pflanzenöl zum Braten
2 Knoblauchzehen, zerdrückt
3 Schalotten, in Streifen geschnitten
450 g Esskastanien
1 Baguette oder Weißbrot vom Vortag
1 EL gehackter frischer Rosmarin
450 ml heiße Hühnerbrühe
Salz und frisch gemahlener schwarzer Pfeffer

1 Den Backofen auf 180 °C vorheizen. Den Saitling von den Würsten abziehen und das Brät zerkleinern. Etwas Öl in einer Pfanne erhitzen und das Brät bei mittlerer Hitze 5 Minuten anbräunen. Aus der Pfanne nehmen und beiseitestellen, dann Knoblauch und Schalotte 5 Minuten anbraten.

2 Rohe Kastanien auf der Oberseite kreuzförmig einschneiden und 10–15 Minuten weich kochen. Handwarm abkühlen lassen, dann schälen und halbieren. Fertig gegarte Esskastanien halbieren.

3 Das Brot in 1 cm dicke Scheiben schneiden und diese nochmals vierteln. Brät und Brot in eine große ofenfeste Form geben und mit Knoblauch, Schalotte, Kastanien und Rosmarin vermengen. Die Mischung mit der Brühe übergießen und mit Salz und Pfeffer abschmecken.

4 35–40 Minuten im Ofen backen, bis die Mischung knusprig braun ist. Heiß zum Gespickten Truthahnbraten (s. S. 94) servieren.

Esskastanien passen mit ihrem süßen Inneren perfekt zu Brät und Schweinefleisch.

FESTLICHE MAISBROTFÜLLUNG

Cranberrys und Clementinen sorgen in diesem farbenfrohen »Stuffing«, das zum Truthahn gereicht wird, für die (vor-)weihnachtliche Note.

- ★ **FÜR** 6-8 Personen
- ★ **VORBEREITUNG** 15 Min.
- ★ **ZUBEREITUNG** 35-40 Min.

Zutaten
500 g Maisbrot (s. S. 228), zerkrümelt
3 Knoblauchzehen, zerdrückt
1 Zwiebel, fein gehackt
3 Clementinen, geschält und filetiert (siehe Anleitung unten)
85 g getrocknete Cranberrys
115 g Butter, gewürfelt
1 l Gemüsebrühe

1 Den Backofen auf 180 °C vorheizen. Das Maisbrot mit Knoblauch und Zwiebel in eine große Rührschüssel geben und mit Clementinenfilets, Cranberrys und Butter vermengen.

2 Die Brühe zugießen und gründlich durchrühren. Die Füllung in eine leicht gefettete Backform (ca. 23 × 23 cm) geben.

3 35–40 Minuten im Ofen goldbraun backen. Aus dem Ofen nehmen und 5 Minuten abkühlen lassen, dann auf ein Kuchengitter setzen. Heiß servieren.

ZITRUSFRÜCHTE FILETIEREN

1 Ober- und Unterseite der Frucht mit einem scharfen Messer abtrennen, dann rundherum die Schale und die weiße Haut abschneiden.

2 Die Filets rundherum zwischen den dünnen Trennhäuten herausschneiden.

DESSERTS

BANANAS FOSTER MIT PEKANNÜSSEN UND ORANGE

Ein verführerisches Dessert mit cremiger Karamellsauce und getoastetem Brioche, das im Nu zubereitet ist.

- ★ **FÜR** 4 Personen
- ★ **VORBEREITUNG** 15 Min.
- ★ **ZUBEREITUNG** 10 Min.

Zutaten
50 g Pekannüsse, grob gehackt
60 g Butter
4 gehäufte EL Demerarazucker
Saft und abgeriebene Schale von 1 Bio-Orange
2 große, noch nicht ganz reife Bananen, in 1 cm dicke Scheiben geschnitten
4 dicke Scheiben Brioche oder Hefezopf
60 ml brauner Rum
4 große Kugeln Vanilleeis (s. S. 194)

1 Die Nüsse in einer großen Pfanne unter gelegentlichem Schwenken 3–4 Minuten trocken rösten, bis sie Farbe annehmen. Vom Herd nehmen und beiseitestellen. Die Pfanne auswischen.

2 Die Butter mit Zucker, Orangensaft und -schale (ein wenig Schale zum Garnieren zurückbehalten) bei mittlerer Temperatur erhitzen und rühren, bis sich der Zucker auflöst. Die Hitze etwas erhöhen und die Sauce 2–3 Minuten einkochen lassen, bis sie goldbraun und glänzend ist.

3 Die Bananenscheiben in die Pfanne geben und alles weitere 2–3 Minuten bei starker Hitze köcheln lassen, bis die Sauce dickflüssig ist. Die Briochescheiben toasten und 7 cm große Kreise ausstechen.

4 Wenn die Bananen gerade weich sind, die Nüsse und den Rum hinzugeben und 1 Minute durchwärmen. Dann den Alkohol anzünden. Vorsicht vor den auflodernden Flammen! Nach etwa 1 Minute sollten diese jedoch verlöschen.

5 Auf jede Briochescheibe eine Eiscremekugel setzen, je ein Viertel der karamellisierten Bananen mit Sauce darauf anrichten und mit Orangenzesten garnieren. Sofort servieren.

WAS STECKT DAHINTER?
Bananas Foster – ein mit Rum flambiertes Dessert mit Eis und Karamellsauce – wurde erstmals 1951 in Brennan's Restaurant in New Orleans serviert. Zu dieser Zeit war die Stadt der bedeutendste amerikanische Importhafen für Bananen und das Gericht entstand zu Ehren des Stammgastes und guten Freundes des Besitzers Richard Foster.

DESSERTS

SÜSSER BROTPUDDING MIT SCHOKOLADE

Mit einigen wenigen Grundzutaten lässt sich Weißbrot vom Vortag in eine einfache, aber köstliche Nachspeise verwandeln.

★ **FÜR** 8 Personen
★ **VORBEREITUNG** 15 Min.
★ **ZUBEREITUNG** 35 Min. plus Einweichzeit

Zutaten
1 Baguette oder Weißbrot vom Vortag
250 g Vollmilch- oder Zartbitter-Schokoladentropfen oder fein gehackte Schokolade
4 Eier
1 TL reiner Vanilleextrakt (Apotheke oder Reformhaus) oder 1 Pck. Vanillezucker
500 ml Vollmilch
110 g brauner Zucker
Vanilleeis oder Schlagsahne zum Servieren

1 Den Backofen auf 180 °C vorheizen. Die Enden des Baguettes abschneiden und das restliche Brot in 1 cm dicke Scheiben schneiden. Die Scheiben in einer Lage in eine Auflaufform geben und mit einigen Schokoladentropfen bestreuen. Weitere Lagen aus Brot und Schokolade hinzufügen und mit Schokotropfen abschließen.

2 In einer Schüssel Eier, Vanilleextrakt oder -zucker, Milch und Zucker verquirlen. Die Mischung über das Brot gießen und 10–15 Minuten einweichen lassen.

3 Die Form in den Ofen schieben und 35 Minuten backen, bis die Flüssigkeit vollständig aufgenommen wurde und das Brot knusprig ist. In Stücke teilen und mit Eiscreme oder Schlagsahne servieren.

Frisches Baguette schmeckt herrlich, aber lassen Sie es einen Tag lang liegen, bevor Sie es für dieses Rezept verwenden.

POUND CAKE BANANA PUDDING

Das bekannte Dessert aus den Südstaaten wird meist mit Keksen oder Waffeln zubereitet. Hier verwenden wir selbst gemachten Rührkuchen – Pound Cake.

★ **FÜR** 8–10 Personen
★ **VORBEREITUNG** 30 Min.
★ **ZUBEREITUNG** 10 Min. plus Kühlzeit

Zutaten
1 Pound Cake (s. S. 219)
6 reife Bananen, in 5 mm dicke Scheiben geschnitten

Für den Pudding
500 ml Vollmilch
4 EL Speisestärke
100 g Zucker
1 EL Butter
1 TL reiner Vanilleextrakt (Apotheke oder Reformhaus) oder 1 Pck. Vanillezucker

Für die Schlagsahne
500 g Sahne
2 EL Zucker
1 TL reiner Vanilleextrakt (Apotheke oder Reformhaus) oder 1 Pck. Vanillezucker

1 Den Backofen auf 190 °C vorheizen. Zunächst den Pudding kochen. Die Milch in einem Topf bei starker Hitze fast zum Kochen bringen, dann die Temperatur bis zum Köcheln reduzieren. Stärke und Zucker einrühren. Laufend mit dem Schneebesen weiterrühren, bis der Pudding dick wird. Vom Herd nehmen und Butter und Vanilleextrakt oder -zucker untermischen. Kalt stellen.

2 Den Kuchen in 1 cm dicke Scheiben schneiden und unter einmaligem Wenden 10 Minuten auf einem Backblech im Ofen toasten. Die Hälfte der Kuchenscheiben in einer Lage in eine große Form (23 × 33 cm) schichten und mit der Hälfte der Bananenscheiben belegen.

3 Den Pudding gleichmäßig auf der ersten Lage verteilen. Eine zweite Lage Kuchen hinzufügen und mit den restlichen Bananen bedecken.

4 In einer großen Schüssel die Sahne mit dem Handrührgerät mit Zucker und Vanilleextrakt oder -zucker steif schlagen. Die Schlagsahne auf den Bananen verstreichen. 45 Minuten bis 1 Stunde kalt stellen, dann servieren.

STRAWBERRY SHORTCAKES

Dieses klassische Sommerdessert schmeckt am besten mit reifen, saftigen Erdbeeren auf frischem Mürbeteig.

★ **ERGIBT** 12 Stück
★ **VORBEREITUNG** 20 Min.
★ **ZUBEREITUNG** 35 Min.

Zutaten
225 g Mehl
75 g feine Polenta oder Maismehl
1 EL Backpulver
1 Prise Salz
50 g Zucker
115 g Butter, gewürfelt, plus Butter zum Einfetten
125 ml Vollmilch
125 g Buttermilch (gekauft oder selbst gemacht, s. S. 12)
2 TL reiner Vanilleextrakt (Apotheke oder Reformhaus) oder 2 Pck. Vanillezucker

Für die Füllung
15–20 große Erdbeeren, geputzt und halbiert
1 EL flüssiger Honig
250 g Sahne
30 g Zucker

1 Den Backofen auf 180 °C vorheizen. Das Mehl in einer mittelgroßen Schüssel mit Polenta, Backpulver, Salz und Zucker mischen. Die Butter zugeben und mit den Händen gründlich einarbeiten, bis ein krümeliger Teig entsteht. Milch, Buttermilch und 1 TL Vanilleextrakt bzw. 1 Pck. Vanillezucker zugeben und alles gut vermengen.

2 Boden und Wände einer Muffinbackform mit zwölf Mulden einfetten. Den Teig in die Mulden füllen und 35 Minuten goldbraun backen. Aus dem Ofen nehmen und die Törtchen kurz auf einem Kuchengitter abkühlen lassen.

3 Für die Füllung die Erdbeeren mit dem Honig in eine Schüssel geben und gründlich durchheben. Mit dem Handrührgerät die Sahne mit dem Zucker und dem restlichen Vanillezucker oder -extrakt steif schlagen.

4 Die Törtchen halbieren und mit Schlagsahne und Erdbeeren füllen. Warm servieren.

ODER SO ...

BASILIKUM
Für eine erfrischend andere Variante die Erdbeeren mit Honig und einer Handvoll gehacktem frischem **Basilikum** mischen.

MANGO & LIMETTE
So wird es tropisch: Die Erdbeeren durch 1 gewürfelte **Mango** ersetzen, die mit dem Saft von 1 **Limette** gemischt wurde.

TORTE
Den Shortcake-Teig in einer gefetteten Backform (23 cm) backen. Auf eine Kuchenplatte stürzen und mit 300 g **gemischten Beeren** belegen. 1 EL **flüssigen Honig** und 200 g **geschlagene Sahne** hinzufügen.

DESSERTS

KEY LIME PIE

In den USA verwendet man für diesen Kuchen
Echte Limetten (Key Limes) aus den Florida Keys.

★ **FÜR** 6–8 Personen
★ **VORBEREITUNG** 20 Min.
★ **ZUBEREITUNG** 15–20 Min. plus Abkühlzeit

Zutaten

250 g Butter- oder Vollkornkekse mit Schokoladenüberzug
125 g Butter, zerlassen und abgekühlt
60 g Zucker
5 Bio-Limetten
3 große Eigelb
400 g gesüßte Kondensmilch
Schlagsahne zum Servieren

1 Den Backofen auf 180 °C vorheizen. Die Kekse in einen Gefrierbeutel geben und mit dem Nudelholz zerbröseln oder im Mixer zerkleinern. In einer großen Schüssel mit Butter und Zucker vermengen, bis die Mischung eine feuchte, sandige Konsistenz hat.

2 Die Keksmischung in eine Springform (23 cm) geben und Boden und Wand damit auskleiden. Fest andrücken – Teigboden und -rand müssen so dicht sein, dass die Füllung nicht durchsickern kann. Die Form auf einem Backblech in den Ofen schieben und 10 Minuten backen. Zum Abkühlen beiseitestellen.

3 Währenddessen die Schale von 3 Limetten in eine Schüssel reiben und von einer weiteren Limette feine Streifen aus der Schale reißen. Alle 5 Limetten auspressen und den Saft beiseitestellen.

4 Eigelbe und abgeriebenen Limettenschale in eine Schüssel geben und mit dem Handrührgerät cremig schlagen. Die Kondensmilch zugießen und weitere 5 Minuten schlagen. Den Limettensaft zugießen und weiterrühren. Die Mischung auf den Tortenboden in die Form geben und 15–20 Minuten backen, bis sie fest ist, aber in der Mitte noch nachgibt.

5 Den Kuchen aus dem Ofen nehmen und vollständig abkühlen lassen. Mit feinen Zestenstreifen dekorieren und nach Wunsch mit Schlagsahne servieren.

TIPP Ein häufiger Fehler ist, gefüllte Kuchen zu lange zu backen. Nehmen Sie den Limettenkuchen aus dem Ofen, solange die Füllung in der Mitte noch ein wenig wackelt. Beim Abkühlen nimmt sie dann eine geschmeidige, cremige Konsistenz an, statt gummiartig zu werden, wie es bei zu langem Backen geschieht.

Echte Limetten unterscheiden sich durch ihren besonderen Duft von ihren größeren Verwandten, den Gewöhnlichen Limetten, die bei uns auf dem Markt sind.

PEKANNUSS-PIE MIT AHORNSIRUP

Aus dem Süden, wo die Pekannüsse angebaut werden, stammt dieser feine, süße Kuchen mit dem knusprigen Belag.

★ **FÜR** 6-8 Personen
★ **VORBEREITUNG** 20 Min. plus Kühlzeit
★ **ZUBEREITUNG** 1 Std. 20 Min. plus Abkühlzeit

Zutaten
150 g Mehl, plus Mehl zum Bestäuben
100 g Butter, gewürfelt
50 g Zucker
1 Eigelb
½ TL reiner Vanilleextrakt (Apotheke oder Reformhaus) oder ½ Pck. Vanillezucker
Crème fraîche oder Schlagsahne zum Servieren (nach Belieben)

Für die Füllung
150 ml Ahornsirup
60 g Butter
175 g brauner Zucker
einige Tropfen Vanilleextrakt (s.o.)
1 Prise Salz
3 Eier
2 EL Bourbon-Whiskey
200 g Pekannüsse

1 Mehl und Butter mit den Händen oder den Knethaken des Handrührgeräts zu einem krümeligen Teig kneten. Den Zucker einarbeiten. Das Eigelb mit dem Vanilleextrakt oder -zucker verquirlen, dazugeben und alles zu einem geschmeidigen Teig verarbeiten. Bei Bedarf mit etwas Wasser für Bindung sorgen. Den Teig in Frischhaltefolie einschlagen und 1 Stunde kalt stellen. Den Backofen auf 180 °C vorheizen.

2 Den Teig auf einer gut bemehlten Fläche 3 mm dick ausrollen. Er ist etwas krümelig und kann mit den Händen wieder zusammengeschoben und geknetet werden, wenn er reißt. Eine Springform (23 cm) damit auskleiden, sodass der Teig mindestens 2 cm über den Rand ragt. Den Boden mit einer Gabel mehrfach einstechen.

3 Den Kuchenboden mit Backpapier belegen und mit getrockneten Bohnen beschweren. Die Form auf einem Backblech in den Ofen schieben und den Boden 20 Minuten blindbacken. Wenn der Boden noch ein wenig weich aussieht, Bohnen und Papier entfernen und weitere 5 Minuten backen.

4 Für die Füllung den Ahornsirup mit Butter, Zucker, Vanilleextrakt oder Vanillezucker und Salz in einen Topf geben. Bei schwacher Hitze unablässig rühren, bis die Butter zerlassen und der Zucker aufgelöst ist. Vom Herd nehmen und lauwarm abkühlen lassen, dann nacheinander die Eier und den Whiskey einrühren. Die Nüsse hinzufügen, dabei genügend Nüsse für die Garnitur zurückbehalten, dann die Füllung in die Form auf den vorgebackenen Boden gießen. Die zurückbehaltenen Nüsse auf der Füllung verteilen und leicht andrücken.

5 40–50 Minuten backen, bis die Füllung gerade fest ist. Wenn sie zu schnell bräunt, mit Alufolie abdecken. Den Kuchen aus dem Ofen nehmen und 15–20 Minuten auf einem Kuchengitter abkühlen lassen. Aus der Form lösen und entweder warm servieren oder auf dem Gitter vollständig abkühlen lassen. Nach Wunsch mit Crème fraîche oder Schlagsahne servieren.

BOSTON CREAM TRIFLE

Ein Nachtisch zum Schwelgen, der von der traditionellen Boston Cream Pie mit ihren üppigen Schichten aus feinem Kuchenteig und Vanillecreme inspiriert ist.

- ★ **FÜR** 10 Personen
- ★ **VORBEREITUNG** 45 Min. plus Abkühl- und Kühlzeiten
- ★ **ZUBEREITUNG** 45 Min. plus Abkühlzeit

Zutaten

225 g Mehl
2 TL Backpulver
1 Prise Salz
115 g weiche Butter, plus Butter zum Einfetten
175 g Zucker
2 Eier (zimmerwarm)
1 TL reiner Vanilleextrakt (Apotheke oder Reformhaus) oder 1 Pck. Vanillezucker
120 ml Milch
600 g Beeren, wie Brombeeren, Erdbeeren, Himbeeren und Heidelbeeren

Für die Vanillecreme

250 ml Milch
250 g Sahne
ausgekratztes Mark von 1 Vanilleschote
3 Eigelb
2 EL Speisestärke
75 g Zucker
1 Prise Salz
1 EL weiche Butter
1 TL Vanilleextrakt (s.o.) oder 1 Pck. Vanillezucker

Für die Ganache

350 g Vollmilch- oder Zartbitterschokolade, in Stücken
250 g Sahne

1 Für die Vanillecreme Milch, Sahne und Vanillemark in einem Topf auf mittlerer Stufe erhitzen. Zum Köcheln bringen und sofort vom Herd nehmen.

2 Die Eigelbe in einer mittelgroßen Schüssel mit Speisestärke, Zucker und Salz verquirlen. Nach und nach die Milchmischung zugeben und mit dem Schneebesen verschlagen. In einen sauberen Topf umfüllen und bei schwacher Hitze unablässig rühren, bis die Creme dickflüssig ist und am Löffelrücken haftet. Durch ein Sieb in eine Schüssel streichen, um die Klümpchen zu entfernen. Dann Butter und Vanilleextrakt oder -zucker einrühren. Die Schüssel mit Frischhaltefolie so abdecken, dass sie auf der Creme aufliegt, und kalt stellen.

3 Den Backofen auf 180 °C vorheizen. Mehl, Backpulver und Salz zweimal hintereinander in eine Schüssel sieben. In einer zweiten Schüssel Butter und Zucker mit dem Handrührgerät schaumig schlagen. Nacheinander die Eier zugeben, dazwischen rühren, dann Vanilleextrakt oder -zucker einrühren. Die Mehlmischung in drei Portionen mit einem großen Löffel und abwechselnd je ein Drittel der Milch einrühren. Weiterrühren, bis ein glatter Teig entstanden ist.

4 Eine viereckige Backform (23 cm) fetten und den Teig gleichmäßig darin verteilen. 25 Minuten backen, bis er goldbraun ist und sich elastisch anfühlt. Aus dem Ofen nehmen und abkühlen lassen.

5 Für die Ganache Schokolade und Sahne in einer kleinen hitzefesten Schüssel über einem Topf mit siedendem Wasser erhitzen (Anleitung s. S. 238). Die Schüssel darf das Wasser nicht berühren. Gelegentlich umrühren, bis die Schokolade geschmolzen ist. Vom Herd nehmen und beiseitestellen.

6 Den Kuchen in 12 cm große Quadrate schneiden und eine Lage Kuchen in eine große, hohe Glasschüssel geben. Die Beeren (Erdbeeren geputzt und halbiert) auf dem Kuchen verteilen und eine Handvoll als Garnitur zurückbehalten. Die Vanillecreme auf den Beeren verteilen und mit den übrigen Kuchenstücken bedecken. Die Ganache darübergeben und glatt streichen. Mit den restlichen Beeren garnieren und kalt stellen. Gekühlt servieren.

ZITRONEN-GRAPEFRUIT-BAISERKUCHEN

Die klassische Lemon Meringue Pie erhält durch den Grapefruitsaft eine besonders erfrischende Note.

★ **FÜR** 12 Personen
★ **VORBEREITUNG** 15 Min. plus Kühlzeit
★ **ZUBEREITUNG** 1 Std.

Für den Teig
150 g Mehl
2 EL Zucker
1 Prise Salz
6 EL Butter, gewürfelt
1 EL Pflanzenfett

Für die Füllung
Saft von 2 großen Zitronen
Saft von 1 kleinen Grapefruit
175 g Zucker
60 g Speisestärke
5 Eigelb
1 TL reiner Vanilleextrakt oder 1 Pck. Vanillezucker

Für das Baiser
6 Eiweiß
3 EL Zucker
ein paar Tropfen Vanilleextrakt (s.o.)
1 TL Weinstein (Apotheke)

1 Für den Teig Mehl, Zucker und Salz in eine mittelgroße Schüssel sieben und gut vermengen. Butter und Pflanzenfett mit den Fingerspitzen einarbeiten, sodass ein fein krümeliger Teig entsteht. 60 ml kaltes Wasser einrühren und weiterkneten. Zu einer Kugel formen, in Frischhaltefolie einschlagen und 1 Stunde kalt stellen.

2 Den Backofen auf 180 °C vorheizen. Den Teig auf einer bemehlten Fläche passend für eine viereckige Backform (23 cm) ausrollen und die Form damit auskleiden. 30 Minuten goldgelb backen. Aus dem Ofen nehmen und die Temperatur auf 190 °C erhöhen.

3 Für die Füllung 450 ml Wasser, Zitronen- und Grapefruitsaft, Zucker und Stärke in einem Topf verrühren und bei mittlerer Hitze aufkochen. 2–3 Minuten mit dem Schneebesen rühren, bis die Masse andickt. Die Eier trennen, Eigelbe in eine große Schüssel geben.

4 Nach und nach die Zitronen-Grapefruit-Mischung zu den Eigelben geben und gründlich verquirlen. Die Masse wieder in den Topf geben und weitere 5 Minuten bei mittlerer Hitze köcheln lassen. Vom Herd nehmen und Vanilleextrakt oder -zucker einrühren. Nach Belieben mit weiterem Zitronensaft abschmecken. Die Füllung gleichmäßig auf dem Teigboden verteilen.

5 Für das Baiser die Eiweiße mit Zucker, Vanilleextrakt oder -zucker und Weinstein mit dem Handrührgerät steif schlagen.

6 Das Baiser mit einem Teigschaber oder großen Löffel auf der Füllung verteilen. 20 Minuten backen, bis er sich zart hellbraun färbt. Vor dem Servieren vollständig abkühlen lassen.

Grapefruits (Pampelmusen) werden eher selten in der Küche verwendet, dabei verleihen sie Zubereitungen mit Zitrone oder Limette geschmackliche Tiefe.

SÜSSKARTOFFEL-PIE MIT BAISERHAUBE

Ein weiterer Klassiker mit knusprigem Mürbeteigboden, der eng mit der Pumpkin Pie – Kürbiskuchen – verwandt ist.

- ★ **FÜR** 6 Personen
- ★ **VORBEREITUNG** 15 Min. plus Kühlzeit
- ★ **ZUBEREITUNG** 1½ Std.

Zutaten
150 g Mehl, plus Mehl zum Bestäuben
100 g Butter
50 g Zucker
1 Eigelb
½ TL reiner Vanilleextrakt (Apotheke oder Reformhaus) oder ½ Pck. Vanillezucker

Für die Füllung
400 g Süßkartoffeln, geschält und in kleine Stücke geschnitten
85 g Butter
100 g Rohrohrzucker
3 EL Sahne
1 Ei
½ TL Zimt
½ TL geriebene Muskatnuss
Puderzucker zum Bestäuben

Für das Baiser
3 Eiweiß (zimmerwarm)
85 g Zucker
1 TL Speisestärke

1 Für den Teig Mehl und Butter in einer Schüssel mit den Fingern zu einem fein krümeligen Teig kneten. Den Zucker einarbeiten. Eigelb und Vanilleextrakt oder -zucker zugeben und alles zu einem geschmeidigen Teig verarbeiten. Bei Bedarf 1–2 TL kaltes Wasser hinzufügen. In Frischhaltefolie einschlagen und 30 Minuten kalt stellen.

2 Für die Füllung die Süßkartoffelstücke in einem Topf mit sprudelndem Wasser 10–15 Minuten gar kochen. Abgießen, wieder in den Topf geben und stampfen. Butter, Zucker, Sahne, Ei, Zimt und Muskatnuss einrühren. Gründlich vermengen und beiseitestellen.

3 Den Backofen auf 180 °C vorheizen. Den Teig auf einer bemehlten Fläche ausrollen und eine Springform (20 cm) damit auskleiden. Fest an Boden und Wand andrücken, überstehenden Teig entfernen und den Boden mehrfach mit einer Gabel einstechen. Den Boden mit Backpapier bedecken, mit getrockneten Bohnen beschweren und auf einem Backblech 20 Minuten blindbacken. Danach Bohnen und Papier entfernen. Falls der Boden noch feucht ist, weitere 5 Minuten backen.

4 Die Füllung in die Teigform geben und mit einem Löffelrücken glatt streichen. 35–40 Minuten backen, bis die Füllung fest zu werden beginnt. Kurz zuvor das Eiweiß steif schlagen, dabei Zucker und Speisestärke einrieseln lassen.

5 Den Kuchen aus dem Ofen nehmen und mit dem Baiser bestreichen. Die Baiserdecke sollte den Teig rundum berühren, damit sie im Ofen nicht schrumpft. Wieder in den Ofen schieben und weitere 10–15 Minuten backen, bis sich das Baiser zart hellbraun färbt. Vor dem Servieren mit Puderzucker bestäuben.

APPLE PIE

Durch die dünnen Apfelschnitze schmilzt die Füllung dieses Apfelkuchens förmlich im Mund.

★ **FÜR** 6–8 Personen
★ **VORBEREITUNG** 25 Min. plus Kühlzeit.
★ **ZUBEREITUNG** 1 Std.

Zutaten
350 g Mehl
50 g Zucker
200 g kalte Butter

Für die Füllung
400 g Granny Smith (oder andere saure Äpfel), geschält und Kerngehäuse entfernt
400 g Gala (oder andere süße Äpfel), geschält und Kerngehäuse entfernt
2 EL Zitronensaft
3 EL Mehl
4 EL Zucker
4 EL brauner Zucker
1 TL gemahlener Zimt
1 Ei, mit 1 EL kaltem Wasser verquirlt, zum Glasieren

Granny-Smith-Äpfel behalten im Ofen ihre Konsistenz und sind deshalb ideal zum Backen.

1 Mehl, Zucker und Butter von Hand oder in der Küchenmaschine zu einem fein krümeligen Teig verarbeiten. Mit 5–6 EL eiskaltem Wasser zu einem geschmeidigen Teig verkneten. In Frischhaltefolie einschlagen und 1 Stunde kalt stellen.

2 Den Backofen auf 190 °C vorheizen. Den Teig aus dem Kühlschrank nehmen, ein Drittel entnehmen und eingeschlagen zurück in den Kühlschrank geben.

3 Den übrigen Teig auf einer bemehlten Fläche zu einem Kreis ausrollen. Mit dem Teig locker eine ca. 24 cm große Kuchen- oder Pie-Form auskleiden. Überstehenden Teig mit einer Schere abschneiden, dabei einen Überstand von 1 cm belassen. Kalt stellen.

4 Die Äpfel in 5 mm dünnen Schnitze schneiden und in einer großen Schüssel mit dem Zitronensaft mischen. Mehl, 3 EL weißen Zucker, braunen Zucker und Zimt über die Äpfel streuen und gut durchheben, sodass alle Schnitze gleichmäßig überzogen sind.

5 Die Äpfel dicht in die Teigform füllen und in der Mitte leicht anhäufen. Die Füllung gut andrücken. Das übrige Teigdrittel zu einem Deckel ausrollen. Die Teigränder mit etwas verquirltem Ei bestreichen, den Deckel auflegen und den Teigrand rundum wellenförmig mit den Fingern zusammendrücken. Überschüssigen Teig mit einem kleinen scharfen Messer abschneiden. Den Deckel mit Ei bestreichen, mit 1 EL Zucker bestreuen und zwei kleine Schlitze hineinschneiden.

6 1 Stunde backen (bei Verwendung einer Keramik- oder Glasform diese auf ein Backblech stellen, damit der Boden gleichmäßig backt, und die Backzeit bei Bedarf verlängern). Wenn der Teig zu schnell bräunt, mit Alufolie abdecken, aber diese 5 Minuten vor Ende der Backzeit entfernen, damit der Deckel knusprig wird. Aus dem Ofen nehmen und abkühlen lassen. Mit Vanilleeis oder Schlagsahne servieren.

ODER SO …

GREYERZER & BIRNE
In Schritt 1 50 g **Greyerzer** fein in den Teig reiben und statt der Äpfel 800 g **Conference-Birnen** verwenden.

STREUSEL
Statt des Teigdeckels: Je 25 g **braunen Zucker, Mehl** und **Butter** mit 60 g fein gehackten **Pekannüssen** und 1 TL **Zimt** krümelig verkneten und die Pie mit den Streuseln bedecken.

SALZKARAMELLSAUCE
Der perfekte Begleiter zur Apple Pie: Ein kleines Glas **Karamellsauce** (selbst gemacht s. S. 194) in einem kleinen Topf sanft erhitzen und warm dazu servieren.

PUMPKIN PIE

Mit Pekanüssen und Ahornsirup ist die Kürbis Pie ein weiterer Nachtischklassiker, der mit seinem Duft nach Zimt und Lebkuchen Vorfreude auf den Winter macht.

- ★ **FÜR** 6-8 Personen
- ★ **VORBEREITUNG** 30 Min. plus Kühlzeit
- ★ **ZUBEREITUNG** 1-1¼ Std. plus Abkühlzeit

Zutaten

150 g Mehl, plus Mehl zum Bestäuben
100 g kalte Butter, gewürfelt
50 g Zucker
1 Eigelb
½ TL reiner Vanilleextrakt (Apotheke oder Reformhaus) oder ½ Pck. Vanillezucker

Für die Füllung

75 g Pekannüsse, grob gehackt
3 Eier
100 g brauner Zucker
2 TL Zimt
1 TL Lebkuchengewürz
4 EL Ahornsirup
400 g Sahne
400 g Kürbis, in Würfel geschnitten, im Ofen geröstet und fein püriert

1 Für den Teig Mehl und Butter in einer großen Schüssel mit den Fingern fein krümelig kneten. Den Zucker einarbeiten. In einer zweiten Schüssel das Eigelb mit Vanilleextrakt oder -zucker verquirlen und mit der Mehl-Butter-Masse zu einem geschmeidigen Teig kneten. Bei Bedarf etwas Wasser zugeben. In Frischhaltefolie einschlagen und 30 Minuten kalt stellen.

2 Den Backofen auf 180 °C vorheizen. Den Teig auf einer leicht bemehlten Fläche 3 mm dick ausrollen und eine Springform (23 cm) damit auskleiden, sodass ein etwa 2 cm hoher Rand über die Form hinaussteht. Den Boden mehrfach mit einer Gabel einstechen, mit Backpapier auslegen und mit Bohnen beschweren.

3 Die Form auf ein Backblech stellen und 20 Minuten blindbacken. Bohnen und Papier entfernen. Wenn der Boden noch feucht ist, weitere 5 Minuten backen. Den Kuchenboden zunächst mit den gehackten Pekannüssen belegen.

4 Für die Füllung die Eier, den braunen Zucker, 1 TL Zimt, das Lebkuchengewürz, 2 EL Ahornsirup und 200 g Sahne in einer großen Schüssel verquirlen. Das Kürbispüree hinzugeben und alles glatt rühren. Die Füllung in die Teigform mit den Nüssen gießen und die Pie in den Ofen schieben.

5 45–50 Minuten backen, bis sich die Füllung gesetzt hat, aber an den Rändern noch keine Blasen wirft. Den überstehenden Teigrand noch warm abschneiden. Die Pie 15 Minuten abkühlen lassen, dann erst aus der Form nehmen.

6 Die restliche Sahne steif schlagen, 1 TL Zimt und 2 EL Ahornsirup unterziehen und mit der Pie servieren.

TIPP Die Pie hält sich luftdicht verpackt bis zu 2 Tage im Kühlschrank.

CHERRY PIE

Dieser beliebte Kuchen mit dem dekorativen Teiggitter ist nicht schwer zuzubereiten. Dank des Mehls dickt die Kirschfüllung einfach beim Backen ein – das spart Zeit.

- ★ **FÜR** 8 Personen
- ★ **VORBEREITUNG** 40–45 Min. plus Kühlzeit
- ★ **ZUBEREITUNG** 20–25 Min.

Zutaten
250 g Mehl, plus Mehl zum Bestäuben
½ TL Salz
125 g kaltes Schweineschmalz oder Pflanzenfett, gewürfelt
75 g Butter, in Würfeln

Für Füllung und Glasur
500 g Kirschen, entsteint (Anleitung s. S. 242)
200 g Zucker, plus 1 EL Zucker zum Bestreuen
45 g Mehl
einige Tropfen Bittermandelaroma (optional)
1 Ei, verquirlt

1 Mehl und Salz in eine Schüssel sieben. Mit Schweineschmalz oder Pflanzenfett und Butter fein krümelig kneten. Mit 3 EL Wasser besprenkeln und zu einer Kugel kneten. In Frischhaltefolie schlagen und 30 Minuten kalt stellen.

2 Den Backofen auf 200 °C vorheizen und ein Backblech in den Ofen schieben. Zwei Drittel des Teiges auf einer bemehlten Fläche 3 mm dick ausrollen und eine Backform (23 cm) damit so auskleiden, dass der Teig mindestens 2 cm über den Rand ragt. Den Teig fest in die Form drücken und 15 Minuten kalt stellen.

3 Für die Füllung die Kirschen mit Zucker, Mehl und Bittermandelaroma in einer Schüssel vermengen. In die Teigform füllen.

4 Das übrige Teigdrittel zu einem Rechteck ausrollen. Mit einem gewellten Teigrad in zwölf 1 cm breite Streifen schneiden und die Streifen so auf die Füllung legen, dass sie ein Rautengitter bilden. Überschüssigen Teig abschneiden. Das Gitter mit verquirltem Ei bestreichen, die Streifen am Rand festdrücken. Den Kuchen mit Zucker bestreuen und 20–25 Minuten backen, bis das Teiggitter goldbraun ist. Zimmerwarm oder gekühlt servieren.

PEACH COBBLER

Durch das sanfte Pochieren werden die Pfirsiche weich und garen gleichmäßig.

- ★ **FÜR** 6–8 Personen
- ★ **VORBEREITUNG** 25 Min.
- ★ **ZUBEREITUNG** 30–35 Min.

Zutaten
50 g Zucker
8 reife Pfirsiche, entsteint, enthäutet und geviertelt
1 TL Speisestärke
Saft von ½ Zitrone

Für den Belag
225 g Mehl
4 TL Backpulver
75 g Zucker
1 Prise Salz
½–¾ TL Zimt (nach Geschmack)
75 g Butter
1 Ei
100 g Buttermilch (gekauft oder selbst gemacht, s. S. 12)
1 EL brauner Zucker
Eiscreme, Vanillesauce oder Schlagsahne zum Servieren

1 Den Backofen auf 190 °C vorheizen. Für die Füllung den Zucker mit 3–4 EL Wasser in einem großen Topf erhitzen. Wenn sich der Zucker aufgelöst hat, die geviertelten Pfirsiche dazugeben und bei mittlerer Hitze zugedeckt 2–3 Minuten gar ziehen lassen.

2 Die Speisestärke in einer kleinen Schüssel mit dem Zitronensaft glatt rühren und zu den Pfirsichen geben. Ohne Deckel bei niedriger Hitze köcheln lassen, bis die Flüssigkeit andickt. Pfirsiche und Sirup in eine flache ofenfeste Form füllen.

3 Für den Belag Mehl, Backpulver, Zucker, Salz und Zimt in eine große Schüssel sieben. Die Butter mit den Fingerspitzen einarbeiten, sodass feine Krümel entstehen. In einer zweiten Schüssel Ei und Buttermilch verquirlen. Die Flüssigkeit zu den trockenen Zutaten gießen und alles zu einem weichen, klebrigen Teig verkneten.

4 Kleine Häufchen des Teigs – je etwa 1 EL – in Abständen auf die Pfirsiche setzen. Mit braunem Zucker bestreuen und 25–30 Minuten backen, bis der Teig goldbraun ist und die Füllung köchelt. Der Cobbler ist fertig, wenn an einem in die Mitte der gebackenen Kruste gestochenen Zahnstocher kein Teig kleben bleibt. Vor dem Servieren mit Eis, Vanillesauce oder Schlagsahne 5 Minuten abkühlen lassen.

Reife **Pfirsiche** kochen in diesem Gericht zu einer herrlichen süßen Fruchtsauce ein.

ODER SO ...

APFEL & BROMBEERE
Für eine herbstliche Variante die Pfirsiche in Schritt 1 durch 1 kg **Äpfel**, geschält, Kerngehäuse entfernt und grob gehackt, und 250 g **Brombeeren** ersetzen und wie im Rezept beschrieben fortfahren, aber 40–45 Minuten backen.

WÜRZIGE PFLAUME
1 kg **Pflaumen**, entsteint und halbiert, mit 60 g **braunem Zucker**, 1 TL Zimt, 1 Msp. **geriebener Muskatnuss** und 1 Msp. **Piment** mischen. Ohne Kochen in die Auflaufform geben und zu Schritt 3 gehen.

PFIRSICH & HEIDELBEERE
Für eine Südstaaten-Variante 150 g **Heidelbeeren** zu 6 vorbereiteten **Pfirsichen** geben. 75 g des Mehls durch die gleiche Menge **feine Polenta oder Maismehl** ersetzen und wie angegeben backen.

PINEAPPLE UPSIDE-DOWN CAKES

Der legendäre gestürzte Ananaskuchen mal in der Gourmetversion: mit feiner Ananas-Basilikum-Sahne.

- ★ **ERGIBT** 4 Törtchen
- ★ **VORBEREITUNG** 20 Min.
- ★ **ZUBEREITUNG** 40 Min.

Zutaten
50 g Butter, plus Butter zum Einfetten
100 g brauner Zucker

Für die Törtchen
1 Dose (ca. 400 g) Ananasstücke im eigenen Saft
75 g weiche Butter
100 g Zucker
2 Eier
½ TL reiner Vanilleextrakt (Apotheke oder Reformhaus) oder ½ Pck. Vanillezucker
150 g Mehl
1 TL Backpulver

Für die Ananas-Basilikum-Sahne
100 g Sahne
1 TL fein gehacktes Basilikum
1 TL Limettensaft

1 Die Butter in einem kleinen Topf bei mittlerer Hitze zerlassen. Den braunen Zucker zugeben und 2–3 Minuten unter ständigem Rühren auflösen. Die Mischung auf vier größere gefettete Souffléförmchen verteilen.

2 Die Ananasstücke in einem Sieb abtropfen lassen, den Saft auffangen. 125 g davon abwiegen, den Rest anderweitig verwenden. Große Stücke teilen und die Ananas in die Förmchen geben.

3 Den Backofen auf 180 °C vorheizen. Butter und Zucker mit dem Handrührgerät in einer Schüssel locker und luftig aufschlagen. Eier und Vanille einrühren und gründlich verschlagen. Mehl und Backpulver darübersieben und behutsam unterziehen. Den Teig gleichmäßig auf die Förmchen verteilen.

4 Die Förmchen auf ein Backblech stellen und auf der mittleren Schiene des Ofens 25–30 Minuten backen, bis der Teig aufgegangen und goldbraun ist und an einem hineingesteckten Zahnstocher beim Herausziehen kein Teig mehr klebt.

5 Inzwischen den aufgefangenen Saft in einem kleinen Topf zum Kochen bringen. 5 Minuten kochen lassen, bis er auf die Hälfte reduziert ist. 50 g Sahne zugeben und weitere 5–7 Minuten reduzieren lassen, bis nur noch 50 ml Flüssigkeit übrig sind. Vom Herd nehmen und kalt stellen.

6 Die Törtchen aus dem Ofen nehmen und in den Formen abkühlen lassen, dann auf Dessertteller stürzen. Die Form erst nach 2–3 Minuten abnehmen, wenn der Sirup vollständig in den Teig eingedrungen ist.

7 Kurz vor dem Servieren (die Ananastörtchen sollten warm, aber nicht mehr heiß sein) die restliche Sahne mit der gekühlten Ananassahne vermengen. Basilikum und Limettensaft hinzufügen und steif schlagen. Zu den Upside-Down Cakes servieren.

TIPP Wenn sich die Törtchen nach dem Gehen leicht nach oben gewölbt haben, die Kuppe flach abschneiden, damit sie später nach dem Stürzen gerade stehen.

BLUEBERRY RIPPLE CHEESECAKE

Die blaue Marmorierung auf diesem klassischen Käsekuchen ist leicht zu erzielen und sieht immer beeindruckend aus.

★ **FÜR** 8 Personen
★ **VORBEREITUNG** 20 Min.
★ **ZUBEREITUNG** 40 Min. plus Abkühlzeit

Zutaten
50 g Butter, plus Butter zum Einfetten
125 g Butter- oder Vollkornkekse mit Schokoladenüberzug
150 g Heidelbeeren
150 g Zucker, plus 3 EL Zucker
400 g Frischkäse
250 g Mascarpone
2 große Eier
1 großes Eigelb
½ TL reiner Vanilleextrakt (Apotheke oder Reformhaus) oder ½ Pck. Vanillezucker
2 EL Mehl, gesiebt

Für das Kompott
100 g Heidelbeeren
1 EL Zucker
einige Spritzer Zitronensaft

1 Den Backofen auf 180 °C vorheizen. Boden und Wand einer Springform (20 cm) fetten. Die Kekse in einen Gefrierbeutel geben und mit dem Nudelholz fein krümelig zerkleinern.

2 Die Butter in einem Topf bei schwacher Hitze zerlassen, aber nicht bräunen. Die Kekskrümel in den Topf geben und gründlich mit der Butter verrühren. Vom Herd nehmen, die Keksmasse in die Springform geben und mit dem Löffelrücken gut andrücken.

3 Die Heidelbeeren mit 3 EL Zucker in den Mixer geben und glatt pürieren. Die Mischung durch ein Kunststoffsieb in einen Topf streichen (Metall gibt Geschmack ab). Aufkochen und 3–5 Minuten köcheln lassen, bis die Mischung marmeladenartig andickt. Beiseitestellen.

4 Für den Käsekuchenbelag den restlichen Zucker mit Frischkäse, Mascarpone, Eiern, Eigelb und Vanille im Mixer gründlich vermengen. Die Mischung auf den Teigboden geben und mit einem Palettmesser glatt streichen. Das Heidelbeermus daraufgeben und mit einem Schaschlikspieß Wirbelmuster durch die Oberfläche ziehen.

5 Wasser zum Kochen bringen. Die Außenseite der Backform in Alufolie einschlagen und die Form auf ein Backblech mit hohem Rand setzen. Das Blech bis zur halben Höhe der Form mit kochendem Wasser füllen. Das verhindert, dass die Füllung austrocknet.

6 40 Minuten backen, bis die Füllung fest ist, aber noch nachgibt. Den Ofen ausschalten und die Ofentür einen Spalt öffnen. Den Kuchen nach 1 Stunde aus dem Ofen nehmen und auf ein Kuchengitter setzen. Den Ring der Form entfernen. Einen Kuchenheber oder großen Pfannenwender zwischen Teig und Boden der Form schieben und den Kuchen auf eine Platte heben. Vollständig abkühlen lassen.

7 In der Zwischenzeit alle Zutaten für das Kompott in einem kleinen Topf unter Rühren bei schwacher Hitze erwärmen, bis sich der Zucker aufgelöst hat. Das Kompott zum Servieren in eine Schale füllen.

TIPP Das Kompott kann 3 Tage im Voraus zubereitet und bis zur Verwendung kalt gestellt werden.

COOKIE-SANDWICHES MIT VANILLEEIS

Unwiderstehliche Schokoladen-Cookies, dazu salzige Erdnussbutter und cremiges Vanilleeis – das Trio für die perfekte süße Sünde.

- ★ **ERGIBT** 4 Stück
- ★ **VORBEREITUNG** 20 Min.
- ★ **ZUBEREITUNG** 10 Min. plus Kühl- und Gefrierzeiten

Zutaten
50 g Zartbitterschokolade (70 % Kakaoanteil)
50 g Butter
75 g Zucker
75 g brauner Zucker
1 Ei
1 EL Vollmilch
1 TL reiner Vanilleextrakt (Apotheke oder Reformhaus) oder 1 Pck. Vanillezucker
125 g Mehl
4 EL stückige Erdnussbutter (crunchy)
4 Kugeln Vanilleeis (s. S. 194)

1 Den Backofen auf 180 °C vorheizen. Schokolade und Butter in einer hitzebeständigen Schüssel auf einen Topf mit siedendem Wasser stellen, ohne dass die Schüssel das Wasser berührt (Anleitung s. S. 238). Unablässig rühren und die Schüssel vom Wasserbad nehmen, sobald die Schokolade geschmolzen ist. Zum Abkühlen beiseitestellen.

2 Wenn die Schokoladenmischung abgekühlt ist, beide Zucker, Ei, Milch und Vanille einrühren. Das Mehl darübersieben und unterziehen. Acht Häufchen von je etwa 1 EL Teig in großzügigen Abständen auf zwei mit Backpapier ausgelegte Bleche setzen. Auf mittlerer Schiene 10 Minuten backen, bis die Cookies am Rand knusprig, aber in der Mitte noch weich sind. Sie werden beim Abkühlen fester.

3 Die Cookies 5 Minuten auf den Blechen abkühlen lassen, dann zum vollständigen Abkühlen auf ein Kuchengitter geben. Vor dem Servieren 10 Minuten ins Gefrierfach legen.

4 Zum Servieren die flache Seite eines Cookies mit einem Esslöffel Erdnussbutter bestreichen. Auf die flache Seite eines weiteren Cookies eine Kugel Eiscreme setzen, beide Hälften wie ein Sandwich zusammensetzen und sofort servieren.

TIPP Für den »Extra-Schoko-Kick« vor dem Backen eine Handvoll weiße oder dunkle Schokoladentropfen in den Teig geben.

Vanilleeis schmeckt köstlich für sich, bildet aber auch schöne Kontraste zu warmen Desserts.

KARAMELL-SCHOKO-EISBECHER

Mit Salzkaramellsauce und knusprigen Schokostäbchen wird das selbst gemachte Vanilleeis zum echten Star.

- ★ **FÜR** 4 Personen
- ★ **VORBEREITUNG** 15 Min. plus Kühl- und Rührzeiten
- ★ **ZUBEREITUNG** 20 Min.

Zutaten
250 g Schlagsahne
450 ml Vollmilch
6 Eigelb
125 g feinster Zucker
1 TL reiner Vanilleextrakt (Apotheke oder Reformhaus) oder 1 Pck. Vanillezucker
Lavendel-Schoko-Stäbchen (selbst gemacht s. S. 238)

Für die Salzkaramellsauce
200 g Zucker
115 g Butter, gewürfelt
120 g Sahne
1 TL Vanilleextrakt (s.o.) oder 1 Pck. Vanillezucker
1 TL Meersalz

1 Für das Eis Sahne und Milch in einem Topf bei mittlerer Hitze erwärmen, aber nicht kochen. In einer Schüssel Eigelbe, Zucker und Vanille zu einer Creme aufschlagen. Nach und nach die heiße Sahnemilch vorsichtig unter die Eicreme mischen, dabei unablässig rühren.

2 Die Creme wieder in den ausgewaschenen Topf geben und unter ständigem Rühren bei mittlerer Hitze erwärmen, sodass sie leicht andickt (sie soll an einem Löffelrücken haften). Nicht zu schnell oder zu lang erhitzen, da das Ei sonst gerinnt. Vom Herd nehmen, sofort in eine kalte Schüssel umfüllen und einige Minuten unter Rühren abkühlen.

3 Die Creme vollständig abkühlen lassen, dann mit Frischhaltefolie abdecken, sodass die Folie die Oberfläche berührt, damit sich keine Haut bildet. Mindestens 4 Stunden oder über Nacht kalt stellen.

4 Die kalte Masse in eine Eismaschine füllen und zu festem, aber noch cremigem Eis verarbeiten. In eine Gefrierdose aus Kunststoff füllen und bis zur Verwendung tiefkühlen.

5 Für die Karamellsauce den Zucker in einer Pfanne bei mittlerer Hitze schmelzen. 7–10 Minuten lang umrühren, bis der Zucker bernsteinfarben karamellisiert. Die Butter hinzufügen und gut umrühren.

6 Vom Herd nehmen und die Sahne zugießen. Unablässig rühren, bis das Karamell eine cremige Konsistenz annimmt. Vanille und Salz einrühren. Zum Abkühlen beiseitestellen.

7 Zum Servieren Eiscremekugeln auf 4 hohe Becher verteilen. Die Schokostäbchen grob zerkleinern (am besten in einen Gefrierbeutel geben und mit dem Nudelholz darüberrollen) und auf das Eis streuen. Mit Karamellsauce übergießen.

TIPP Für eine weniger üppige Version statt Karamellsauce und Schokobrezeln etwas Beerenkompott (S. 242) oder Trockenfrüchtekompott (S. 60) und ein paar frische Heidelbeeren zum Eis servieren.

ÄPFEL IM SCHLAFROCK MIT VANILLEEIS

Obwohl einfach zuzubereiten, sehen diese Äpfel mit Teighülle auf dem Teller spektakulär aus. Wenn die Zeit knapp ist, reichen Sie gekauftes Eis dazu.

- ★ **ERGIBT** 4 Stück
- ★ **VORBEREITUNG** 25 Min. plus Kühlzeit
- ★ **ZUBEREITUNG** 45 Min.

Zutaten
4 Golden-Delicious-Äpfel, geschält, Kerngehäuse entfernt
4 EL Butter
1 TL gemahlener Zimt, plus Zimt zum Bestreuen
1 Ei, verquirlt
2 EL brauner Zucker

Für den Teig
375 g Mehl, plus Mehl zum Bestäuben
1 TL Salz
3 EL Zucker
175 g kalte Butter, gewürfelt
60 g Pflanzenfett

Für die Eiscreme
250 ml Vollmilch
250 g Sahne
1 Vanilleschote, aufgeschlitzt
4 Eigelb
100 g brauner Zucker
1 TL gemahlener Zimt

1 Zunächst die Eiscreme zubereiten. In einem Topf Milch und Sahne verrühren und die Vanilleschote hineingeben. 20 Minuten bei schwacher Hitze köcheln lassen. Vom Herd nehmen und die Schote entfernen.

2 In einem zweiten Topf Eigelbe, Zucker und Zimt zu einer Creme aufschlagen. Nach und nach die Vanillemilch vorsichtig unter die Eicreme mischen, dabei unablässig rühren. 10–12 Minuten bei schwacher Hitze andicken lassen. In eine Schüssel umfüllen, abdecken und 1 Stunde im Kühlschrank vollständig auskühlen lassen.

3 Für den Teig Mehl, Salz und Zucker in einer Schüssel mischen. Butter und Fett mit den Fingerspitzen einarbeiten, sodass feine Krümel entstehen. 60 ml kaltes Wasser zugeben und alles zu einem geschmeidigen Teig kneten. In Frischhaltefolie einschlagen und 1 Stunde kalt stellen.

4 Die gekühlte Vanillecreme in eine Eismaschine füllen und 20–30 Minuten zu festem, aber noch cremigem Eis verarbeiten. In einen luftdicht schließenden Behälter füllen und mindestens 30 Minuten ins Tiefkühlfach stellen.

5 Den Backofen auf 160 °C vorheizen. Den Teig in vier gleich große Portionen teilen und auf einer bemehlten Fläche zu 15 cm großen Kreisen ausrollen. Jeden Kreis um einen Apfel wickeln. Jeden Apfel mit 1 EL Butter und etwas Zimt füllen und die Öffnung mit Teig verschließen. Die Äpfel auf ein Backblech setzen.

6 Die Äpfel mit dem Ei bestreichen und mit braunem Zucker und etwas Zimt bestreuen. 45 Minuten backen, bis der Teig goldgelb ist und die Äpfel weich sind. Die Äpfel jeweils mit einer Kugel Eis und etwas Salzkaramellsauce (s. S. 194) servieren.

APPLE & PEAR CRISP

Der Apple Crisp, ein knusprig überbackener Apfel-Haferflocken-Auflauf, erhält mit Birnen und Gewürzen eine herbstliche Note.

- ★ **FÜR** 4–6 Personen
- ★ **VORBEREITUNG** 20 Min.
- ★ **ZUBEREITUNG** 35 Min.

Zutaten
2 EL Butter
je 3 Äpfel und Birnen, geschält, Kerngehäuse entfernt und in dicke Scheiben geschnitten
2 EL brauner Zucker
1 Prise gemahlener Zimt
1 Prise gemahlener Ingwer
Saft von 1 Zitrone
Vanilleeis zum Servieren

Für den Belag
150 g Haferflocken
150 g Mehl
225 g brauner Zucker
115 g Butter, zerlassen
1 TL gemahlener Zimt
1 Prise Salz

1 Den Backofen auf 180 °C vorheizen. Die Butter in einem großen Topf bei schwacher Hitze zerlassen. Äpfel, Birnen, Zucker, Zimt, Ingwer und Zitronensaft zugeben und unter gelegentlichem Rühren 6–8 Minuten köcheln lassen, bis die Äpfel und Birnen leicht gebräunt und etwas weich geworden sind.

2 Inzwischen Haferflocken, Mehl, Zucker, Butter, Zimt und Salz in einer Schüssel vermengen. Die Obstmischung in eine Auflaufform (ca. 20 cm) füllen. Die Haferflockenmischung gleichmäßig darauf verteilen.

3 30–35 Minuten backen, bis der Belag goldbraun ist und das Obst köchelt. Warm mit Vanilleeis servieren.

Äpfel und Birnen, die klassischen Spätsommerfrüchte, lassen sich bei konstant niedriger Temperatur mehrere Monate lagern.

FUNNEL CAKES MIT KOKOSNUSS

Das frittierte, unseren Strauben ähnliche Gebäck, wird in den USA oft auf Volksfesten und in Vergnügungsparks verkauft, schmeckt aber auch hausgemacht köstlich.

★ **ERGIBT** 4–6 Stück
★ **VORBEREITUNG** 10 Min.
★ **ZUBEREITUNG** 25 Min.

Zutaten
2 Eier
250 ml Vollmilch
250 ml Kokosmilch
300 g Mehl
1 TL reiner Vanilleextrakt (Apotheke oder Reformhaus) oder 1 Pck. Vanillezucker
4 EL Zucker
2 EL Backpulver
1 Prise Salz
500 ml Kokos- oder anderes Pflanzenöl
Puderzucker zum Bestäuben
Kokosflocken zum Dekorieren

1 Die Eier mit Milch und Kokosmilch verquirlen. Mehl, Vanille, Zucker, Backpulver und Salz hinzugeben. Gründlich verrühren und in einen großen Gefrierbeutel geben.

2 Das Öl in einem großen Topf oder der Fritteuse auf 190 °C erhitzen (Anleitung s. S. 144). Sobald das Öl heiß ist, ein kleines Loch in eine Ecke des Gefrierbeutels schneiden und eine Portion Teig spiralförmig in den Topf spritzen. 2–3 Minuten von beiden Seiten goldbraun frittieren.

3 Den Funnel Cake mit einer Zange herausnehmen und auf einem Küchengitter abtropfen lassen. Den restlichen Teig auf die gleiche Weise verarbeiten. Heiß mit gesiebtem Puderzucker bestäubt und mit Kokosflocken bestreut servieren.

Kokosprodukte, sei es als Milch, Öl oder getrocknet, bringen eine eigene, unverwechselbare Note in jedes Gericht.

KUCHEN, SÜSSES & EINGEMACHTES

ZIMTSCHNECKEN MIT PEKANNÜSSEN

Diese verführerisch süßen Zimtschnecken mit selbst gemachtem Karamell sind der perfekte Abschluss für einen Sonntagsbrunch.

★ **ERGIBT** 9 Stück
★ **VORBEREITUNG** 40 Min. plus Ruhezeit
★ **ZUBEREITUNG** 30 Min.

Zutaten
1 Pck. (7 g) Trockenhefe
100 g Zucker
125 ml Vollmilch
115 g Butter
1 Prise Salz
1 Ei
550 g Mehl, plus Mehl zum Bestäuben
Pflanzenöl zum Einfetten

Für die Karamellsauce
200 g brauner Zucker
115 g Butter, gewürfelt
1 TL reiner Vanilleextrakt (Apotheke oder Reformhaus) oder 1 Pck. Vanillezucker
125 g Sahne

Für die Füllung
90 g Butter
85 g brauner Zucker
1 EL gemahlener Zimt
125 g Pekannüsse, gehackt

Für die Glasur
125 g Puderzucker
1 EL Vollmilch

1 Die Hefe mit einer Prise Zucker in 60 ml warmem Wasser auflösen. 5–7 Minuten stehen lassen, bis sich Bläschen bilden. Milch und Butter in einem Topf auf niedriger Stufe erhitzen, bis die Butter zerlassen ist. Vom Herd nehmen. In einer mittelgroßen Schüssel die Hefe mit dem restlichen Zucker, Salz, Ei, der Butter-Milch-Mischung und der Hälfte des Mehls vermengen. Sorgfältig rühren, dann das restliche Mehl zugeben und weiter zu einem geschmeidigen Teig verrühren.

2 Den Teig 5 Minuten kneten, dabei etwas Mehl zugeben, wenn er zu klebrig wird. In eine eingeölte Schüssel legen, mit Frischhaltefolie abdecken und 1 Stunde an einem warmen Ort gehen lassen.

3 Inzwischen die Karamellsauce zubereiten. Den Zucker unter ständigem Rühren mit dem Schneebesen in einer Pfanne schmelzen. Weiterrühren, auch wenn sich Klümpchen bilden. Sobald der geschmolzene Zucker dunkelbraun wird, die Butter zugeben und unter Rühren zerlassen. Vanilleextrakt oder -zucker und Sahne hinzufügen und weiterrühren, bis der Karamell nicht mehr kocht. Vom Herd nehmen und abkühlen lassen.

4 Den Backofen auf 180 °C vorheizen. Den Teig auf einer bemehlten Fläche 1 cm dick ausrollen. Für die Füllung die Butter zerlassen und mit Zucker, Zimt und Nüssen verrühren. Die Füllung gleichmäßig auf dem Teig verstreichen. Dann den Teig zu einer festen Rolle einrollen.

5 Die Karamellsauce in eine große Backform (23 cm) gießen. Die Teigrolle in neun gleich große Scheiben schneiden und diese in die Sauce drücken. 25–30 Minuten backen, bis die Schnecken goldbraun sind und der Karamell köchelt. Die Mitte der Schnecken sollte noch etwas weich sein. Puderzucker und Milch verschlagen und über die Schnecken gießen. Heiß servieren.

DEVIL'S FOOD CAKE

Kirschen und Kirschwasser geben dieser »sündigen« Schokoladentorte noch mehr Aroma und unterstreichen die feine Kakaonote.

★ **FÜR** 8-10 Personen
★ **VORBEREITUNG** 30 Min.
★ **ZUBEREITUNG** 30-35 Min. plus Abkühlzeit

Zutaten
100 g weiche Butter, plus Butter zum Einfetten
275 g Zucker
2 große Eier
200 g Mehl, mit 2 EL Backpulver vermischt
75 g Kakaopulver
4 EL Kirschwasser
175 ml Vollmilch
1 TL reiner Vanilleextrakt (Apotheke oder Reformhaus) oder 1 Pck. Vanillezucker

Für die Glasur
160 g Butter, gewürfelt
30 g Kakaopulver
160 g Puderzucker
3-4 EL Vollmilch
1 kleines Glas Kirschen (ohne Stein), abgetropft und grob gehackt
25 g Zartbitterschokolade zum Garnieren

1 Den Backofen auf 180 °C vorheizen. Zwei runde Backformen (à 20 cm) einfetten und die Böden mit Pergamentpapier auslegen. In einer mittelgroßen Schüssel Butter und Zucker mit dem Handrührgerät locker und luftig aufschlagen.

2 Die Eier nacheinander unterschlagen und gründlich einarbeiten. Mehl mit Backpulver und Kakao in eine zweite Schüssel sieben. In einer weiteren Schüssel das Kirschwasser mit Milch und Vanilleextrakt oder -zucker verrühren.

3 Die trockenen und die flüssigen Zutaten löffelweise abwechselnd in den Teig rühren. Sobald alles gut vermengt ist, den Teig gleichmäßig auf die Backformen verteilen.

4 30-35 Minuten backen, bis sich die Biskuitböden elastisch anfühlen und an einem hineingestochenen Zahnstocher kein Teig mehr klebt. Einige Minuten in den Formen abkühlen lassen, dann zum vollständigen Abkühlen auf Kuchengitter stürzen. Das Pergamentpapier entfernen.

5 Für die Glasur die Butter in einer Pfanne bei schwacher Hitze zerlassen. Den Kakao zugeben und 1-2 Minuten in der Pfanne rühren. Vollständig abkühlen lassen.

6 Den Puderzucker daraufsieben und gründlich verrühren. Die Milch löffelweise zugeben und glatt und glänzend rühren. Abkühlen lassen (die Masse wird dabei fester), dann die Hälfte mit den Kirschen vermengen und auf beiden Biskuitböden verteilen. Die Böden zu einer Torte zusammensetzen. Oben und seitlich mit der restlichen Schokoglasur bestreichen. Abschließend mit einem Sparschäler Späne von der Schokolade hobeln und gleichmäßig auf dem Kuchen verteilen.

TIPP Der Kuchen hält sich luftdicht verpackt bis zu 5 Tage im Kühlschrank.

KUCHEN, SÜSSES & EINGEMACHTES ★ 205

ANGEL FOOD CAKE MIT BROMBEERSAUCE

Dieser luftig-leichte Biskuitkuchen verzichtet auf Butter oder Öl und verspricht so himmlischen Genuss ohne Reue.

★ **FÜR** 8 Personen
★ **VORBEREITUNG** 20 Min.
★ **ZUBEREITUNG** 35 Min. plus Abkühlzeit

Zutaten
250 g feiner Zucker
1 TL Salz
100 g Mehl, doppelt gesiebt (siehe Tipp)
12 große Eiweiß (zimmerwarm)
2 TL reiner Vanilleextrakt (Apotheke oder Reformhaus) oder 2 Pck. Vanillezucker
Schlagsahne zum Servieren

Für die Brombeersauce
350 g Brombeeren
350 g flüssiger Honig
Saft von 1 Zitrone

1 Den Backofen auf 180 °C vorheizen. Zucker und Salz im Mixer fein mahlen. Das Mehl und die Hälfte der Zuckermischung in eine Schüssel sieben und beiseitestellen.

2 In einer anderen Schüssel das Eiweiß mit Vanilleextrakt oder -zucker mit dem Handrührgerät 5 Minuten steif schlagen. Nach und nach die restliche Zuckermischung hinzugeben und weiterschlagen, sodass der Schnee steif bleibt.

3 Die Mehl-Zucker-Mischung zum Eischnee geben und mit einem Teigschaber unterziehen. Den Teig in eine ungefettete Gugelhupf- oder Ringform (ca. 25 cm) füllen und 35 Minuten backen. Den Kuchen 1 Stunde in der Form abkühlen lassen.

4 Währenddessen Brombeeren, Honig und Zitronensaft in einen Edelstahltopf (kein Aluminium oder Gusseisen) geben und unter ständigem Rühren bei schwacher Hitze köcheln lassen, bis die Brombeeren zerfallen. Zum Abkühlen beiseitestellen.

5 Den Kuchen zum Servieren auf einen Teller stürzen. Aufschneiden, mit Brombeersauce übergießen und mit Schlagsahne servieren.

TIPP Das Mehl zweimal sieben, damit der Teig wirklich luftig wird. Am besten siebt man das Mehl aus großer Höhe in die Schüssel, um so viel Luft wie möglich hineinzubringen.

Brombeeren lassen sich gut einfrieren. Tiefkühlbeeren können daher beim Backen und Kochen auch als Ersatz für frische dienen.

DOUBLE CHOCOLATE BROWNIES

Brownies schmecken nicht ganz durchgebacken am besten und halten sich so auch länger frisch.

- ★ **ERGIBT** 16–20 Stücke
- ★ **VORBEREITUNG** 15 Min.
- ★ **ZUBEREITUNG** 40 Min. plus Abkühlzeit

Zutaten
115 g Butter, zerlassen, plus Butter zum Einfetten
100 g Zucker
110 g brauner Zucker
4 Eier
1 TL reiner Vanilleextrakt (Apotheke oder Reformhaus) oder 1 Pck. Vanillezucker
100 g Mehl
175 g Kakaopulver
1 Msp. Natron
225 g Vollmilch- oder Zartbitterschokoladentropfen

1 Den Backofen auf 150 °C vorheizen. Butter, beide Zucker, Eier und Vanilleextrakt oder -zucker mit dem Handrührgerät oder in der Küchenmaschine gut miteinander vermengen.

2 In einer zweiten Schüssel Mehl, Kakao und Natron mischen. Die Mehlmischung in Drittelportionen unter die Buttermischung rühren und nach jeder Zugabe gründlich einarbeiten. Zum Schluss die Schokotropfen einrühren.

3 Ein großes Kuchenblech oder eine Brownieform (23 × 23 cm) fetten, mit Backpapier auslegen und den Teig einfüllen. Gleichmäßig mit dem Palettmesser bis in die Ecken glatt streichen.

4 35–40 Minuten backen, bis der Brownie fest ist. Aus dem Ofen nehmen und in der Form abkühlen lassen, dann aus der Form lösen und in 16–20 Vierecke schneiden.

Schokoladentropfen sind eine unverzichtbare Zutat für spontane Backprojekte und sollten in keiner Küche fehlen.

ODER SO ...

KIRSCHE & WALNUSS
Für nussige Brownies die Schokotropfen durch 80 g **getrocknete Kirschen** und 120 g **grob gehackte Walnüsse** ersetzen. Gut in den Teig einarbeiten.

ERDNUSSBUTTER
250 g **cremige Erdnussbutter** auf der Hälfte des Teiges in der Form verstreichen und als Zwischenschicht mit dem Rest des Teiges bedecken. Wie in Schritt 4 angegeben backen.

BUTTERSCOTCH
Die Schokotropfen durch **Buttertoffee-** oder **Karamellsplitter** ersetzen.

GEWÜRZ-BEIGNETS

Aus New Orleans stammen diese ausgebackenen kleinen Krapfen, die im 18. Jahrhundert mit französischen Siedlern nach Louisiana gekommen sein sollen.

- ★ **ERGIBT** 40 Stück
- ★ **VORBEREITUNG** 20 Min. plus Ruhe- und Kühlzeiten
- ★ **ZUBEREITUNG** 20 Min.

Zutaten
1 Pck. (7 g) Trockenhefe
100 g Zucker
250 g Sahne
60 g Butter
2 Eier
750 g Mehl, plus Mehl zum Bestäuben
1 l Erdnuss- oder Sonnenblumenöl zum Frittieren

Für das Kürbiskuchengewürz
1 El Zimt
½ EL Ingwerpulver
½ EL gemahlene Muskatnuss
½ EL gemahlene Nelke
75 g Puderzucker

1 Die Hefe mit eine Prise Zucker in 125 ml warmem Wasser auflösen. 5–7 Minuten stehen lassen, bis sich Bläschen bilden.

2 In einem Topf Sahne und Butter auf niedriger Stufe erhitzen, bis die Butter zerlassen ist. Sofort vom Herd nehmen. Zucker, Eier und Hefe in eine große Schüssel geben, dann die Butter-Sahne-Mischung einrühren. Die Hälfte des Mehls einrühren. Nach und nach das restliche Mehl in Drittelportionen einarbeiten und zu einer großen Teigkugel verkneten.

3 Den Teig 5–7 Minuten kneten und nach Bedarf etwas Mehl zugeben, wenn er zu klebrig wird. Den Teig zu einer Kugel formen, in eine Schüssel geben und abdecken. 4–6 Stunden im Kühlschrank auf doppelte Größe gehen lassen. Dann den Teig auf einer bemehlten Fläche 1 cm dick ausrollen und in 4 cm große Quadrate schneiden.

4 Für das Kürbiskuchengewürz Zimt, Ingwer, Muskatnuss, Nelke und Puderzucker in einer kleinen Schüssel vermischen.

5 Das Öl in einem großen Topf oder der Fritteuse auf 190 °C erhitzen (Anleitung s. S. 144). Die Teigstücke in Portionen zu fünf oder sechs Stück 1–2 Minuten von jeder Seite frittieren, bis sie goldbraun und etwas aufgeplustert sind. Mit einem Schaumlöffel herausnehmen und auf einem Kuchengitter abkühlen lassen.

6 Die Gewürzmischung durch ein feines Sieb streichen und die Beignets damit bestäuben. Heiß servieren. Für das echte New-Orleans-Feeling eine Tasse Café au Lait aus halb Kaffee, halb leicht aufgeschäumter Milch dazu reichen.

Muskatnuss verleiht süßen wie herzhaften Speisen eine warme, delikate, leicht bittersüße Note.

KUCHEN, SÜSSES & EINGEMACHTES

RED VELVET CUPCAKES

Diese Cupcakes sehen mit ihrem Rotton und ihren Cream-Cheese-Häubchen nicht nur super aus, sie schmecken auch großartig.

- **ERGIBT** 18–20 Stück
- **VORBEREITUNG** 25 Min.
- **ZUBEREITUNG** 22–25 Min. plus Abkühlzeit

Zutaten

125 g weiche Butter
250 g Zucker
2 Eier, leicht verquirlt
2 TL rote Lebensmittelfarbe
1 TL reiner Vanilleextrakt (Apotheke oder Reformhaus) oder 1 Pck. Vanillezucker
250 g Mehl
1 EL Backpulver
4 EL Kakaopulver
200 g Buttermilch (gekauft oder selbst gemacht, s. S. 12)
1 TL Apfelessig
1 TL Natron

Für das Frosting

50 g Doppelrahmfrischkäse
50 g weiche Butter
200 g Puderzucker
1 TL Vanilleextrakt (s. o.) oder 1 Pck. Vanillezucker

1 Den Backofen auf 180 °C vorheizen. Butter und Zucker mit dem Handrührgerät in einer großen Schüssel schaumig schlagen. Eier, Lebensmittelfarbe und Vanille zugeben und sorgfältig rühren.

2 Mehl, Backpulver und Kakaopulver in eine Schüssel sieben. Ein Drittel der Mehlmischung zur Buttermischung geben und gut verrühren. Die Hälfte der Buttermilch zugeben und verrühren, dann ein weiteres Drittel Mehl hinzufügen. Den Rest der Buttermilch und dann das letzte Drittel Mehl einarbeiten. Den Apfelessig in einer weiteren Schüssel mit dem Natron verschlagen und unter den Teig ziehen.

3 18–20 Cupcake-Papierförmchen in zwei Muffinbleche mit je zwölf Mulden setzen (oder die Cupcakes portionsweise backen). Den Teig zwei Drittel hoch in die Förmchen füllen. 22–25 Minuten backen, bis der Teig fest ist, aber noch nachgibt. Den Ofen frühestens nach 20 Minuten Backzeit öffnen. Die Cupcakes auf einem Kuchengitter vollständig abkühlen lassen.

4 Für das Frosting den Frischkäse mit Butter, Puderzucker und Vanille schaumig aufschlagen. Die Frischkäsecreme entweder in einen Spritzbeutel mit einer Sterntülle füllen und spiralförmig auf die Cupcakes spritzen oder von Hand mit dem Rücken eines in warmes Wasser getauchten Löffels auftragen und glatt streichen.

TIPP Die Cupcakes können 1 Tag im Voraus gebacken und ohne Frosting in einem luftdicht schließenden Behälter aufbewahrt werden. Das Frosting erst am Tag des Verzehrs auftragen.

KUCHEN, SÜSSES & EINGEMACHTES ★ 211

WHOOPIE PIES MIT ERDBEEREN UND SAHNE

Diese gefüllten Riesenkekse ähneln Windbeuteln, sind aber leichter zuzubereiten. Sie schmecken am besten ofenfrisch.

- ★ **ERGIBT** 10 Stück
- ★ **VORBEREITUNG** 40 Min.
- ★ **ZUBEREITUNG** 12 Min.

Zutaten
175 g weiche Butter
150 g brauner Zucker
1 großes Ei
1 TL reiner Vanilleextrakt (Apotheke oder Reformhaus) oder 1 Pck. Vanillezucker
225 g Mehl, mit 3½ TL Backpulver vermischt
75 g Kakaopulver
150 ml Vollmilch
2 EL griechischer oder anderer fester Joghurt
150 g Sahne, geschlagen
250 g Erdbeeren, geputzt und in dünne Scheiben geschnitten
Puderzucker zum Bestäuben

1 Den Backofen auf 180 °C vorheizen. Mehrere Backbleche mit Backpapier auslegen. Butter und Zucker mit dem Handrührgerät schaumig schlagen. Ei und Vanilleextrakt oder -zucker unterrühren. Mehl und Kakao in eine Schüssel sieben. Löffelweise die Trockenzutaten und die Milch in den Teig einarbeiten. Den Joghurt unterziehen.

2 Gehäufte Esslöffel Teig mit großzügigem Abstand auf den Backblechen verteilen. Einen Esslöffel in warmes Wasser tauchen und den Teig an der Oberfläche mit dem Löffelrücken glatt streichen.

3 12 Minuten backen, bis der Teig aufgegangen ist. Einige Minuten ruhen lassen, dann zum Abkühlen auf ein Kuchengitter geben.

4 Die Hälfte der Törtchen auf der flachen Seite mit Schlagsahne bestreichen. Eine Lage Erdbeeren darauf verteilen und die übrigen Törtchen als Deckel daraufsetzen. Mit Puderzucker bestäuben und servieren. Whoopie Pies sollten am gleichen Tag gegessen werden.

KOKOS-CREMETORTE

Eine dreistöckige Torte ist schon ein besonderer Luxus. Da macht diese Köstlichkeit mit viel Schlagsahne keine Ausnahme!

- ★ **FÜR** 8–10 Personen
- ★ **VORBEREITUNG** 30 Min.
- ★ **ZUBEREITUNG** 35 Min. plus Abkühlzeit

Zutaten

225 g weiche Butter, plus Butter zum Einfetten
400 g feinster Zucker
115 g Kokosfett
2 TL reiner Vanilleextrakt (Apotheke oder Reformhaus) oder 2 Pck. Vanillezucker
4 Eier (zimmerwarm)
4 Eiweiß (zimmerwarm)
550 g Mehl, plus Mehl zum Bestäuben
½ TL Salz
1 EL Backpulver
375 ml Kokosmilch
45 g Kokosflocken zum Dekorieren

Für die Schlagsahne

500 g Sahne
50 g Zucker
1 TL Vanilleextrakt (s.o.) oder 1 Pck. Vanillezucker

1 Den Backofen auf 180 °C vorheizen. Butter, Zucker und Kokosfett mit dem Handrührgerät cremig rühren. Zunächst den Vanilleextrakt oder -zucker, dann nacheinander die Eier einarbeiten. Anschließend die Eiweiße schaumig aufschlagen und unterziehen.

2 Mehl, Salz und Backpulver in eine Schüssel sieben. In Drittelportionen abwechselnd mit der Kokosmilch zum Teig geben. Sorgfältig rühren, bis die Mischung locker und luftig ist.

3 Drei runde Kuchenformen (je 23 cm) fetten und mit Mehl bestäuben. Den Teig gleichmäßig auf die Formen verteilen. 30–35 Minuten backen, bis an einem in die Mitte gestochenen Zahnstocher kein Teig mehr klebt. Die Tortenböden 10 Minuten in den Formen abkühlen lassen, dann zum Abkühlen auf Kuchengitter stürzen.

4 Die Kokosflocken in der trockenen Pfanne bei mittlerer Hitze goldgelb rösten. Die Sahne mit Zucker und Vanille steif schlagen.

5 Einen Tortenboden auf einen Teller geben und mit einem Drittel der Schlagsahne bedecken. Den zweiten Boden darauflegen und mit einem weiteren Drittel der Sahne bestreichen. Mit dem dritten Boden und der restlichen Sahne abschließen. Mit Kokosflocken bestreuen und servieren.

CHOCOLATE FUDGE CUPCAKES

Für »Chocoholics«: kompromisslose Schokoladen-Cupcakes, veredelt mit einer feinen dunklen Ganache und frischen Himbeeren.

★ **ERGIBT** 12 Stück
★ **VORBEREITUNG** 30 Min.
★ **ZUBEREITUNG** 20 Min. plus Abkühlzeit

Zutaten
60 g Kakaopulver
85 g Vollmilch- oder Zartbitterschokolade
115 g weiche Butter
200 g Zucker
3 Eier (zimmerwarm)
150 g Mehl
1 TL Natron
2 TL Backpulver
1 Prise Salz
120 ml Vollmilch
Himbeeren zum Garnieren

Für die Ganache
350 g Vollmilch- oder Zartbitterschokolade
350 g Sahne

1 Den Backofen auf 180 °C vorheizen. Für die Cupcakes Kakao, Schokolade und 200 ml Wasser in einem kleinen Topf auf niedrigster Stufe erhitzen, bis die Schokolade geschmolzen ist, und mit dem Schneebesen glatt rühren.

2 Butter und Zucker mit dem Handrührgerät in einer großen Schüssel cremig aufschlagen. Nacheinander die Eier zugeben und nach jeder Zugabe sorgfältig rühren. Die Schokoladenmischung unterziehen. Mehl, Natron, Backpulver und Salz in eine zweite Schüssel sieben.

3 Die trockenen Zutaten in Drittelportionen abwechselnd mit der Milch zur Butter-Schokoladen-Masse geben und alles gut vermengen. Zwölf Cupcake-Papierförmchen in die Vertiefungen eines Muffinblechs setzen. Den Teig zwei Drittel hoch in die Förmchen füllen.

4 17–20 Minuten backen, bis an einem in die Mitte gestochenen Zahnstocher kein Teig mehr klebt. Die Cupcakes zum Abkühlen auf ein Kuchengitter setzen.

5 Für die Ganache Schokolade und Sahne in einer kleinen Rührschüssel über einen Topf mit siedendem Wasser geben, ohne dass die Schüssel das Wasser berührt (Anleitung s. S. 238). Sobald die Schokolade geschmolzen ist, die Schüssel vom Wasserbad nehmen und die Ganache glatt rühren. Beiseitestellen.

6 Die auf Zimmertemperatur abgekühlte Ganache luftig aufschlagen. Kalt stellen, dann auf die Cupcakes löffeln. Mit Himbeeren garnieren und servieren.

Himbeeren passen mit ihrer feinen Fruchtsäure sehr gut zu dunkler Schokolade.

KUCHEN, SÜSSES & EINGEMACHTES ★ 215

HEIDELBEER-STREUSELKUCHEN

Für einen knusprigen Biss werden die Streusel auf diesem Blechkuchen mit kleinen Pekannussstückchen vermischt.

★ **FÜR** 16 Personen
★ **VORBEREITUNG** 20 Min.
★ **ZUBEREITUNG** 50 Min.

Zutaten
115 g Butter, plus Butter zum Einfetten
160 g brauner Zucker
1 TL reiner Vanilleextrakt (Apotheke oder Reformhaus) oder 1 Pck. Vanillezucker
2 Eier
225 g Mehl, plus 2 EL Mehl zum Wenden
1 Prise Salz
½ TL Backpulver
½ TL Natron
250 ml Milch
250 g Heidelbeeren

Für die Streusel
60 g Butter, zerlassen
75 g Mehl
160 g brauner Zucker
125 g Pekannüsse, gehackt
1 TL Ingwerpulver
1 TL gemahlener Zimt

1 Den Backofen auf 180 °C vorheizen. Butter und Zucker mit dem Handrührgerät cremig aufschlagen. Vanilleextrakt oder -zucker und nacheinander die Eier zugeben. Nach jeder Zugabe sorgfältig rühren.

2 Mehl, Salz, Backpulver und Natron in eine Schüssel sieben. In kleinen Portionen abwechselnd mit der Milch unter die Butter-Eier-Masse ziehen. Alles gut vermengen.

3 In einer zweiten Schüssel die Heidelbeeren mit 2 EL des Mehls mischen, dann unter den Teig ziehen. Den Teig gleichmäßig in eine 23 × 35 cm große Kuchenform füllen.

4 Für den Streuselbelag Butter, Mehl, Zucker, Nüsse und Gewürze vermengen und krümelig über den Teig streuen. 45–50 Minuten backen, bis der Kuchen aufgegangen ist und an einem in die Mitte gestochenen Zahnstocher kein Teig mehr klebt. Heiß zu einer Tasse Kaffee servieren.

So schmeckt der
PAZIFISCHE NORDWESTEN

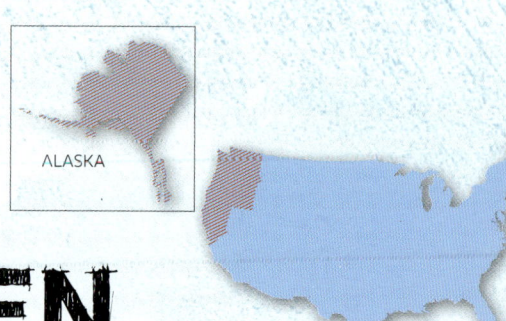

SPEISEN UND AROMEN

★ Die **Geoduck**, eine regionale Spezialität, ist auch in der japanischen Küche beliebt. Die Riesenmuschel wird bis zu 150 Jahre alt und bis zu 4,5 kg schwer.

★ Die vielen **Beeren** der Region, darunter Huckleberries, gelbe Himbeeren und Boysenbeeren, werden zum Backen und Einkochen genutzt (siehe unten).

★ **Lachs** aus dem Pazifik wird häufig über Zedernholz geräuchert, was sein kräftiges Aroma noch verstärkt.

★ **Äpfel** sind eine der vielen Obstsorten, die hier in Fülle gedeihen und auf den örtlichen Märkten angeboten werden.

★ Seattles **Pike Place Market** ist für seine regionalen Produkte berühmt und die beste Quelle für fangfrischen Fisch.

Die Staaten des Pazifischen Nordwestens haben mit die längsten Küsten der USA und ein feuchtkühles Klima. Sie sind berühmt für ihre Meeresfrüchte und äußerst fruchtbares Land.

Der Pazifische Nordwesten war eine der letzten Regionen der USA, die kolonisiert wurden. Die erste größere Siedlergruppe ließ sich in den 1840er-Jahren in der Region nieder. Sie fanden hohe Berge, fruchtbare Täler, Wälder voller Wild und Beeren, Küstengewässer und Flüsse voller Lachse und Forellen vor. Zu den besten Fangrevieren des Landes zählt der Norden Alaskas, wo der Pazifiklachs sehr geschätzt wird. Da die Küche dieser Region sich erst spät entwickelte, ist sie weniger typisch als etwa die des Südwestens; die Gerichte sind häufig stärker von der Qualität regionaler Zutaten geprägt als durch einen bestimmten Kochstil. Dafür ist hier der Einfluss der jahrhundertealten indianischen Küche spürbar und in der jüngeren Vergangenheit haben auch asiatische Einwanderer ihre Geschmacksvorlieben beigesteuert.

Der Pike Place Market wurde 1907 gegründet und ist damit eine der ältesten Markthallen des Landes.

Die Alaska-Königskrabbe ist hier ein Klassiker. Einige der Riesenkrustentiere erreichen eine Beinlänge von unglaublichen 1,80 m Länge.

Lachs ist vermutlich Alaskas bekanntester Exportschlager – einer, auf den es stolz sein kann.

Rund um die San Francisco Bay finden sich unzählige lokale Versionen des Fischeintopfs Cioppino.

Die Küste des Pazifischen Nordwestens ist für ihre raue natürliche Schönheit bekannt – besonders um Big Sur herum.

Seattle beansprucht nicht ganz zu Unrecht, die Wiege der modernen Kaffeekultur zu sein.

Kurz gebratenes frisches Thunfischsteak verpasst dem klassischen Thunfisch-Spaghetti-Auflauf einen zeitgemäßen Auftritt.

SCHOKO-ZUCCHINI-GUGELHUPF

Zucchini lassen sich genau wie Möhren auch für Süßspeisen verwenden. Gerieben hält das Gemüse den Kuchen tagelang saftig.

★ **FÜR** 6-8 Personen
★ **VORBEREITUNG** 20 Min.
★ **ZUBEREITUNG** 55 Min.

Zutaten

115 g weiche Butter, plus Butter zum Einfetten
60 g Kokosfett
200 g feinster Zucker
225 g brauner Zucker
½ TL reiner Vanilleextrakt (Apotheke oder Reformhaus) oder ½ TL Vanillezucker
2 Eier (zimmerwarm)
300 g Mehl
2 TL Backpulver
60 g Kakaopulver
1 Prise Salz
400 g Zucchini, gerieben
Puderzucker zum Bestäuben

1 Den Backofen auf 160 °C vorheizen. Butter, Kokosfett, Zucker und Vanilleextrakt oder -zucker mit dem Handrührgerät in einer großen Schüssel aufschlagen. Nacheinander die Eier zugeben und nach jeder Zugabe sorgfältig rühren.

2 Mehl, Backpulver, Kakaopulver und Salz in eine Schüssel sieben. Nach und nach unter die Buttermischung heben und gründlich vermengen.

3 Die Zucchini mit einem Teigschaber unterziehen und alles gut vermengen.

4 Den Teig in eine gefettete Gugelhupfform (23 cm) füllen und 45–55 Minuten backen, bis an einem in die Mitte gestochenen Zahnstocher kein Teig mehr klebt. Puderzucker durch ein feines Sieb streichen und den Kuchen damit bestäuben. Warm servieren.

TIPP Wenn Sie keine Gugelhupfform haben, können Sie sich mit einer runden 25-cm-Kuchenform und einer kleinen Ramequin- oder Souffléform behelfen: Die große Form fetten und die kleine Form mit getrockneten Bohnen beschweren und in die Mitte stellen. Dann den Teig drumherumgießen.

Zucchini haben einen eher dezenten Geschmack, der den Kuchen nicht dominiert.

KUCHEN, SÜSSES & EINGEMACHTES ★ 219

ZITRONEN-KUCHEN

»Pound Cake« ist ein Rührkuchen, der ursprünglich alle Grundzutaten in gleicher Menge enthielt. Diese leichtere Version ersetzt einen Teil Butter durch saure Sahne.

- ★ **FÜR** 8–10 Personen
- ★ **VORBEREITUNG** 20 Min.
- ★ **ZUBEREITUNG** 45 Min. plus Abkühlzeit

Zutaten
225 g weiche Butter, plus Butter zum Einfetten
400 g Zucker
6 Eier
1 TL reiner Vanilleextrakt (Apotheke oder Reformhaus) oder 1 Pck. Vanillezucker
450 g Mehl
1 Msp. Natron
200 g saure Sahne

Für die Glasur
1 EL Vollmilch
Saft von 1 Zitrone
125 g Puderzucker

1 Den Backofen auf 180 °C vorheizen. Die Butter mit dem Handrührgerät in einer großen Schüssel nach und nach mit dem Zucker schaumig aufschlagen. Nacheinander die Eier zugeben und nach jeder Zugabe sorgfältig rühren. Den Vanilleextrakt oder -zucker einrühren.

2 Mehl und Natron in eine Schüssel sieben. In Drittelportionen abwechselnd mit der sauren Sahne unter die Eimischung ziehen.

3 Den Teig in eine gefettete Gugelhupfform (ca. 25 cm) füllen (oder siehe Tipp gegenüber). 40–45 Minuten backen, bis der Kuchen leicht gebräunt und fest in der Konsistenz ist. 10 Minuten in der Form abkühlen lassen, dann aus der Form lösen und auf einen Servierteller stürzen.

4 Für die Glasur Milch, Zitronensaft und Zucker verschlagen. Die Glasur langsam über den Kuchen gießen. Noch warm servieren.

CHOCOLATE CHIP COOKIES

Diese klassischen Schokokekse sind außen knusprig, innen weich und unheimlich lecker.

★ **ERGIBT** 15 Stück
★ **VORBEREITUNG** 10 Min.
★ **ZUBEREITUNG** 15 Min. plus Abkühlzeit

Zutaten
100 g weiche Butter
100 g Zucker
100 g brauner Zucker
1 großes Ei
1 TL reiner Vanilleextrakt (Apotheke oder Reformhaus) oder 1 Pck. Vanillezucker
175 g Mehl
½ TL Backpulver
½ TL Salz
100 g Milchschokoladentropfen oder fein gehackte Milchschokolade

1 Den Backofen auf 180 °C vorheizen. Butter und Zucker mit dem Handrührgerät in einer großen Schüssel schaumig schlagen. Ei und Vanilleextrakt oder -zucker einrühren.

2 Mehl, Backpulver und Salz sieben und mit der Buttermischung gut vermengen.

3 Zum Schluss die Schokotropfen unterheben. Häufchen von je 1 EL Teig in großzügigen Abständen auf mehrere Backbleche verteilen. Die Cookies gehen beim Backen in die Breite.

4 Die Cookies auf mittlerer Schiene 13–15 Minuten backen, bis sie leicht Farbe annehmen und gerade gar sind. 5 Minuten auf den Blechen abkühlen lassen, dann zum vollständigen Abkühlen auf Kuchengitter geben. Mit einem Glas Milch servieren.

WAS STECKT DAHINTER?

Als Schöpferin der Chocolate Chip Cookies gilt Mrs Ruth Wakefield, Besitzerin des Restaurants *Toll House* in Massachusetts. Sie sollen 1930 bei einem missglückten Versuch entstanden sein, normale Schokoladenkekse zu backen. 1936 veröffentlichte sie ihr Rezept für »Chocolate Chip Cookies«. Schon kurz darauf kamen Chocolate Chips (Schokotropfen) zum Backen auf den Markt.

ODER SO ...

WEISSE SCHOKOLADE
Die Milchschokoladentropfen durch je 75 g **weiße Schokotropfen** und grob gehackte **Macadamianüsse** ersetzen. Nach Rezept backen.

WINTER-COOKIES
Für eine weihnachtliche Variante die Schokotropfen durch je 75 g grob gehackte **Pistazien** und **getrocknete Cranberrys** ersetzen. Nach Rezept backen.

SCHOKO-TRIPLE
Für Schoko-Fans die dreifache Dosis: 25 g des Mehls durch die gleiche Menge **ungesüßten Kakao** ersetzen. Je 75 g **Zartbitter-** und **weiße Schokotropfen** hinzufügen und nach Rezept backen.

CRANBERRY-HAFERKEKSE

Diese Haferkekse sind nicht nur lecker, sondern stecken auch voller gesunder Ballaststoffe.

- ★ **ERGIBT** 16 Stück
- ★ **VORBEREITUNG** 15 Min.
- ★ **ZUBEREITUNG** 15 Min.

Zutaten
100 g weiche Butter
50 g Demerarazucker
150 g Zucker
1 Ei
125 g Mehl
1 Msp. Backpulver
1 Msp. gemahlener Zimt
1 Prise Salz
100 g Haferflocken
60 g getrocknete Cranberrys

1 Den Backofen auf 180 °C vorheizen. Butter und Zucker mit dem Handrührgerät in einer großen Schüssel schaumig schlagen, dann das Ei einrühren.

2 Mehl, Backpulver, Zimt und Salz auf die Buttermischung sieben und alles vermengen. Dann Haferflocken und Cranberrys unterziehen.

3 Häufchen von je 1 EL Teig in großzügigen Abständen auf zwei beschichtete Backbleche verteilen und auf mittlerer Schiene 15 Minuten backen, bis die Kekse am Rand zu bräunen beginnen. Die Mitte sollte noch etwas weich sein.

4 Die Kekse aus dem Ofen nehmen und 5 Minuten auf den Blechen abkühlen lassen, dann zum vollständigen Abkühlen auf Kuchengitter legen.

TIPP Diese Kekse schmecken besonders gut warm zu einem Glas kalte Milch.

Getrocknete Cranberrys sind mit ihrem süß-säuerlichen Geschmack eine gute Alternative zu Rosinen.

APFEL-SNICKERDOODLES

Die leckere Zimtzucker-Apfel-Kruste gibt diesen beliebten, an Weihnachtsplätzchen erinnernden Keksen einen besonderen Dreh.

- ★ **ERGIBT** 20 Stück
- ★ **VORBEREITUNG** 10 Min. plus Kühlzeit
- ★ **ZUBEREITUNG** 10–12 Min.

Zutaten
- 100 g weiche Butter
- 175 g Zucker
- 1 Ei
- ½ TL reiner Vanilleextrakt (Apotheke oder Reformhaus) oder ½ Pck. Vanillezucker
- 1 Apfel, geschält und grob gerieben
- 225 g Mehl
- ½ TL Backpulver
- 1 Prise Salz

Für die Zimtkruste
- 25 g Zucker
- 25 g Apfelchips oder getrocknete Apfelringe
- 1½ TL gemahlener Zimt

1 Butter und Zucker mit dem Handrührgerät in einer großen Schüssel schaumig schlagen. Ei und Vanilleextrakt oder -zucker einrühren, dann den geriebenen Apfel unterziehen. Mehl, Backpulver und Salz sieben und untermengen. Zugedeckt 30 Minuten kalt stellen. Währenddessen Zucker, Apfelchips und Zimt im Mixer zu einem feinen Pulver mahlen.

2 Den Backofen auf 200 °C vorheizen. Den Teig aus dem Kühlschrank nehmen, mit einem Eisportionierer oder Esslöffelmaß kleine Kugeln abstechen und auf einen Teller geben. Zwischen den Handflächen kurz rund rollen. Wenn der Teig zu weich dafür ist, den Teller weitere 15 Minuten in den Kühlschrank stellen.

3 Die Teigkugeln im Apfel-Zimtzucker wälzen, sodass sie gleichmäßig überzogen sind. Leicht zwischen den Händen flacher drücken und mit großzügigem Abstand auf zwei mit Backpapier ausgelegte Backbleche verteilen. Die Snickerdoodles auf mittlerer Schiene 10–12 Minuten backen, bis sie aufgegangen und goldbraun sind. Aus dem Ofen nehmen und 5 Minuten auf den Blechen abkühlen lassen, dann zum vollständigen Abkühlen auf Kuchengitter setzen.

CHURROS MIT SCHOKO-LADEN-CHILI-SAUCE

Das mit Zimt und Zucker bestreute spanische Schmalzgebäck ist schnell gemacht, meist aber genauso schnell weggefuttert.

- ★ **ERGIBT** 20 Stück
- ★ **VORBEREITUNG** 10 Min. plus Abkühlzeit
- ★ **ZUBEREITUNG** 15 Min.

Zutaten
25 g Butter
200 g Mehl
50 g Zucker
1 TL Backpulver
1 l Erdnuss- oder anderes Pflanzenöl
1 TL gemahlener Zimt

Für die Schokoladensauce
50 g Zartbitterschokolade, in kleine Stücke gebrochen
150 g Sahne
1 EL Zucker
1 EL Butter
1 Prise Salz
1 Msp. Chilipulver oder Cayennepfeffer (oder nach Geschmack)

1 200 ml kochendes Wasser in einen Messbecher füllen. Die Butter hineingeben und unter Rühren zerlassen. Das Mehl, die Hälfte des Zuckers und das Backpulver in eine Schüssel sieben. Eine Mulde in die Mitte drücken und langsam unter ständigem Rühren das heiße Butterwasser hinzugießen, bis eine dickflüssige Paste entsteht. Die Mischung 5 Minuten abkühlen und ruhen lassen.

2 Das Öl 10 cm hoch in einen großen Topf oder eine Fritteuse füllen und auf 190 °C erhitzen (Anleitung s. S. 144). Einen Topfdeckel bereitlegen und das heiße Öl nie unbeaufsichtigt lassen. Die Temperatur muss gleichmäßig bleiben, damit die Churros nicht verbrennen.

3 Den abgekühlten Teig in einen Spritzbeutel mit einer 2 cm großen Sterntülle füllen. 7 cm lange Teigstränge direkt ins siedende Öl spritzen und mit der Schere abtrennen. Die Fritteuse nicht überfüllen, da die Öltemperatur sonst zu stark sinkt. Die Churros 1–2 Minuten frittieren. Dabei einmal wenden, sobald sie goldbraun sind. Mit einem Schaumlöffel aus dem Öl heben und auf Küchenpapier abtropfen lassen. Den Herd ausschalten.

4 Den restlichen Zucker auf einem Teller mit dem Zimt mischen und die noch heißen Churros in der Mischung wälzen. 5–10 Minuten abkühlen lassen, dann warm servieren.

5 Für die Schokoladen-Chili-Sauce Schokolade und Sahne mit Zucker und Butter in einer hitzebeständigen Schüssel über einen Topf mit siedendem Wasser geben (Anleitung s. S. 238). Die Mischung unter ständigem Rühren 3–4 Minuten erhitzen, bis die Schokolade schmilzt und die Sauce andickt.

6 Die Sauce vom Wasserbad nehmen und 1 Prise Salz einrühren. Vorsichtig mit Chilipulver oder Cayennepfeffer abschmecken. Die Sauce schmeckt nicht pikant oder gar scharf, sie soll eher eine sich langsam entfaltende Schärfe im Mund entwickeln. In eine Schale füllen und sofort zu den frisch gebackenen Churros servieren.

DONUTS MIT SCHOKOFÜLLUNG

Die berühmten Krapfen mit dem Loch in der Mitte lassen sich erstaunlich einfach selbst backen.

- ★ **ERGIBT** 12 Stück
- ★ **VORBEREITUNG** 35 Min. plus Gehzeit
- ★ **ZUBEREITUNG** 15–20 Min.

Zutaten

150 ml Milch
75 g Butter
½ TL reiner Vanilleextrakt (Apotheke oder Reformhaus) oder ½ Pck. Vanillezucker
2 TL Trockenhefe
75 g Zucker
2 Eier, verquirlt
425 g Mehl (Type 405), plus Mehl zum Bestäuben
½ TL Salz
1 l Erdnuss- oder Sonnenblumenöl zum Frittieren, plus Öl zum Einfetten
Zucker zum Dekorieren

Für die Schokofüllung

200 ml Vollmilch
2 Eigelb
4 EL Zucker
1 TL Speisestärke
½ TL Vanilleextrakt (s.o.) oder ½ Pck. Vanillezucker
85 g Zartbitterschokolade, fein gehackt

1 Milch, Butter und Vanilleextrakt oder -zucker erhitzen, bis die Butter zerlassen ist. Lauwarm abkühlen lassen. Die Hefe und 1 EL Zucker einrühren, abdecken und 10 Minuten ruhen lassen. Die Eier einrühren.

2 Mehl und Salz in eine Schüssel sieben. Mit dem restlichen Zucker vermengen. Eine Mulde in die Mitte drücken und die Milch-Hefe-Mischung hineingießen. In der Schüssel vermengen, dann auf einer bemehlten Fläche 10 Minuten kneten. In eine geölte Schüssel geben und mit Frischhaltefolie abgedeckt 2 Stunden gehen lassen.

3 Den Teig auf einer bemehlten Fläche grob zu einer Rolle formen, in zwölf gleich große Portionen teilen und diese in den Handflächen zu Kugeln rollen. In größeren Abständen auf Backbleche setzen und mit Frischhaltefolie und einem Küchentuch abdecken. An einem warmen Ort noch einmal 1–2 Stunden auf doppeltes Volumen gehen lassen.

4 Einen großen Topf oder die Fritteuse 10 cm hoch mit Öl füllen und auf 190 °C erhitzen (Anleitung s. S. 144). Je drei Donuts vorsichtig mit der gerundeten Seite nach unten ins heiße Öl geben. Nach etwa 1 Minute wenden und ausbacken, bis sie rundum goldbraun sind. Mit dem Schaumlöffel herausheben und auf Küchenpapier abtropfen lassen. Noch warm im Zucker wenden. Vor dem Füllen abkühlen lassen.

5 Für die Füllung die Milch in einem Topf bei mittlerer Hitze erhitzen, bis sie am Rand kleine Blasen wirft und Dampf aufsteigt, sie aber nicht kocht. Mit dem Handrührgerät die Eigelbe mit Zucker und Speisestärke zu einer hellgelben, cremigen Masse aufschlagen. Nach und nach die warme Milch mit dem Schneebesen einrühren. Die Mischung wieder in den Topf geben und unter ständigem Rühren bei sehr schwacher Hitze köcheln lassen, bis sie puddingartig eingekocht ist. Die Vanille zugeben, dann die Schokolade einrühren, bis sie geschmolzen ist. Vom Herd nehmen und in eine Schüssel geben. Den Pudding vollständig auskühlen lassen, dann in einen Spritzbeutel mit dünner Tülle füllen.

6 Jeden Donut an einer Seite einstechen und langsam mit dem Spritzbeutel etwa 1 EL der Füllung einspritzen. Das Spritzloch mit etwas Zucker bestäuben, dann servieren.

KUCHEN, SÜSSES & EINGEMACHTES ★ 227

BANANEN-BUTTER-SCOTCH-MUFFINS

Butterscotch-Sauce hält sich gut im Kühlschrank, die doppelte Menge lohnt sich also.

- ★ **ERGIBT** 12 Muffins
- ★ **VORBEREITUNG** 30 Min.
- ★ **ZUBEREITUNG** 20 Min.

Zutaten
250 g Mehl
60 g Zucker
3 TL Backpulver
1 Prise Salz
50 ml Vollmilch
50 ml Erdnuss- oder Sonnenblumenöl
½ TL reiner Vanilleextrakt (Apotheke oder Reformhaus) oder ½ Pck. Vanillezucker
1 Ei
2 Bananen

Für den Karamell
60 g Butter
100 g Vollrohrzucker (z. B. Muscovadozucker)
150 g Sahne
½ TL Vanilleextrakt (s.o.) oder ½ Pck. Vanillezucker
1 Prise Salz

Für das Streusel-Topping
50 g brauner Zucker
50 g Mehl
25 g weiche Butter
½ TL gemahlener Zimt

1 Zunächst den Karamell zubereiten. Die Butter in einem kleinen Topf zerlassen, dann den Zucker einrühren und bei schwacher Hitze schmelzen lassen. Sahne, Vanilleextrakt oder -zucker und Salz hinzufügen und sorgfältig rühren. Aufkochen, dann die Temperatur reduzieren und unter ständigem Rühren 5 Minuten köcheln lassen, bis die Sauce andickt. Vom Herd nehmen und zum schnelleren Abkühlen in eine große, flache Schale gießen.

2 In der Zwischenzeit die Streusel vorbereiten. Alle Zutaten in einer kleinen Schüssel mit den Händen oder den Knethaken eines Handrührgeräts grob krümelig vermengen.

3 Den Backofen auf 200 °C vorheizen. Für die Muffins Mehl, Zucker, Backpulver und Salz in eine große Schüssel sieben. Mit dem Pürierstab oder im Mixer Milch, Öl, Vanille, Ei, 1 Banane und drei Viertel des abgekühlten Karamells mixen. Die verbleibende Banane in kleine Würfel schneiden.

4 Eine Mulde in die Mitte der Mehlmischung drücken und die flüssigen Zutaten zusammen mit den Bananenwürfeln in die Mulde geben und vorsichtig mit dem Mehl vermengen. Nicht zu lange rühren.

5 Papierformen in die Vertiefungen eines Muffinblechs setzen und jeweils zu zwei Dritteln mit Teig füllen. Den restlichen Karamell erwärmen, bis er flüssig ist, und die Muffins damit beträufeln. Falls nötig, in zwei Portionen backen.

6 Auf jeden Muffin 1 TL Streusel geben, sodass der Karamell damit bedeckt ist. 20 Minuten backen, bis die Muffins aufgegangen sind und an einem in die Mitte gestochenen Zahnstocher kein Teig mehr haftet. Die Muffins aus dem Ofen nehmen und auf einem Kuchengitter auskühlen lassen.

TIPP Die Butterscotch-Sauce kann bis zu 3 Tage im Voraus zubereitet und im Kühlschrank aufbewahrt werden. Streuselreste können in einem luftdicht schließenden Behälter eingefroren und direkt aus dem Tiefkühlfach für ein anderes Rezept verwendet werden.

BEILAGENKLASSIKER

MAISBROT NACH SÜDSTAATENART

Dieses schmackhafte Beilagenbrot ist schnell gebacken und wird frisch aus dem Ofen serviert.

★ **FÜR** 8 Personen
★ **VORBEREITUNG** 15 Min.
★ **ZUBEREITUNG** 25–30 Min.

Zutaten
150 g Mehl
150 g feine Polenta oder Maismehl
2 TL Backpulver
1 TL Salz
1 Prise Zucker
250 g Buttermilch
1 Ei, verquirlt
60 ml Pflanzenöl
Butter zum Servieren, plus Butter zum Einfetten

1 Den Backofen auf 220 °C vorheizen. Mehl, Polenta, Backpulver, Salz und Zucker in einer Schüssel vermengen. Buttermilch, Ei und Öl hinzugeben und gründlich verrühren.

2 Den Teig in eine eingefettete runde Backform (20 cm) geben und gleichmäßig verteilen.

3 25–30 Minuten goldbraun backen. Leicht abkühlen lassen und noch warm mit Butter zur Suppe oder zum Eintopf servieren.

DAZU PASST

GUMBO MIT SCHWEINSWURST
SIEHE SEITE 112

DREI-BOHNEN-CHILI
SIEHE SEITE 120

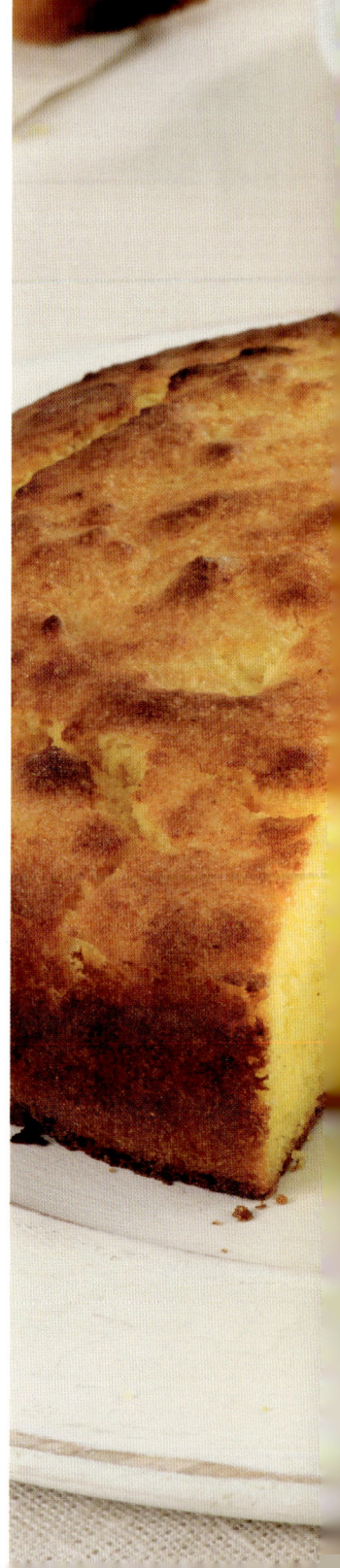

ODER SO ...

MAISBROT-MUFFINS
Den Teig in eine eingefettete Muffinform mit zwölf Mulden geben und im Backofen in 25 Minuten zu **Muffins** backen.

KÄSE & CHILI
Für eine pikante Variante 115 g geriebenen kräftigen **Cheddar** und 1 fein gehackte **Jalapeño** oder andere milde grüne Chilischote in den Teig geben.

BACON
Eine gusseiserne Pfanne 15 Minuten im Backofen erhitzen. Aus dem Ofen nehmen, den Teig und 6 zerkleinerte Scheiben **geräucherten durchwachsenen Speck** hineingeben. Das Maisbrot in der Pfanne 25 Minuten im Ofen backen.

KÄSESTANGEN

Dieses krosse selbst gemachte Knabbergebäck schmeckt frisch aus dem Ofen besonders lecker.

- ★ **ERGIBT** 50–60 Stück
- ★ **VORBEREITUNG** 20 Min. plus Kühlzeit
- ★ **ZUBEREITUNG** 5–10 Minuten

Zutaten
300 g Mehl, plus Mehl zum Bestäuben
1 TL Cayennepfeffer
½ TL geräuchertes Paprikapulver oder gemahlene Ancho-Chilischote
1 TL Salz
115 g Butter, gewürfelt
450 g Cheddar, gewürfelt
50 g Parmesan, frisch gerieben

1 Mehl, Cayennepfeffer, Paprikapulver und Salz in der Küchenmaschine oder dem Mixer kurz mischen. Butter und Käse in zwei Portionen einrühren.

2 Bei hoher Geschwindigkeit 2–3 Minuten zu einem weichen Teig verarbeiten. Den Teig in Frischhaltefolie einschlagen und 1 Stunde kalt stellen.

3 Den Backofen auf 190 °C vorheizen. Den Teig 1 cm dick zu einem Rechteck ausrollen (siehe unten). In 18 cm lange und 1 cm breite Streifen schneiden. Die Streifen auf ein mit Backpapier ausgelegtes Backblech legen und 5–10 Minuten goldbraun und knusprig backen.

TEIG AUSROLLEN

1 Den Teig aus der Folie nehmen, auf die bemehlte Arbeitsfläche legen und mit den Händen flach drücken.

2 Mit dem Nudelholz 1 cm dick zu einem Rechteck oder einer anderen gewünschten Form ausrollen.

POPCORN-BÄLLCHEN MIT WEISSER SCHOKOLADE

Ein Rezept, bei dem Kinder begeistert mitmachen! Noch hübscher werden die Bällchen, wenn man sie in Zuckerstreuseln wälzt.

- ★ **ERGIBT** 10 Stück
- ★ **VORBEREITUNG** 20 Min.
- ★ **ZUBEREITUNG** 5 Min. plus Trockenzeit

Zutaten

2 EL Erdnuss- oder Sonnenblumenöl
100 g fertiges Popcorn oder Popcornmais (Puffmais)
30 g Butter, plus Butter zum Einfetten
60 g Mini-Marshmallows
75 g weiße Schokoladenflocken
25 g Kokosflocken

1 Wird das Popcorn frisch zubereitet, das Öl bei starker Hitze in einem großen Topf erhitzen. Die Maiskörner hineingeben und durch Schwenken gleichmäßig in einer Lage verteilen. Den Deckel auflegen und 1–2 Minuten warten, bis die Maiskörner zu platzen anfangen, dann die Temperatur herunterschalten. Den Topf gelegentlich schwenken, bis die Knallgeräusche aufhören. Das Popcorn in eine große Schüssel füllen und abkühlen lassen.

2 Die Butter bei schwacher Hitze in einem großen Topf zerlassen. Die Mini-Marshmallows hineingeben und unter ständigem Rühren weiter erwärmen, bis alle Marshmallows geschmolzen sind und eine zähe Flüssigkeit entsteht.

3 Die Zuckermasse über das Popcorn gießen und gründlich vermengen, bis es verklebt. Schokoladen- und Kokosflocken zugeben und gründlich vermengen.

4 Die Hände leicht mit der Butter einfetten und eine Handvoll der Popcornmasse mit den Händen zu einer festen Kugel drücken. Die Kugel zum Trocknen auf ein Blatt Backpapier legen. Die Masse zu insgesamt zehn Kugeln formen. Mindestens 1 Stunde trocknen lassen und in einem luftdicht verschließbaren Behälter lagern.

Popcorn lässt sich einfach selbst machen. Es dauert nur 5 Minuten und ist sehr preiswert.

KUCHEN, **SÜSSES** & EINGEMACHTES ★ 233

WÜRZIG KANDIERTE PEKANNÜSSE

Eine Portion dieser leckeren kandierten Pekannüsse, hübsch verpackt, ist ein tolles Mitbringsel.

★ **ERGIBT** 225 g
★ **VORBEREITUNG** 10 Min.
★ **ZUBEREITUNG** 20 Min.

Zutaten
2 Eiweiß
1 TL reiner Vanilleextrakt (Apotheke oder Reformhaus) oder 1 Pck. Vanillezucker
125 g brauner Zucker
1 große Prise Cayennepfeffer
1 EL gemahlener Ingwer
225 g Pekannüsse

1 Den Backofen auf 180 °C vorheizen. Die Eiweiße in einer kleinen Schüssel steif schlagen. Vanilleextrakt oder -zucker einrühren.

2 In einer zweiten Schüssel den Zucker mit den Gewürzen vermengen. Die Pekannüsse erst im Eischnee und dann in der Gewürzmischung wenden. Auf ein mit Backpapier ausgelegtes Backblech geben und 20 Minuten knusprig backen.

3 Die Nüsse aus dem Ofen nehmen und nochmals in der Gewürzmischung wenden. Abkühlen lassen. Als Snack essen oder als Topping für Salate, Suppen oder Eiscreme verwenden.

SAFTIGE S'MORES-SCHNITTEN

S'mores sind geröstete Marshmallows mit Schokolade zwischen Keksen – besonders beliebt beim Campen am Lagerfeuer. Ganz easy kann man die Riegel auch selbst machen.

★ **ERGIBT** 12 Stück
★ **VORBEREITUNG** 15 Min.
★ **ZUBEREITUNG** 40 Min. plus Kühlzeit

Zutaten

115 g Butter, zerlassen, plus Butter zum Einfetten
100 g brauner Zucker
100 g Zucker
4 Eier
1 TL reiner Vanilleextrakt (Apotheke oder Reformhaus) oder 1 Pck. Vanillezucker
10 Butter- oder Vollkornkekse mit Schokoladenüberzug
75 g Mehl
1 TL Backpulver
300 g Mini-Marshmallows (für den Belag)

Für die Ganache

175 g Vollmilch- oder Zartbitterschokolade, in kleine Stücke gebrochen
1 TL gemahlener Zimt
125 g Sahne

1 Den Backofen auf 180 °C vorheizen. Eine viereckige Backform (23 cm) fetten und mit Backpapier auslegen.

2 Die Butter mit dem Handrührgerät mit den Zuckern schaumig schlagen. Die Eier einzeln und den Vanilleextrakt oder -zucker zugeben und weiter schaumig rühren.

3 Die Kekse in der Küchenmaschine oder im Mixer zu Krümeln zermahlen. Alternativ in einen Gefrierbeutel geben und mit dem Nudelholz zerkleinern. In eine große Schüssel geben und mit Mehl, Backpulver und der Butter-Eier-Masse vermengen. Den Teig in die Backform geben und 35 Minuten goldbraun backen.

4 Die Schokolade für die Ganache mit Zimt und Sahne in einer kleinen hitzebeständigen Schüssel auf einen Topf mit köchelndem Wasser setzen (Anleitung s. S. 238). Die Schüssel darf das Wasser nicht berühren. Gelegentlich rühren, bis die Schokolade geschmolzen ist. Sofort vom Wasserbad nehmen.

5 Die Ganache auf dem Kuchenboden verteilen und mit Marshmallows bedecken. Kurz unter den heißen Backofengrill geben, bis sie schmelzen und leicht gebräunt sind. 15 Minuten abkühlen lassen und dann zum leichteren Schneiden 30–45 Minuten in den Kühlschrank stellen. In Schnitten schneiden und zimmerwarm servieren.

SCHOKO-MARSHMALLOW-TOFFEE

Ein Rezept, das sich ideal für Kinder eignet. Es ist total unkompliziert und braucht nicht mehr Zeit, als die Schokolade zum Festwerden benötigt.

- ★ **ERGIBT** 36 Stück
- ★ **VORBEREITUNG** 5 Min.
- ★ **ZUBEREITUNG** 5 Min. plus Abkühlzeit

Zutaten

250 g Mini-Marshmallows
400 g Vollmilch- oder Zartbitterschokolade
450 g Kondensmilch
60 ml Vollmilch
1 TL reiner Vanilleextrakt (Apotheke oder Reformhaus) oder 1 Pck. Vanillezucker

1 Eine viereckige Backform (23 cm) mit Backpapier auslegen. Die Marshmallows in die Form legen. Schokolade, Kondensmilch und Milch in einem Topf auf mittlerer Stufe erhitzen. Unter häufigem Rühren kochen, bis die Schokolade geschmolzen und alles gut vermischt ist.

2 Vom Herd nehmen und Vanilleextrakt oder -zucker unterrühren. Die Schokoladenmischung über den Marshmallows verteilen und abkühlen lassen. Sobald das Toffee fest geworden ist, in 4 cm große Quadrate schneiden und servieren.

Marshmallows sind nicht nur als Süßigkeit toll, sondern auch eine praktische Backzutat.

BIRNEN-KARDAMOM-SIRUP

Apfelkraut (eingekochter Apfelsirup) ist auch in den USA als süßer Brotaufstrich beliebt. Eine tolle Abwechslung dazu ist dieser aromatische Birnensirup.

- ★ **ERGIBT** 2 Gläser à 300 ml
- ★ **VORBEREITUNG** 15 Min.
- ★ **ZUBEREITUNG** 1 Std. plus Abkühlzeit

Zutaten
4 Birnen (insgesamt ca. 400 g)
150 ml Apfelessig
100 g brauner Zucker
½ EL Kardamomkapseln, zerstoßen
1 Prise Salz

1 Die Birnen schälen, putzen (siehe Anleitung unten) und in Stücke schneiden. Mit Essig, 120 ml Wasser, Zucker, Kardamom und Salz in einen Topf geben, bei starker Hitze aufkochen, dann die Temperatur reduzieren und unabgedeckt 1 Stunde köcheln lassen, bis die Birnen weich sind. Den Topf vom Herd nehmen und etwa 1 Stunde vollständig abkühlen lassen.

2 Mit dem Pürierstab oder im Mixer glatt pürieren. Der Sirup passt gut als Aufstrich zu Toastbrot mit einer Tasse Kaffee.

TIPP Der Brotaufstrich hält sich in luftdicht schließenden Behältern im Kühlschrank bis zu 2 Wochen.

BIRNEN SCHÄLEN UND ENTKERNEN

1 Mit dem Melonenausstecher oder Teelöffel vom Boden her das Kerngehäuse herauslöffeln.

2 Mit dem Sparschäler oder Gemüsemesser die Schale gleichmäßig dünn abschälen und den Stiel entfernen.

LAVENDEL-SCHOKO-STÄBCHEN

Ein wenig Lavendel zur Schokolade und schon verwandeln sich einfache Salzstangen in edles Naschwerk.

- ★ **ERGIBT** 20 Stück
- ★ **VORBEREITUNG** 10 Min.
- ★ **ZUBEREITUNG** 10 Min. plus Trockenzeit

Zutaten

150 g Vollmilch- oder Zartbitterschokolade, in Stücke geschnitten oder als Tropfen

20 große Salzstangen oder Salzbrezeln

3 EL getrocknete Lavendelblüten

1 Die Schokolade in einer kleinen hitzebeständigen Schüssel über einem Topf mit köchelndem Wasser schmelzen (siehe Anleitung unten).

2 Die Salzstangen oder Brezeln zwei Drittel tief in die Schokolade tunken. Für einen großzügigen Überzug die Schüssel dabei schräg halten. Überschüssige Schokolade abtropfen lassen.

3 Die überzogenen Stangen auf ein Backpapier legen und sparsam mit Lavendelblüten bestreuen. Alternativ können die Stangen auch mit Zuckerstreuseln, Nusssplittern, klein gehackten Trockenfrüchten oder Kandiszucker bestreut werden.

SCHOKOLADE SCHMELZEN

1 Die Schokolade in eine kleine Schüssel geben und auf einen Topf mit köchelndem Wasser setzen, ohne dass das Wasser die Schüssel berührt.

2 Mit einem Metalllöffel gelegentlich umrühren. Die Schüssel sofort vom Wasserbad nehmen, sobald die Schokolade geschmolzen ist.

PISTAZIEN-BRITTLE

Brittle, eine Art Krokant, lässt sich einfach und in unendlichen Variationen mit Nüssen oder Trockenfrüchten herstellen.

★ **FÜR** 6-8 Personen
★ **VORBEREITUNG** 5 Min.
★ **ZUBEREITUNG** 18 Min. plus Abkühlzeit

Zutaten
200 g Zucker
175 g heller Maissirup (oder Glukosesirup)
125 g Pistazienkerne
30 g Butter, gewürfelt, plus Butter zum Einfetten
1 TL Natron
1 TL reiner Vanilleextrakt (Apotheke oder Reformhaus) oder 1 Pck. Vanillezucker

1 Zucker, Maissirup und 60 ml Wasser bei mittlerer Hitze in einem Topf zum Kochen bringen. Unter häufigem Rühren mit einem Holzlöffel karamellisieren lassen (siehe Anleitung unten).

2 Wenn der Zucker goldbraun karamellisiert ist, die Pistazien einrühren. Weiterrühren, bis das Thermometer wieder 160 °C anzeigt.

3 Vom Herd nehmen und Butter, Natron und Vanille einrühren. Rühren, solange die Karamellmasse schäumt und die Butter zergeht.

4 Auf ein mit Backpapier ausgelegtes oder gefettetes Blech geben und vollständig abkühlen lassen. Anschließend in Stücke brechen und in einem luftdicht schließenden Behälter aufbewahren.

TIPP Wer kein Zuckerthermometer besitzt, kann auch eine kleine Menge Karamell in ein Glas kaltes Wasser tropfen lassen. Erstarrt der Karamell, ist er heiß genug.

ZUCKER KARAMELLISIEREN

1 Zucker, Maissirup und 60 ml Wasser auf mittlerer Stufe in einem Topf erhitzen.

2 Unter häufigem Rühren kochen, bis das Zuckerthermometer 160 °C anzeigt und der Zucker goldbraun karamellisiert.

BEERENKOMPOTT MIT VANILLE UND THYMIAN

Aus reifen Sommerbeeren eingekocht, ist diese Rote Grütze der ideale Begleiter für Pfannkuchen oder Eiscreme.

★ **FÜR** 4 Personen
★ **VORBEREITUNG** 10 Min.
★ **ZUBEREITUNG** 20 Min.

Zutaten
30 g Zucker
1 Vanilleschote, längs aufgeschnitten und das Mark ausgekratzt
1 Zweig Thymian
150 g Brombeeren
100 g Kirschen oder Schattenmorellen, entsteint und halbiert (siehe Anleitung rechts)
100 g Heidelbeeren

1 Zucker, Vanilleschote und -mark und Thymian mit 2 EL Wasser in einen mittelgroßen Topf geben und unter Rühren aufkochen. Brombeeren und Kirschen zugeben, die Temperatur reduzieren und zugedeckt 8–10 Minuten köcheln lassen, bis die Beeren aufplatzen und Saft abgeben.

2 Den Deckel abnehmen, die Heidelbeeren hinzufügen, die Temperatur erhöhen und unter gelegentlichem Rühren weitere 8–10 Minuten einkochen, bis das Kompott andickt und die Beeren weich sind.

3 Vom Herd nehmen und abkühlen lassen. Vanilleschote und Thymianzweig herausnehmen. Das Kompott lauwarm oder kalt servieren.

TIPP Das köstliche Kompott hält sich im Kühlschrank mehrere Tage und schmeckt hervorragend zu Eiscreme, Joghurt oder auch im selbst gemachten Müsli (s. S. 60).

KIRSCHEN ENTSTEINEN

Mit dem Kirschentsteiner: Eine Kirsche mit dem Stiel nach unten in den Entsteiner legen und den Stein herausdrücken.

Mit dem Messer: Die Kirsche entlang der Kerbe rundum einschneiden. Die Hälften gegeneinander drehen und trennen, dann den Stein herausnehmen.

WÜRZIGES SOMMER-RELISH

Das Relish ist schnell zubereitet und macht sich hervorragend in Burgern, Hotdogs, Wraps und Sandwiches.

★ **FÜR** 6–8 Personen
★ **ZUBEREITUNG** 10 Min.

Zutaten
1 rote und 1 gelbe Paprikaschote
1 kleine rote Zwiebel, grob gehackt
1 Knoblauchzehe
½ Jalapeño oder andere milde grüne Chilischote, Samen entfernt
3 EL Reis- oder Weißweinessig
2 TL Zucker
Salz und frisch gemahlener schwarzer Pfeffer
Mayonnaise zum Servieren (nach Belieben)

1 Beide Paprikaschoten von den Kernen und Trennwänden befreien und grob hacken (siehe Anleitung unten). Paprika, Zwiebel, Knoblauch und Jalapeño in der Küchenmaschine oder im Standmixer mit Impulsschaltung fein hacken.

2 Das gehackte Gemüse in eine Schüssel geben (kein Aluminium oder Gusseisen). Essig und Zucker hinzugeben und mit Salz und Pfeffer würzen. Gründlich vermengen, dann abdecken und mindestens 4 Stunden kalt stellen.

3 Zum Servieren überschüssige Flüssigkeit abgießen und pur oder mit etwas Mayonnaise verrührt servieren.

TIPP Das Relish hält sich in einem luftdichten Behälter im Kühlschrank bis zu 5 Tage.

PAPRIKASCHOTEN VORBEREITEN

1 Die Paprikaschote auf die Seite legen, Stielansatz und Boden abschneiden. Aufstellen und längs halbieren. Das Kerngehäuse entfernen.

2 Die Paprikahälften flach auf dem Scheidebrett ausklappen. Die weißen Trennwände herausschneiden, dann das Fruchtfleisch in Stücke schneiden.

KUCHEN, SÜSSES & **EINGEMACHTES** 245

SCHNELLES SAUERKRAUT

Traditionell fermentiert Sauerkraut mehrere Wochen. Dieses Rezept bietet eine schnelle und einfache Alternative.

- ★ **FÜR** 4 Personen
- ★ **VORBEREITUNG** 10 Min.
- ★ **ZUBEREITUNG** 1½ Std.

Zutaten
1 EL Olivenöl
2 Knoblauchzehen, zerdrückt
1 kleine weiße Zwiebel, gewürfelt
1 Weißkohl, gehobelt
500 ml Apfelessig
2 EL Salz
1 EL Kümmel

1 Das Öl in einem großen Schmortopf oder Bräter erhitzen. Den Knoblauch darin bei mittlerer Hitze goldgelb anschwitzen. Die Zwiebel zugeben und 10 Minuten braten.

2 Den Kohl, 120 ml Wasser, Essig, Salz und Kümmel in den Topf geben. Aufkochen, die Temperatur reduzieren, und zugedeckt bei schwacher Hitze 1½ Stunden köcheln lassen. Warm zu Hotdogs oder Würstchen servieren

TIPP Das Sauerkraut eignet sich auch wunderbar als Einlage in Suppen und Eintöpfen.

Weißkraut hält sich, so zubereitet, im Kühlschrank mehrere Wochen.

CHOW-CHOW-RELISH

Dieses simple Relish ist so etwas wie eingelegter Krautsalat. Es schmeckt köstlich zu kaltem Braten und Käse, aber auch in Sandwiches und Wraps.

- ★ **ERGIBT** 4 Gläser à 300 ml
- ★ **VORBEREITUNG** 20 Min.
- ★ **ZUBEREITUNG** 10 Min.

Für das Gemüse
5 grüne Tomaten, fein gehackt
1 grüne und 1 rote Paprikaschote, entkernt und fein gehackt
1 rote Zwiebel, fein gehackt
3 Knoblauchzehen, zerdrückt
½ Weißkohl, gehobelt
1 EL Meersalz

Für die Beize
600 ml Apfelessig
225 g brauner Zucker
1 EL Senfkörner
1 TL Selleriesamen
1 TL Chiliflocken
60 g Meersalz

1 Das zerkleinerte Gemüse in einer großen Schüssel mit dem Salz mischen. Abdecken und über Nacht im Kühlschrank ziehen lassen.

2 Das Gemüse abtropfen lassen und in einen mittelgroßen Topf geben. Essig, Zucker, Senfkörner, Selleriesamen, Chiliflocken und Salz zugeben. Kurz aufkochen und zugedeckt bei mittlerer Hitze 15 Minuten köcheln lassen.

3 Das Relish auf vier saubere, sterile Einmachgläser (siehe Schritt 1 auf S. 249) verteilen. Das Relish hält sich im Kühlschrank bis zu 2 Wochen.

DAZU PASST

FRÜHSTÜCKS-BURRITOS
SIEHE SEITE 68

SHRIMP AND GRITS
SIEHE SEITE 110

SCHARFES PAPRIKAGELEE

Dieses einfache Gelee ist ein perfektes Einmachrezept für Einsteiger, da es nicht im Wasserbad eingekocht werden muss.

- ★ **ERGIBT** 4 Gläser à 300 ml
- ★ **VORBEREITUNG** 20 Min.
- ★ **ZUBEREITUNG** 10 Min.

Zutaten
400 g Jalapeños oder andere milde grüne Chilischoten, fein gehackt
100 g grüne Paprikaschoten, entkernt und grob gehackt
2 EL Apfelpektin
375 ml Apfelessig
675 g flüssiger Honig

1 Chili- und Paprikaschote in der Küchenmaschine oder im Mixer pürieren. In einen Topf geben und mit Pektin, Essig und Honig vermengen. Zum Kochen bringen, dann die Temperatur reduzieren und 10 Minuten köcheln lassen.

2 Das Gelee in vier saubere, sterile Einmachgläser (siehe Schritt 1 auf S. 249) mit Schraubdeckel füllen und fest zuschrauben. Vor dem Servieren mindestens 1 Stunde abkühlen lassen. Das Gelee hält sich im Kühlschrank bis zu 2 Wochen.

Grüne Paprikaschoten verleihen dem Gelee ein leicht süßes Aroma.

KUCHEN, SÜSSES & **EINGEMACHTES** ★ 249

SCHNELLE ESSIGGURKEN

Nichts ist so wunderbar knackig wie selbst eingelegte Gurke – kein Vergleich zu den gekauften aus dem Supermarkt.

★ **ERGIBT** 2 Gläser à 200 ml
★ **ZUBEREITUNG** 10 Min.

Zutaten
50 g Zucker
2 TL Salz
200 ml Weißwein- oder Reisessig
frisch gemahlener schwarzer Pfeffer
4–5 kleine Gartengurken (Einmachgurken), in dünne Scheiben geschnitten
1 EL fein gehackter frischer Dill
½ TL Dillsamen, frisch im Mörser zerrieben

1 Den Backofen auf 140 °C vorheizen. Die Gläser gründlich spülen, umgedreht auf ein Backblech stellen und 15 Minuten im heißen Ofen sterilisieren. Die Deckel in eine Metallschale legen, mit kochendem Wasser übergießen und 5 Minuten stehen lassen. Dann herausnehmen und abtropfen lassen. Mit Küchenpapier gründlich trocknen.

2 Zucker und Salz mit ein wenig Essig in eine Schüssel geben und so lange verrühren, bis sie gelöst sind. Dann den restlichen Essig hinzufügen und kräftig pfeffern.

3 Sobald die Gläser abgekühlt sind, die Gurkenscheiben in die Gläser schichten. Die einzelnen Schichten mit etwas Dill und Dillsamen bestreuen.

4 Die Gläser mit der Beize auffüllen und gut verschließen. Die Gläser schütteln, um die Beize gleichmäßig zu verteilen. Über Nacht im Kühlschrank ziehen lassen.

TIPP Die Pickles halten sich im Kühlschrank in gut verschlossenen, sterilen Gläsern bis zu 1 Monat. Nach dem Öffnen darauf achten, dass sie immer mit Beize bedeckt sind.

REGISTER

Kursive Einträge verweisen auf Schritt-für-Schritt-Anleitungen.

A

Ahornsirup
  Collard Greens (Blattkohl) 148
  Gegrilltes Käsesandwich 91
  Knuspermüsli mit Dörrobstkompott 60
  Pekannuss-Pie mit Ahornsirup 179
  Pumpkin Pie 186
  Waffeln mit Ahornsirup und Bacon 54
  Würzige Cranberry-Orangen-Sauce 165
Ananas
  Gebackener Schinken mit Ananasglasur 135
  Pineapple Upside-Down Cakes 190
  Scharf angebratener Mahi-Mahi mit Ananas-Salsa 106
  Texas Caviar auf tropische Art 16
  vorbereiten 106
Äpfel
  Äpfel im Schlafrock mit Vanilleeis 196
  Apfel-Brombeer-Cobbler 189
  Apfel-Snickerdoodles 223
  Apple & Pear Crisp 197
  Apple Pie 184–185
  Gegrilltes Käsesandwich 90
  Knuspermüsli mit Dörrobstkompott 60
  Schweinekotelett mit Apfel-Bacon-Kompott 136
  Waldorfsalat 42–43
Artischockenherzen: Artischocken-Spinat-Dip 26–27
Auberginen
  Gumbo mit Schweinswurst 112
  Philly Cheese Steak mit Sommergemüse 76
  Po'-Boy-Sandwich, vegetarisch 74
Augenbohnen
  Hoppin' John 100
  Texas Caviar auf tropische Art 16
Avocado
  Bohnenpüree mit Pico de Gallo 166
  Caesar Salad mit Lachs 39
  Cobb Salad mit krosser Hähnchenbrust 44
  entsteinen und schälen 11
  Frühstücks-Burritos 68–69
  Grobe Guacamole mit Feta 11
  Hähnchen-Tacos 86–87
  Huevos Rancheros auf *Tortilla* 62
  Mais-Avocado-Salat mit Garnelen 47
  Quesadillas mit Süßkartoffeln 78
  Schwarze-Bohnen-Suppe mit Chipotle 38
  Steak-Burritos mit Bohnen und Reis 79

B

Backen
  Angel Food Cake mit Brombeersauce 205
  Apfel-Snickerdoodles 223
  Bananen-Butterscotch-Muffins 227
  Chocolate Chip Cookies 220
  Chocolate Fudge Cupcakes 214
  Churros mit Schokoladen-Chili-Sauce 224
  Cranberry-Haferkekse 222
  Devil's Food Cake 204
  Donuts mit Schokofüllung 226
  Double Chocolate Brownies 206–207
  Gewürz-Beignets 208
  Heidelbeer-Streuselkuchen 215
  Käsestangen 230
  Kokoscremetorte 212
  Maisbrot nach Südstaatenart 228–229
  Pineapple Upside-Down Cakes 190
  Red Velvet Cupcakes 210
  Schoko-Zucchini-Gugelhupf 218
  Whoopie-Pies mit Erdbeeren und Sahne 211
  Zimtschnecken mit Pekannüssen 202
  Zitronenkuchen 219
Bacon
  BLT mit grünen Tomaten 71
  Boston Baked Beans 146
  Cobb Salad mit krosser Hähnchenbrust 44
  Country Fried Steak mit Pfeffersauce 118
  Erbsensuppe mit Speck und Croutons 36
  Gegrilltes Käsesandwich 90
  Hoppin' John 100
  Hotdogs mit Speck, Zwiebeln und Käse 84
  Maisbrot nach Südstaatenart 228
  New England Clam Chowder 34–35
  Potato Skins mit Räucherspeck 14
  Schwarze-Bohnen-Suppe mit Chipotle 38
  Schweinekotelett mit Apfel-Bacon-Kompott 136
  Shrimp and Grits 110
  Süßkartoffelauflauf mit Speck 162
  Waffeln mit Ahornsirup und Bacon 54
  Waldorfsalat 43
  siehe auch Pancetta
Bananen
  Bananas Foster mit Pekannüssen und Orange 172
  Bananen-Butterscotch-Muffins 227
  Buttermilch-Pancakes 57
  Pound Cake Banana Pudding 175
  Warmes Banana-PBJ 70
Beeren
  siehe Brombeeren, Erdbeeren, Heidelbeeren, Himbeeren
Beilagen
  Bohnenpüree mit Pico de Gallo 166
  Boston Baked Beans 146
  Buntes Kartoffelgratin 158
  Cheddar-Hushpuppies 142
  Coleslaw 150–151
  Collard Greens (Blattkohl) 148
  Creamed Corn mit Basilikum und Parmesan 152
  Festliche Maisbrotfüllung 169
  Frittierte grüne Tomaten 164
  Frittierte Zwiebelringe mit Chili-Aioli 144
  Gegrillte Maiskolben mit Limetten-Chili-Butter 153
  Geschmorte schwarze Bohnen 160
  Kartoffelbrei mit Knoblauch und Schalotten 156
  Okraschoten in der Maiskruste 161
  Rosmarin-Kastanien-Füllung 168
  Rote Bohnen mit Quinoa 140
  Succotash mit Edamame 145
  Süßkartoffelauflauf mit Speck 162
  Süßkartoffelbällchen mit Parmesan 157
  Überbackene Bohnen 149
  Würzige Cranberry-Orangen-Sauce 165
Birnen
  Apple & Pear Crisp 197
  Birnen-Kardamom-Sirup 237
  Pear Pie 185
  schälen und entkernen 237
  Waldorfsalat 43
Brombeeren
  Angel Food Cake mit Brombeersauce 205
  Bananas Foster mit Pekannüssen und Orange 172
  Beerenkompott mit Vanille und Thymian 242
  Boston Cream Trifle 180
  Peach Cobbler 189
  Waldorfsalat 43
Brot
  BLT mit grünen Tomaten 71
  French Toast mit Erdbeerfüllung 55
  Frühstücksauflauf nach Südstaatenart 61
  Gegrilltes Käsesandwich 90–91
  Mini-Hähnchenburger 104
  Pastrami on Rye 81
  Philly Cheese Steak mit Sommergemüse 76
  Reuben-Sandwich 80–81
  Rosmarin-Kastanien-Füllung 168
  Salami-Muffulettas mit Paprika 82
  Sandwich mit frittierten Garnelen (Po' Boy) 74–75
  Sloppy Joes mit Lamm und Naan-Brot 88
  Süßer Brotpudding mit Schokolade 174
  Warmes Banana-PBJ 70
Buttermilch
  Biscuits and Gravy 58
  Buttermilch-Pancake 56–57
  Cheddar-Hushpuppies 142
  Chickenwings nach Buffalo-Art 12–13
  Frittierte grüne Tomaten 164
  Maisbrot nach Südstaatenart 228–229
  Peach Cobbler 188
  Ranch-Dressing 48
  Red Velvet Cupcakes 210

REGISTER ★ 251

Southern Fried Chicken 96–97
Strawberry Shortcakes 176–177
Butterscotch
Bananen-Butterscotch-Muffins 227
Double Chocolate Brownies 207

C

Cannellinibohnen
Boston Baked Beans 146
Drei-Bohnen-Chili 120–121
Weißes Chili 121
Chilischoten
Asiatische Hühnersuppe mit Reisnudeln 29
Cheddar-Hushpuppies 142
Chili-Hummus 69
Drei-Bohnen-Chili 120–121
Feuergefährliches Chili 121
Frühstücksauflauf nach Südstaatenart 61
Frühstücks-Burritos 68–69
Gemüse-Fajitas mit Korianderdip 141
Geschmorte schwarze Bohnen 160
Gumbo mit Schweinswurst 112
Hähnchen-Tacos 86–87
Hoppin' John 100
Huevos Rancheros auf Tortilla 62
Hühnersuppe mit Tortillas 30
Maisbrot nach Südstaatenart 229
Pfirsich-Salsa mit Tortillachips 10
Scharf angebratener Mahi-Mahi mit Ananas-Salsa 106
Scharfes Paprikagelee 248
Sloppy Joes mit Lamm und Naan-Brot 88
Steak-Burritos mit Bohnen und Reis 79
Texas Caviar auf tropische Art 16
Vegetarisches Chili 121
Weißes Chili 121
Würzige Hähnchen-Nachos mit Jalapeños 15
Würziges Sommer-Relish 244
Chorizo
Dirty Rice mit Chorizo 114
Frühstücksauflauf nach Südstaatenart 61
Frühstücks-Burritos 68–69
Minestrone mit Chorizo 32
Pastalaya 108
Cranberrys
Chocolate Chip Cookies 221
Cranberry-Haferkekse 222
Festliche Maisbrotfüllung 169
Gegrilltes Käsesandwich 91
Knuspermüsli mit Dörrobstkompott 60
Würzige Cranberry-Orangen-Sauce 165

D

Desserts
Äpfel im Schlafrock mit Vanilleeis 196
Apple & Pear Crisp 197
Apple Pie 184–185
Bananas Foster mit Pekannüssen und Orange 172
Blueberry Ripple Cheesecake 192
Boston Cream Trifle 180
Cherry Pie 187
Cookie-Sandwiches mit Vanilleeis 193
Funnel Cakes mit Kokosnuss 198
Karamell-Schoko-Eisbecher 194
Key Lime Pie 178
Peach Cobbler 188–189
Pekannuss-Pie mit Ahornsirup 179
Pineapple Upside-Down Cakes 190
Pound Cake Banana Pudding 175
Pumpkin Pie 186
Strawberry Shortcakes 176–177
Süßer Brotpudding mit Schokolade 174
Süßkartoffel-Pie mit Baiserhaube 183
Zitronen-Grapefruit-Baiserkuchen 182

E

Edamame: Succotash mit Edamame 145
Eier
Cobb Salad mit krosser Hähnchenbrust 44
Croque Madame 91
Deviled Duck Eggs mit Räucherlachs 18
Eggs Benedict mit Räucherlachs 64–65
Eiersalat mit Sellerie, Kapern und Dill 46
Eiweiß steif schlagen 67
French Toast mit Erdbeerfüllung 55
Frühstücksauflauf nach Südstaatenart 61
Frühstücks-Burritos 86–69
Hausgemachter Kartoffelsalat 51
Huevos Rancheros auf Tortilla 62
Kartoffelnester mit Ei 66
Omelett »light« mit Spinat und Lachs 67
Reuben-Sandwich 104
Süßer Brotpudding mit Schokolade 174
Süßkartoffel-Pie mit Baiserhaube 183
Zitronen-Grapefruit-Baiserkuchen 182
Eingemachtes
Beerenkompott mit Vanille und Thymian 242
Birnen-Kardamom-Sirup 237
Chow-Chow-Relish 246
Scharfes Paprikagelee 248
Schnelle Essiggurken 249
Schnelles Sauerkraut 245
Würziges Sommer-Relish 244
Eiscreme
Äpfel im Schlafrock mit Vanilleeis 196
Bananas Foster mit Pekannüssen und Orange 172
Cookie-Sandwiches mit Vanilleeis 193
Karamell-Schoko-Eisbecher 194
Erbsen
Chicken Pot Pie (Hähnchenpastete) 98
Hähncheneintopf mit Rosmarinknödeln 99
Mac 'n' Cheese 139

Erdbeeren
Boston Cream Trifle 180
French Toast mit Erdbeerfüllung 55
putzen 55
Strawberry Shortcakes 176–177
Whoopie Pies mit Erdbeeren und Sahne 211
Erdnussbutter
Cookie-Sandwiches mit Vanilleeis 193
Double Chocolate Brownies 207
Warmes Banana-PBJ 70

F

Feigen: Knuspermüsli mit Dörrobstkompott 60
Fisch & Meeresfrüchte
Backfisch-Nuggets 105
Gumbo mit Schweinswurst 113
Mais-Avocado-Salat mit Garnelen 47
Quesadillas mit Süßkartoffeln 78
Sandwich mit krossen Garnelen (Po' Boy) 75
Scharf angebratener Mahi-Mahi mit Ananas-Salsa 106
siehe auch Muscheln, Krabbenfleisch, Garnelen, Lachs, Thunfisch
Frischkäse
Artischocken-Spinat-Dip 26–27
Blueberry Ripple Cheesecake 192
French Toast mit Erdbeerfüllung 55
Red Velvet Cupcakes 210
Frittieren: Öl erhitzen 144
Frühstück
Biscuits and Gravy 58
Buttermilch-Pancakes 56–57
Eggs Benedict mit Räucherlachs 64–65
French Toast mit Erdbeerfüllung 55
Frühstücksauflauf nach Südstaatenart 61
Frühstücks-Burritos 68–69
Huevos Rancheros auf Tortilla 62
Kartoffelnester mit Ei 66
Knuspermüsli mit Dörrobstkompott 60
Omelett »light« mit Spinat und Lachs 67
Waffeln mit Ahornsirup und Bacon 54

REGISTER

G
Garnelen
  Cioppino 109
  Garnelen mit Zitronen-Aioli 20-21
  Garnelen-Tacos 87
  Gumbo mit Schweinswurst 112-113
  Mais-Avocado-Salat mit Garnelen 47
  New England Clam Chowder 35
  Pastalaya 108
  Quesadillas mit Süßkartoffeln 78
  Sandwich mit krossen Garnelen (Po' Boy) 74-75
  Shrimp and Grits 110
Grapefruit: Zitronen-Grapefruit-Baiserkuchen 182
Grüne Bohnen: Überbackene Bohnen 149
Gurken: Schnelle Essiggurken 249

H
Haferflocken
  Apple & Pear Crisp 197
  Cranberry-Haferkekse 222
  Knuspermüsli mit Dörrobstkompott 60
Hähnchen
  Asiatische Hühnersuppe mit Reisnudeln 29
  BBQ-Hähnchenkeulen mit Bourbon 95
  Brunswick Stew 131
  Chicken Nuggets 97
  Chicken Pot Pie (Hähnchenpastete) 98
  Chickenwings nach Buffalo-Art 12-13
  Cobb Salad mit krosser Hähnchenbrust 44
  Dirty Rice mit Chorizo 114
  Gumbo mit Schweinswurst 113
  Hähnchenburger 127
  Hähnchen-Tacos 86-87
  Hähncheneintopf mit Rosmarinknödeln 99
  Hühnersuppe mit Tortillas 30
  Mini-Hähnchenburger 104
  Pastalaya 108
  Southern Fried Chicken 96-97
  Weißes Chili 121
  Würzige Hähnchen-Nachos mit Jalapeños 15
Hauptgerichte
  Backfisch-Nuggets 104-105
  BBQ-Hähnchenkeulen mit Bourbon 95
  Brunswick Stew 131
  Chicken Pot Pie (Hähnchenpastete) 98
  Cioppino 109
  Country Fried Steak mit Pfeffersauce 118
  Dirty Rice mit Chorizo 114
  Drei-Bohnen-Chili 120-121
  Gebackener Schinken mit Ananasglasur 135
  Gemüse-Fajitas mit Korianderdip 141
  Gespickter Truthahnbraten 94
  Gumbo mit Schweinswurst 112-113
  Hähncheneintopf mit Rosmarinknödeln 99
  Hoppin' John 100
  Klassischer Burger 126-127
  Langsam gegarte Rinderbrust 123
  Mac 'n' Cheese 138-139
  Meatloaf 122
  Pastalaya 108
  Pizza Margherita 102-103
  Pulled Pork 130
  Rinderschmorbraten 124
  Scharf angebratener Mahi-Mahi mit Ananas-Salsa 106
  Schweinefleisch-Enchiladas mit Mole 132
  Schweinekotelett mit Apfel-Bacon-Kompott 136
  Shrimp and Grits 110
  Southern Fried Chicken 96-97
  Spaghetti mit Putenklößchen 119
  Steak mit Chimichurri-Sauce 128
  Thunfisch mit Pasta und Bohnen 115
  Zweifach gegarte Schweinerippchen 134
Heidelbeeren
  Beerenkompott mit Vanille und Thymian 242
  Blaubeerkompott 57
  Blueberry Ripple Cheesecake 192
  Boston Cream Trifle 180
  Heidelbeer-Streuselkuchen 215
  Knuspermüsli mit Dörrobstkompott 60
  Peach Cobbler 189
Himbeeren
  Boston Cream Trifle 180
  Chocolate Fudge Cupcakes 214
  Himbeer-Walnuss-Dressing 48

K
Karamell
  Bananen-Butterscotch-Muffins 227
  Double Chocolate Brownies 207
  Karamell-Schoko-Eisbecher 194
  Salzkaramellsauce 185
  Zimtschnecken mit Pekannüssen 202
Karotten: *siehe* Möhren
Kartoffeln
  Brunswick Stew 131
  Buntes Kartoffelgratin 158
  Chicken Pot Pie (Hähnchenpastete) 98
  Country Fried Steak mit Pfeffersauce 118
  Erbsensuppe mit Speck und Croutons 36
  Frühstücks-Burritos 68-69
  Hausgemachter Kartoffelsalat 50-51
  in Scheiben schneiden 158
  Kartoffelbrei mit Knoblauch und Schalotten 156
  Kartoffelnester mit Ei 66
  Kartoffelrösti 65
  New England Clam Chowder 34-35
  Potato Skins mit Räucherspeck 14
  Rinderschmorbraten 124
Käse
  Artischocken-Spinat-Dip 26-27
  Biscuits and Gravy 58
  Bunter Kartoffelgratin 158
  Burgersandwich 127
  Caesar Salad mit Lachs 39
  Cheddar-Hushpuppies 142
  Chicken Pot Pie (Hähnchenpastete) 98
  Cobb Salad mit krosser Hähnchenbrust 44
  Creamed Corn mit Basilikum und Parmesan 152
  Croque Madame 91
  Frittierte grüne Tomaten 164
  Frühstücksauflauf nach Südstaatenart 61
  Frühstücks-Burritos 68-69
  Gegrilltes Käsesandwich 90
  Grobe Guacamole mit Feta 11
  Hotdogs mit Speck, Zwiebeln und Käse 84
  Huevos Rancheros auf Tortilla 62
  Kartoffelnester mit Ei 66
  Käsestangen 230
  Mac 'n' Cheese 138-139
  Maisbrot nach Südstaatenart 229
  Mini-Hähnchenburger 104
  Philly Cheese Steak mit Sommergemüse 76
  Pigs in Blankets mit Parmesan 19
  Pizza Margherita 102-103
  Potato Skins mit Räucherspeck 14
  Pretzeldogs mit Käse-Bier-Dip 83
  Quesadillas mit Süßkartoffeln 78
  Reuben-Sandwich 80-81
  Salami-Muffulettas mit Paprika 82
  Schweinefleisch-Enchiladas mit Mole 132
  Shrimp and Grits 110
  Steak-Burritos mit Bohnen und Reis 79
  Süßkartoffelbällchen mit Parmesan 157
  Würzige Hähnchen-Nachos mit Jalapeños 15
  Würziger Paprika-Käse-Dip 28
  siehe auch Frischkäse
Kichererbsen
  Boston Baked Beans, vegan 147

Chili-Hummus 69
Minestrone mit Chorizo 32
Weißes Chili 121
Kidneybohnen
　Drei-Bohnen-Chili 120–121
　Rote Bohnen mit Quinoa 140
Kirschen
　Beerenkompott mit Vanille und Thymian 242
　Cherry Pie 187
　Devil's Food Cake 204
　Double Chocolate Brownies 207
　entsteinen 242
　Knuspermüsli mit Dörrobstkompott 60
Knoblauch
　Kartoffelbrei mit Knoblauch und Schalotten 156
　schälen 156
Kohl
　Chow-Chow-Relish 246
　Coleslaw 150–151
　Collard Greens (Blattkohl) 148
　Hähnchen-Tacos 87
　Hoppin' John 100
　Minestrone mit Chorizo 32
　Schnelles Sauerkraut 245
Kokosnuss
　Funnel Cakes mit Kokosnuss 198
　Knuspermüsli mit Dörrobstkompott 60
　Kokoscremetorte 212
　Popcorn-Bällchen mit weißer Schokolade 232
Krabbenfleisch
　auslösen 24
　Crab Cakes 22
　New England Crab Dip 24
Kürbis
　Gewürz-Beignets 208
　Pumpkin Pie 186

L

Lachs
　Caesar Salad mit Lachs 39
　Cioppino 109
　Deviled Duck Eggs mit Räucherlachs 18
　Eggs Benedict mit Räucherlachs 64–65
　Omelett »light« mit Spinat und Lachs 67
Lammfleisch
　Klassischer Burger 127
　Sloppy Joes mit Lamm und Naan-Brot 88
Leichte Snacks
　BLT mit grünen Tomaten 71
　Gegrilltes Käsesandwich 90–91
　Hähnchen-Tacos 86
　Hotdogs mit Speck, Zwiebeln und Käse 84
　Philly Cheese Steak mit Sommergemüse 76
　Pretzeldogs mit Käse-Bier-Dip 83

Quesadillas mit Süßkartoffeln 78
Reuben-Sandwich 80–81
Salami-Muffulettas mit Paprika 82
Sandwich mit krossen Garnelen (Po' Boy) 74–75
Sloppy Joes mit Lamm und Naan-Brot 88
Steak-Burritos mit Bohnen und Reis 79
Warmes Banana-PBJ 70
Limetten
　Bohnenpüree mit Pico de Gallo 166
　Chili-Hummus 69
　Gegrillte Maiskolben mit Limetten-Chili-Butter 153
　Gemüse-Fajitas mit Korianderdip 141
　Key Lime Pie 178
　Scharf angebratener Mahi-Mahi mit Ananas-Salsa 106
　Steak-Burritos mit Bohnen und Reis 79
　Strawberry Shortcakes 176–177
　Texas Caviar auf tropische Art 16
　Würzige Hähnchen-Nachos mit Jalapeños 15

M

Mais
　Brunswick Stew 131
　Chicken Pot Pie (Hähnchenpastete) 98
　Corn Chowder 35
　Creamed Corn mit Basilikum und Parmesan 152
　Drei-Bohnen-Chili 120–121
　Gegrillte Maiskolben mit Limetten-Chili-Butter 153
　Gemüse-Fajitas mit Korianderdip 141
　Grobe Guacamole mit Feta 11
　Hühnersuppe mit Tortillas 30
　Mais-Avocado-Salat mit Garnelen 47
　Maiskörner abschneiden 152
　Succotash mit Edamame 145
　Texas Caviar auf tropische Art 16
　Tomatencremesuppe mit Mais und Paprika 33
　Würzige Maispuffer mit Salsa 25
Maismehl und Polenta
　Backfisch-Nuggets 105
　Cheddar-Hushpuppies 142
　Festliche Maisbrotfüllung 169
　Frittierte grüne Tomaten 164
　Maisbrot nach Südstaatenart 228–229
　Maisbrot-Muffins 229
　Okraschoten in der Maiskruste 161
　Shrimp and Grits 110
　Waffeln mit Ahornsirup und Bacon 54
Mangos
　Strawberry Shortcakes 176–177
　Texas Caviar auf tropische Art 16
Marshmallows
　Popcorn-Bällchen mit weißer Schokolade
　Saftige S'mores-Schnitten 234
　Schoko-Marshmallow-Toffee 236

Möhren
　Chicken Pot Pie (Hähnchenpastete) 98
　Coleslaw 150–151
　Erbsensuppe mit Speck und Croutons 36
　Minestrone mit Chorizo 32
　Rinderschmorbraten 124
　Roter Krautsalat 87
Muscheln
　Cioppino 109
　New England Clam Chowder 34–35

N

Nudeln
　Asiatische Hühnersuppe mit Reisnudeln 29
　Mac 'n' Cheese 138–139
　Minestrone mit Chorizo 32
　Pastalaya 108
　Rinderschmorbraten 124
　Spaghetti mit Putenklößchen 119
　Thunfisch mit Pasta und Bohnen 115
Nüsse
　Knuspermüsli mit Dörrobstkompott 60
　Rosmarin-Kastanien-Füllung 168
　siehe auch Erdnussbutter, Pekannüsse, Pistazien, Walnüsse

O

Okraschoten
　Gumbo mit Schweinswurst 112–113
　Okraschoten in der Maiskruste 161
Orangen
　Bananas Foster mit Pekannüssen und Orange 172
　Festliche Maisbrotfüllung 169
　Knuspermüsli mit Dörrobstkompott 60
　Würzige Cranberry-Orangen-Sauce 165
　Zesten reiben 165

P

Pancetta
　Collard Greens (Blattkohl) 148
　Geschmorte schwarze Bohnen 160
　Gumbo mit Schweinswurst 113
　Kartoffelnester mit Ei 66
　Succotash mit Edamame 145

REGISTER

Paprika
    Chow-Chow-Relish 246
    Coleslaw 151
    Dirty Rice mit Chorizo 114
    Drei-Bohnen-Chili 120-121
    Feuergefährliches Chili 121
    Frühstücks-Burritos 68-69
    Gemüse-Fajitas mit Korianderdip 141
    Gumbo mit Schweinswurst 112-113
    Hoppin' John 100
    Hühnersuppe mit Tortillas 30
    Minestrone mit Chorizo 32
    Pastalaya 108
    Philly Cheese Steak mit Sommergemüse 76
    rösten und schälen 82
    Rote Bohnen mit Quinoa 140
    Salami-Muffulettas mit Paprika 82
    Sandwich mit krossen Garnelen (Po' Boy) 75
    Scharf angebratener Mahi-Mahi mit Ananas-Salsa 106
    Scharfes Paprikagelee 248
    Steak-Burritos mit Bohnen und Reis 79
    Texas Caviar auf tropische Art 16
    Tomatencremesuppe mit Mais und Paprika 33
    vorbereiten 244
    Würziger Paprika-Käse-Dip 28
    Würziges Sommer-Relish 244
Pastrami on Rye 81
Pekannüsse
    Apple Pie 185
    Bananas Foster mit Pekannüssen und Orange 172
    Heidelbeer-Streuselkuchen 215
    Pekannuss-Pie mit Ahornsirup 179
    Pumpkin Pie 186
    Süßkartoffelauflauf mit Speck 162
    Waldorfsalat 43
    Würzig kandierte Pekannüsse 233
    Zimtschnecken mit Pekannüssen 202
Pfirsiche
    Peach Cobbler 188-189
    Pfirsich-Salsa mit Tortillachips 10
Pflaumen
    Würzige Pflaume 189

Pilze
    Corn Chowder 35
    Frühstücks-Burritos 69
    Gemüse-Fajitas mit Korianderdip 141
    Hähncheneintopf mit Rosmarinknödeln 99
    Minestrone mit Chorizo 32
    Philly Cheese Steak mit Sommergemüse 76
    Rinderschmorbraten 124
    Sandwich mit krossen Garnelen (Po' Boy) 75
    Überbackene Bohnen 149
Pistazien
    Chocolate Chip Cookies 221
    Pistazien-Brittle 240
Popcorn: Popcorn-Bällchen mit weißer Schokolade 232
Pute
    Gespickter Truthahnbraten 94
    Klassischer Burger 127
    Spaghetti mit Putenklößchen 119

Q
Quinoa: Rote Bohnen mit Quinoa 140

R
Reis
    Dirty Rice mit Chorizo 114
    Hoppin' John 100
    Steak-Burritos mit Bohnen und Reis 79
Rindfleisch
    Burgersandwich 127
    Country Fried Steak mit Pfeffersauce 118
    Drei-Bohnen-Chili 120-121
    Feuergefährliches Chili 121
    Klassischer Burger 126-127
    Langsam gegarte Rinderbrust 123
    Meatloaf 122
    Philly Cheese Steak mit Sommergemüse 76
    Reuben-Sandwich 80-81
    Rinderschmorbraten 124
    Steak mit Chimichurri-Sauce 128
    Steak Tacos 87
    Steak-Burritos mit Bohnen und Reis 79
Rote Bete: Rinderschmorbraten 124

S
Salatdressings
    Catalina-Dressing 48
    Green Goddess 48
    Himbeer-Walnuss-Vinaigrette 48
    Ranch-Dressing 48
    Thousand-Island-Dressing 48
Salate
    Caesar Salad mit Lachs 39
    Cobb Salad mit krosser Hähnchenbrust 44
    Coleslaw 150-151

    Eiersalat mit Sellerie, Kapern und Dill 46
    Hausgemachter Kartoffelsalat 50-51
    Mais-Avocado-Salat mit Garnelen 47
    Salami-Muffulettas mit Paprika 82
    Waldorfsalat 42-43
Sardellenfilets
    Caesar Salad mit Lachs 39
    Green Goddess (Dressing) 48
Sauerkraut
    Reuben-Sandwich 80-81
    Schnelles Sauerkraut 245
Schinken
    Braten einritzen und glasieren 135
    Croque Madame 91
    Gebackener Schinken mit Ananasglasur 135
    Salami-Muffulettas mit Paprika 82
Schokolade
    Boston Cream Trifle 180
    Chocolate Chip Cookies 220-221
    Chocolate Fudge Cupcakes 214
    Churros mit Schokoladen-Chili-Sauce 224
    Cookie-Sandwiches mit Vanilleeis 193
    Devil's Food Cake 204
    Donuts mit Schokofüllung 226
    Double Chocolate Brownies 206-207
    Karamell-Schoko-Eisbecher 194
    Lavendel-Schoko-Stäbchen 238
    Popcorn-Bällchen mit weißer Schokolade 232
    Red Velvet Cupcakes 210
    Saftige S'mores-Schnitten 234
    schmelzen 238
    Schoko-Marshmallow-Toffee 236
    Schoko-Triple 221
    Schoko-Zucchini Gugelhupf 218
    Schweinefleisch-Enchiladas mit Mole 132
    Süßer Brotpudding mit Schokolade 174
    Whoopie Pies mit Erdbeeren und Sahne 211
Schwarze Bohnen
    Bohnenpüree mit Pico de Gallo 166
    Boston Baked Beans 147
    Drei-Bohnen-Chili 120-121
    Frühstücks-Burritos 69
    Geschmorte schwarze Bohnen 160
    Huevos Rancheros auf Tortilla 62
    Hühnersuppe mit Tortillas 30
    Schwarze-Bohnen-Suppe mit Chipotle 38
    Steak-Burritos mit Bohnen und Reis 79
    Würzige Hähnchen-Nachos mit Jalapeños 15
Schweinefleisch
    Gebackener Schinken mit Ananasglasur 135
    Pulled Pork 130
    Schweinefleisch-Enchiladas mit Mole 132

REGISTER 255

Schweinekotelett mit Apfel-Bacon-Kompott 136
Zweifach gegarte Schweinerippchen 134
Sellerie
    Brunswick Stew 131
    Coleslaw 150–151
    Erbsensuppe mit Speck und Croutons 36
    Hähncheneintopf mit Rosmarinknödeln 99
    Hoppin' John 100
    Minestrone mit Chorizo 32
    Pastalaya 108
    Waldorfsalat 42–43
Spinat
    Artischocken-Spinat-Dip 26–27
    Cobb Salad mit krosser Hähnchenbrust 44
    Eier Florentiner Art 65
    Omelett »light« mit Spinat und Lachs 67
Suppen
    Asiatische Hühnersuppe mit Reisnudeln 29
    Erbsensuppe mit Speck und Croutons 36
    Hühnersuppe mit Tortillas 30
    Minestrone mit Chorizo 32
    New England Clam Chowder 34–35
    Schwarze-Bohnen-Suppe mit Chipotle 38
    Tomatencremesuppe mit Mais und Paprika 33
Süßkartoffel
    Buntes Kartoffelgratin 158
    Chicken Pot Pie (Hähnchenpastete) 98
    Gumbo mit Schweinswurst 113
    Hausgemachter Kartoffelsalat 51
    Kartoffelnester mit Ei 66
    Quesadillas mit Süßkartoffeln 78
    Rinderschmorbraten 124
    Süßkartoffelauflauf mit Speck 162
    Süßkartoffelbällchen mit Parmesan 157
    Süßkartoffel-Pie mit Baiserhaube 183

T

Teig ausrollen 230
Thunfisch
    Hausgemachter Kartoffelsalat 51
    Mac 'n' Cheese 139
    Thunfisch mit Pasta und Bohnen 115
Tomaten
    Backfisch-Nuggets 104
    BLT mit grünen Tomaten 71
    Bohnenpüree mit Pico de Gallo 166
    Boston Baked Beans 147
    Brunswick Stew 131
    Chow-Chow-Relish 246
    Cioppino 109
    Cobb Salad mit krosser Hähnchenbrust 44
    Drei-Bohnen-Chili 120–121
    Frittierte grüne Tomaten 164
    Frühstücks-Burritos 68–69
    Grobe Guacamole mit Feta 11
    Gumbo mit Schweinswurst 112–113
    Hähnchen-Tacos 86–87
    Huevos Rancheros auf Tortilla 62
    Hühnersuppe mit Tortillas 30
    Mac 'n' Cheese 139
    Mais-Avocado-Salat mit Garnelen 47
    Minestrone mit Chorizo 32
    Pastalaya 108
    Pfirsich-Salsa mit Tortillachips 10
    Pizza Margherita 102–103
    Rote Bohnen mit Quinoa 140
    Schwarze-Bohnen-Suppe mit Chipotle 38
    Schweinefleisch-Enchiladas mit Mole 132
    Shrimp and Grits 110
    Spaghetti mit Putenklößchen 119
    Steak-Burritos mit Bohnen und Reis 79
    Succotash mit Edamame 145
    Tomatencremesuppe mit Mais und Paprika 33
    Würzige Maispuffer mit Salsa 25
Tortillas
    Frühstücks-Burritos 68–69
    Gemüse-Fajitas mit Korianderdip 141
    Hähnchen-Tacos 86–87
    Huevos Rancheros auf Tortilla 62
    Pfirsich-Salsa mit Tortilla-Chips 10
    Quesadillas mit Süßkartoffeln 78
    Schweinefleisch-Enchiladas mit Mole 132
    Steak-Burritos mit Bohnen und Reis 79
Trauben: Waldorfsalat 42–43
Trockenpflaumen: Knuspermüsli mit Dörrobstkompott 60

V

Vorspeisen
    Artischocken-Spinat-Dip 26–27
    Chickenwings nach Buffalo-Art 12–13
    Crab Cakes 22
    Deviled Duck Eggs mit Räucherlachs 18
    Garnelen mit Zitronen-Aioli 20–21
    Grobe Guacamole mit Feta 11
    New England Crab Dip 24
    Pfirsich-Salsa mit Tortillachips 10
    Pigs in Blankets mit Parmesan 19
    Potato Skins mit Räucherspeck 14
    Texas Caviar auf tropische Art 16
    Würzige Hähnchen-Nachos mit Jalapeños 15
    Würzige Maispuffer mit Salsa 25
    Würziger Paprika-Käse-Dip 28

W

Walnüsse
    Double Chocolate Brownies 207

    Himbeer-Walnuss-Dressing 48
Würstchen
    Biscuits and Gravy 58
    Gumbo mit Schweinswurst 112–113
    Hotdogs mit Speck, Zwiebeln und Käse 84
    Pigs in Blankets mit Parmesan 19
    Pretzeldogs mit Käse-Bier-Dip 83
    Rosmarin-Kastanien-Füllung 168
    Rote Bohnen mit Quinoa 140
    siehe auch Chorizo

Z

Zitronen
    Crab Cakes 22
    Garnelen mit Zitronen-Aioli 20–21
    Zitronen-Grapefruit-Baiserkuchen 182
    Zitronenkuchen 219
Zitrusfrüchte
    filetieren 169
    siehe auch Grapefruit, Zitronen, Limetten, Orangen
Zucchini
    Minestrone mit Chorizo 32
    Schoko-Zucchini-Gugelhupf 218
Zucker
    Lavendel-Schoko-Stäbchen 238
    Pistazien-Brittle 240
    Popcorn-Bällchen mit weißer Schokolade 232
    Saftige S'mores-Schnitten 234
    Schoko-Marshmallow-Toffee 236
    Würzig kandierte Pekannüsse 233
Zucker karamellisieren 240
Zwiebeln
    Onion Rings 144

DIE AUTORINNEN

Caroline Bretherton arbeitet seit fast 20 Jahren in der Lebensmittelindustrie auf beiden Seiten des Atlantiks. Mit Enthusiasmus und Talent gründete sie zunächst ein eigenes Catering-Unternehmen und später ein Café, bevor sie für Fernsehen und Verlage zu arbeiten begann. Bei DK hat sie bereits mehrere Bücher veröffentlicht, z. B. *Gartenküche für alle Jahreszeiten*, *Backen lernen* oder *Tartes, Quiches und Pies*. Sie lebt mit ihrer Familie in North Carolina und ist weiterhin als Autorin rund um das Thema Essen & Kochen tätig.

Elena Rosemond-Hoerr – in North Carolina geboren und aufgewachsen – ist Autorin und Fotografin und Eignerin des preisgekrönten Food-Blogs biscuitsandsuch.com. Elena lebt mit ihrem Ehemann und zwei Hunden an der Küste, backt Pies, gärtnert und hat sich Amerikas kulinarischem Erbe verschrieben.

DANK

Caroline Bretherton dankt: Borra Garson und allen bei Deborah McKenna für ihre Arbeit für mich, Peggy Vance, Dawn Henderson, Bob Bridle und allen bei DK für ihren Enthusiasmus und ihre Unterstützung und Elena Rosemond-Hoerr dafür, dass sie so eine fantastische Koautorin und Fotografin ist.

Elena Rosemond-Hoerr dankt: meinem wunderbaren Ehemann Dan für seine unbestechlichen Verkostungsfähigkeiten, meiner einmaligen Koautorin Caroline dafür, dass sie beim Schreiben dieses Buches meine Hand gehalten hat, und Bob Bridle und seinem geduldigen Team bei DK für ihre Unterstützung und ihre Begeisterung.

Dorling Kindersley dankt: Stuart West und Elena Rosemond-Hoerr für ihre Fotografien, Penny Stock und Lisa Pettibone für Fotoarbeiten und Art Direction, Jane Lawrie für das Food Styling, Wei Tang für das Prop Styling, Jane Bamforth, Anna Burges-Lumsden, Sue Davie, Jan Fullwood, Chris Gates, Katy Greenwood, Anne Harnan und Sue Harris für das Testen der Rezepte, Corinne Masciocchi für das Korrektorat und Marie Lorimer für die Registererstellung.

BILDNACHWEIS

Der Verlag dankt folgenden Personen und Institutionen für die freundliche Genehmigung zum Abdruck ihrer Bilder:
Einband vorn: iStockphoto.com: edge69
Alle anderen Abbildungen © Dorling Kindersley
Weitere Informationen unter: **www.dkimages.com**